Reiner Ruffing

Der philosophische Werkzeugkasten

Reiner Ruffing

Der philosophische Werkzeugkasten

Die 50 wichtigsten philosophischen Gedanken und was sie für unser Leben bedeuten

nymphenburger

»Die Philosophie ist die höchste,
freieste und weiseste Gestaltung.«
G.W.F. Hegel

Schutzumschlag: Wolfgang Heinzel
Schutzumschlagmotiv: gettyimages, München
Satz: Uhl + Massopust, Aalen
Gesetzt aus: Sabon, 10,3 pt/13,8 pt
Druck und Bindung: GGP Media GmbH, Pößneck
Printed in Germany
ISBN 978-3-485-01154-9

www.nymphenburger-verlag.de

Inhalt

Einleitung

Die vorliegenden Interpretationen berühmter philosophischer Gedanken geben einen Einblick in das Denken der Philosophie und ihre Bedeutung für unser Leben. Aus welchen kultur- und geistesgeschichtlichen Zusammenhängen heraus sind die Zitate entstanden? Was wollten ihre Autorinnen und Autoren zum Ausdruck bringen? Welche Erkenntnisse können sie uns heute vermitteln? Befreit von einer meist schwierig zu verstehenden Fachterminologie lehrt uns die Philosophie Einsichten, Standpunkte und Verhaltensweisen, die man in allen Lebensbereichen anwenden kann. Weder die Auswahl der 50 Gedanken noch die Interpretationen sind als vollständig anzusehen; sie sollen dazu anregen, sich weitergehend mit ihnen und ihren Schöpfern zu beschäftigen. Nicht nur in den Ratgeberbüchern des fernen Ostens, auch in der westlichen Kultur kann man einen Reichtum an Spiritualität finden, der uns neue Anstoße geben kann. Die Denker des Abendlandes waren beseelt von der Lust zu fragen und den Dingen auf den Grund zu gehen. Sie wurden mit Perlentauchern verglichen, die so lange suchen, bis sie etwas Wertvolles gefunden haben. Selbstverständlich darf man bei der Lektüre seine eigenen Erfahrungen nicht aus den Augen verlieren. Auch Philosophen können sich irren und schon gar nicht alle Probleme lösen. Man muss seinen eigenen Weg gehen, wie ja auch schon der griechische Philosoph Sokrates in der Selbsterkenntnis »gnothi seauton« den weitaus wichtigsten Aspekt seiner Lehre sah.

In der Textsammlung »Mikrophysik der Macht« hat der französische Philosoph Michel Foucault seine Bücher mit kleinen Werkzeugkästen verglichen. Wenn man sie öffne, könne man darin Sätze, Instrumente oder Analysen finden, mit deren Hilfe das Leben besser zu bewältigen sei. An Foucaults pragmatisches Verständnis von Philosophie knüpft »Der philosophische Werkzeugkasten« an. Jeder Mensch benötigt grundlegende Werte, Gedanken, Einsichten und Erkenntnisse, die ihm als Maßstab zu seiner persönlichen Lebensführung dienen.

In unserer Zeit, die mit dem Begriff der »Wert- und Sinnkrise« bezeichnet wird, erwartet man von der Philosophie eine geistige Orientierung. Ohne Werte, durch die wir unseren Motivationen und Bedürfnissen eine Richtung geben, kann sich der Mensch nicht weiterentwickeln. Um ein Haus zu bauen, einen Garten zu bestellen, eine Arbeit zu verrichten, braucht man Werkzeuge. Genauso benötigen wir für die Entwicklung einer individuellen Werteordnung ein Set von Leitideen und Schlüsselgedanken, der sich in diesem Buch finden lässt. In seiner Schrift »Götzen-Dämmerung« schreibt Friedrich Nietzsche, dass es in der Welt mehr Götzen gibt als Realitäten. Ähnlich wie ein Arzt mit seinem Diagnosehämmerchen soll die Philosophie den »aufgeblasenen Zeitgötzen« auf den Zahn fühlen und somit überprüfen, ob sie innen nicht vielleicht doch hohl sind. Gedanken und Ideale auf ihren Wahrheitsgehalt abzuklopfen ist der eigentliche Sinn von Nietzsches »mit dem Hammer philosophieren«. »Der philosophische Werkzeugkasten« bietet aber nicht nur Instrumente, um falsche oder überholte Sichtweisen von richtigen zu unterscheiden, sondern auch viele nützliche Hinweise, um bisher nicht Gesehenes wahrzunehmen und neue spirituelle Erfahrungen zu machen. Das Spektrum der Welt ist viel größer, als wir auf den ersten Blick meinen: Überall sind Götter, wie es bei dem Philosophen Heraklit heißt.

Das Wort »Philosophie« bedeutet Liebe zur Weisheit. Seit ihren Anfängen im antiken Griechenland versuchen die Philosophen auf die grundlegenden Fragen des Lebens Antworten zu geben. Dass sie dabei auf keinen gemeinsamen Nenner gekommen sind, darf hier nicht als Nachteil ausgelegt werden, sondern spricht nur für die Vielfalt der Philosophie. Eine zeitgemäße Weltsicht kann nicht mit erhobenem Zeigefinger und angeblicher theoretischer Gewissheit vorgebracht werden. Man muss sich stets über die beschränkte Reichweite der eigenen Urteile im Klaren sein und die Auseinandersetzung mit anderen Meinungen suchen. So können neue Aspekte überdacht und die eigenen Ansichten einer kritischen Prüfung unterzogen werden. Sich mit den wichtigsten Gedanken der Philosophie zu beschäftigen bedeutet, sich mit mehreren Sichtweisen auf die Welt vertraut zu machen und unter ihnen zu wählen. Heute erkennen immer mehr Menschen, dass die Fortschritte in den Wissenschaften und der Technik nicht die eigentlichen Lebensfragen beantworten können. In diese Lücke stoßen dann häufig politische Ideologien oder sektenartige Vereinigungen. Von ihrer meist auf eine Führungspersönlichkeit bezogenen Lehre unterscheidet sich der Weg der Philosophie grundsätzlich, da er darauf abzielt, sich im Denken selbst zu orientieren, was nichts anderes bedeutet, als seinen eigenen Verstand zu benutzen.

Das Wort des Königsberger Philosophen Immanuel Kant »Habe Mut dich deines eigenen Verstandes zu bedienen!« soll dazu anregen, sein Schicksal in die eigenen Hände zu nehmen. Maßgebend hat Kant die Fragen der Philosophie formuliert: Was kann ich erkennen? Was soll ich tun? Was darf ich hoffen? Alle drei münden sie in die Frage: Was ist der Mensch? In der Auseinandersetzung mit der Philosophie lernen wir nicht nur Theorien und bestimmte Vorstellungen kennen, sondern auch uns selbst besser zu verstehen. Wie kommt es, dass wir so und nicht anders geworden sind bzw. so und nicht anders denken? Welche Bedeutungen haben die Wissenschaften für uns? Wie kann ich mein Leben gestalten, dass es sinnvoll wird? Indem wir unsere Perspektive verändern oder unseren Blickwinkel mithilfe der großen Denker erweitern, sind wir eher in der Lage, das eine oder andere Problem besser zu verstehen. Der bekannte niederländische Psychiater Piet C. Kuiper schreibt: »Ich verdanke meine Karriere zum Teil meiner philosophischen Schulung. Mit ihrer Hilfe ordnen sich die Gedanken und man gibt etwas weniger leichtfertig Unsinn von sich«.

1.

»Woraus aber das Werden ist den seienden Dingen, in das hinein geschieht auch ihr Vergehen nach der Schuldigkeit; denn sie zahlen einander gerechte Strafe und Buße für ihre Ungerechtigkeit nach der Zeit Anordnung.«

ANAXIMANDER, 610–546 V. CHR.

Das Fragment des Philosophen Anaximander – auch das Weltgesetz genannt – steht ganz am Anfang der Philosophie. Es drückt das ewige Werden und Vergehen der Dinge aus, worin eine Mahnung ebenso wie auch ein Trost liegen kann: Alles kommt, alles vergeht, das Gute wie das Böse, die Jugend wie das Leid. Im Weltganzen gibt es eine höhere Gerechtigkeit, wonach die Mörder bestraft und die totalitären Regime besiegt werden. Die Kulturen, Nationen und Weltreiche erleben ihren Auf- und Niedergang, bis der Reigen von Schuld und Sühne wieder von vorne beginnt. Nach einer Periode der Kämpfe folgt notwendig eine Ruhepause, nach einer Phase der wirtschaftlichen Depression lässt der Aufschwung nicht mehr lange auf sich warten.

Anaximander hat Begriffe aus der Ethik, wie Gerechtigkeit und Schuld, auf die Naturerscheinungen übertragen. Man kann beobachten, wie sich die Hitze und Trockenheit des Sommers mit der Kälte und dem Regen des Winters abwechseln. Überwiegt die Trockenheit zu sehr, dann führt das zu einer »Ungerechtigkeit« und fordert die Gegenreaktion geradezu heraus, damit das Gleichgewicht wiederhergestellt ist. Die Hauptgegensätze, die in Anaximanders Weltvorstellung miteinander »kämpfen«, sind Hitze und Kälte bzw. Feuer oder Luft.

Über Anaximander wissen wir nicht viel, nur dass er ein Schüler, vielleicht sogar ein Verwandter des Thales von Milet war, der als Begründer der Philosophie gilt. Mit Thales teilte Anaximander die gleiche Fragestellung, was nämlich der Urstoff von allen existierenden Dingen sei. Für Thales war es das Wasser, das in allem stecke. Im Unterschied zu Thales fasste Anaximander die Substanz, aus der alles hervorgehe, weit unbestimmter als »apeiron«, das Grenzenlose, das Unbeschränkte, das alles Vergängliche steuere und selbst unvergänglich sei, auf.

Wie alle antiken (und mittelalterlichen) Philosophen stellte sich auch Anaximander den Kosmos (vom griechischen »Kosmos«, geordnetes Schmuckgebilde) als ein harmonisch geordnetes Ganzes vor. Das Universum sei »gut gemacht«, göttlich vollkommen und wohl strukturiert. Nach Auffassung der griechischen Denker komme dem Menschen die Aufgabe zu, diese Wohlgeformtheit des Alls in einer Art kontemplativer Schau zu erfassen.

Störungen der Weltordnung, wie zum Beispiel ein heftiges Erdbeben, wurden von Anaximander nur als vorübergehend und als in irgendeinem Gesamtsinn notwendig gedeutet. Er selbst soll ein Erdbeben in der Gegend von Sparta vorausgesehen und damit vielen Menschen das Leben gerettet haben. Der Überlieferung nach schritt Anaximander mit stolzer Gebärde einher und sprach stets so feierlich, wie er sich kleidete.

Aus der Beobachtung der Natur erkennen wir, wie sich bestimmte Elemente oder Spezies auf Kosten anderer ausdehnen wollen. Die Savanne weitet sich in den Urwald aus, an anderer Stelle besiegt der Urwald die Savanne. Bestimmte Tierarten vermehren sich zu sehr, weil ihnen die natürlichen Feinde fehlen. Doch jede übergebührliche Ausbreitung stößt auch an ihre Grenzen. Wäre ein Element oder eine Tierart in ihrem Eroberungsdrang zu erfolgreich, würde das natürliche Gleichgewicht aus den Fugen geraten und zur Katastrophe führen. Doch irgendwann – »nach der Zeit Anordnung« – stößt der ungerechtfertigte Übergriff des einen Elementes an seine Grenzen und wird von den anderen wieder in seine Schranken verwiesen. Das ökologische Gleichgewicht ist wiederhergestellt. Es kann auch eine »Schuld« sein, dass ein einzelnes Dasein zu lange im Sein verharren will, zum Beispiel, wenn es als endliches Wesen ewig leben will und in der Konsequenz neues Leben verhindern würde. Deshalb müssen wir akzeptieren, dass alles Alte irgendwann dem Neuen weichen muss.

In dem Roman »Jugend ohne Gott« aus dem Jahre 1937 des ungarisch-österreichischen Schriftstellers Ödön von Horváth spielt Anaximanders Fragment eine wichtige Rolle. Der Roman handelt davon, wie Jugendliche ihren Lehrer denunzieren, eine alte Frau bestehlen, feige Morde begehen und sich für die Ideologie des Nationalsozialismus begeistern lassen. In einer Schlüsselszene unterhalten sich der Lehrer und der Pfarrer über die Ursachen dafür. Während der Lehrer soziale und ökonomische Faktoren als Erklärung heranzieht, führt der Pfarrer das genannte Verhalten der Jugendlichen auf einen grundlegenden Werteverfall in der westlichen Kultur zurück. Unsere Zivilisation habe sich von der von Gott geschaffenen natürlichen Ordnung entfernt, nun dürfe man sich nicht wundern, wenn die Jugendlichen an nichts mehr oder an die falschen Werte glaubten. Auf den Einwand des Lehrer, dass dies eine typisch christliche Sicht der Dinge sei, zieht der Pfarrer das Fragment des Anaximander heran, um zu verdeutlichen, dass es auch bei den alten Griechen den Gedanken vom göttlichen Gesetz gegeben habe und dass man sich nicht ungestraft an ihm vergehen dürfe.

Anaximanders Weltgesetz sollte nicht nur vor dem Hintergrund der Diskussion um den Werteverfall, sondern auch in Hinblick auf das Verhältnis zwischen Mensch und Natur zum Nachdenken Anlass geben. Wenn der Mensch die Natur ausbeutet und dafür keinen Ausgleich schafft, muss er dafür irgendwann die Rechnung bezahlen. Als Beispiel ließe sich der vom Menschen verursachte Klimawandel und seine Folgen anführen. Wir sollten uns mit dem begnügen, was uns die Natur bietet, was heute heißen kann, sich auf die erneuerbaren Energiequellen wie Wind und Sonne zu konzentrieren, und eine Ökonomie der Nachhaltigkeit zu betreiben.

Für Anaximander stehen die Dinge in der Welt in einem notwenigen Zusammenhang – »…, denn sie zahlen einander gerechte Strafe und Buße für ihre Ungerechtigkeit nach der Zeit Anordnung«. Wenn wir zu sehr an dem einen Rad – ungebremstes Wachstum, Industrialisierung, Ausbeutung der Ressourcen, Wohlstand – drehen, wird es uns an anderer Stelle heimgezahlt. Nach drei Jahrhunderten Ausbeutung der Erde samt Umweltschäden müssen die Ziele neu gesteckt werden. Vielleicht stünde uns etwas mehr von jener geistigen Haltung der Griechen gut an, die in der Bewunderung der Weltharmonie den höchsten Zweck an sich sahen. Inzwischen sind jedoch die wissenschaftlich-technologischen Großmächte dazu übergegangen, den Weltraum zu erobern und die letzten Bausteine der Seele zu erklären, sodass kaum noch Zeit für Anaximanders kontemplative Ehrfurcht bleibt. Doch spätestens seit den Dokumentarfilmen »Eine unbequeme Wahrheit« von Al Gore und »Unsere Erde« von Alastair Fothergill werden sich immer mehr Menschen bewusst, wie verletzlich unser Planet und dass es höchste Zeit für eine Umkehr ist.

Im Einklang mit der Natur zu leben bedeutet auch, unseren Wunsch, immer älter zu werden, einer kritischen Prüfung zu unterziehen. Infolge der Fortschritte in der Biotechnik scheint es bald möglich zu sein, durch Genmanipulation den Alterungsprozess im menschlichen Körper entscheidend verlangsamen zu können. Doch ist es auch sinnvoll und gerecht, immer länger leben zu wollen? Viele religiöse und nicht-religiöse Weisheitslehren der Völker widersprechen dem Wunsch nach Anti-Aging. Denn es geht dem Menschen etwas Wesentliches verloren, wenn er immer nur an sich und sein eigenes Weiterleben denkt. Von Bioethikern wird das moralische Argument des ungleichen Todes ins Spiel gebracht. Während nämlich in den unterentwickelten Ländern, zum Beispiel unterhalb der Sahara, die Menschen kaum älter als 40 Jahre werden, leben sie in den reichen Ländern derzeit schon doppelt so lange. Es sei ungerecht, die Lebensspanne derer verlängern zu wollen, die ohnehin bereits länger lebten.

2.

»Die Zahl ist das Wesen aller Dinge.«

PYTHAGORAS, UM 570– 497 V. CHR.

Der griechische Philosoph Pythagoras vertrat die These, dass die ganze vielfältige und bunte Welt nichts als Mathematik sei. »Die Zahl ist das Wesen aller Dinge«, wie das berühmte, ihm zugeschriebene Fragment heißt. Auf diese die Welt revolutionierende Idee kam er durch die Betrachtung des Sternenhimmels und der Maßverhältnisse in der Musik. Anhand eines Experimentalinstruments mit nur einer Saite – dem Monochord – entdeckte Pythagoras, dass den Intervallen Oktave, Quinte und Quarte die Zahlenverhältnisse

2:1, 3:2 und 4:3 entsprechen. Wenn die Zahlen den Kosmos und die Musik bestimmten, dann lag es für Pythagoras nahe anzunehmen, dass sie auch alles andere definierten. Die Zahl drückt nach Pythagoras Proportionen und somit auch Schönheit aus. Alle Dinge existieren, weil sie eine Ordnung haben. Und diese Ordnung sei mit mathematischen Regeln erfassbar. Mithilfe der Zahlen könnten z.B. auch ästhetische Prinzipien in der Architektur, der Bildhauerei und der Metrik in der Poesie erkannt und realisiert werden.

Pythagoras wurde auf der Insel Samos geboren. Er war 20 Jahre alt, als ihn sein Wissensdurst nach Milet zu den Philosophen Thales und Anaximander führte. Von Milet zog er anschließend weiter nach Ägypten, um sich in Astronomie, Mathematik und Geometrie weiterzubilden. Nachdem er nach Samos zurückgekehrt war, wurden ihm wegen seiner Reden gefährliche Umtriebe vorgeworfen. Aus diesem Grund wanderte er nach Italien aus, um in Kroton an der Ostküste Kalabriens eine Philosophenschule zu gründen.

Seine Anhänger, die Pythagoreer, ernährten sich vorwiegend von Honig, Gemüse, Hirse- oder Gerstenbrot, weil sie den Tieren Seelen zuschrieben und an die Wiedergeburt der Seele in einem anderen Körper glaubten. Pythagoras soll Fischer dafür bezahlt haben, ihren Fang wieder ins Meer zurückzuwerfen. Selbst gegenüber Pflanzen habe er eine heilige Achtung empfunden. Pythagoras berühmter mathematischer Satz, dass im rechtwinkligen Dreieck das Quadrat über der Hypotenuse gleich der Summe der Quadrate über den beiden Katheten ist ($a^2+b^2=c^2$), war zwar schon vorher bekannt, doch ihm gelang wohl zum ersten Mal der Beweis dafür.

Für Pythagoras war die Mathematik nicht nur eine Wissenschaft, sondern er verknüpfte mit ihr sogar therapeutische Aspekte. Mathematik zeige, dass man mit dem reinen

Denken die Welt erforschen und erklären könne. Die Welt der Zahlen liefere uns Einblicke in ein göttliches Reich, von dem unsere irdische Welt nur eine unvollkommene Kopie sei. Der reinen und göttlichen Zahlenwelt stehe unsere disharmonische wirkliche Welt gegenüber. In der Welt der Zahlen sei alles symmetrisch und klar, nur in der wirklichen Welt gebe es Zufälle, Unebenheiten, Ecken und Kanten. Wer jedoch Mathematik betreibe, der könne dadurch seine Seele läutern, die ansonsten im Gefängnis des Körpers ein eher finsteres Dasein friste. Die Schule der Pythagoreer war eine Art Geheimsekte mit merkwürdigen Regeln. Ihre Mitglieder durften keine Bohnen essen, das Brot nicht brechen, keinen weißen Hahn anrühren. Es wurde in Gütergemeinschaft gelebt, jeder musste sich jeden Abend drei Fragen stellen: 1. Was habe ich Schlechtes getan? 2. Was habe ich Gutes getan? 3. Was habe ich versäumt zu tun? Auf diese Weise wollten die Pythagoreer auch ihr Gedächtnis trainieren, da sie ja an die Reinkarnation glaubten und im Gedächtnis das Mittel dazu sahen, in ein früheres Leben vorzustoßen. Pythagoras pflegte hinter einem Vorhang zu lehren (oder zu predigen), weil man den großen Meister nicht sehen durfte. Erst nach fünf Jahren stummen Zuhörens wurde seinen Schülern die Gunst seines Anblicks zuteil. Bei derartig seltsamen Methoden konnte es fast nicht ausbleiben, dass sich Pythagoras viele Feinde schuf. So kam es, dass sein Haus von Gegnern abgebrannt und seine Schule zerschlagen wurde. Ihn selbst verschonte man und es ist unklar, wie lange er nach dem Anschlag noch lebte. Schätzungen seines Alters schwanken zwischen 70 und 150 Jahren.

In Bezug auf den Kosmos spricht Pythagoras nicht nur von einer universellen Zahlenharmonie, sondern darüber hinaus von einem Weltsphärenklang, den außer Pythagoras nur die wenigsten zu hören verstünden. Möglicherweise stammt der

Gedanke der Sphärenmusik von der religiösen Bewegung der Orphiker. Orpheus – so heißt die Sage – habe mit seinen Liedern die Natur bezaubern und mit Tieren sprechen können. Daraus hätte dann Pythagoras den Gedanken des Sphärenklangs entwickelt. Dass dem Kosmos ein geheimnisvoller Klang entströmt, klingt mystisch. Umso erstaunlicher ist, dass die Theorie in der modernen Physik, die hinter den Atomen noch das Phänomen der Strings (klitzekleiner Saiten) berechnet hat, einen gewissen Widerhall findet. Auch Johann Wolfgang von Goethe zeigte sich vom Gedanken des Sphärenklangs beeindruckt, als er im »Faust« den Erzengel Gabriel im Prolog im Himmel sagen lässt:

»Die Sonne tönt nach alter Weise
In Brudersphären Wettgesang«.

Wie gesagt, verbarg sich für Pythagoras hinter den Zahlen mehr, als man denkt, zum Beispiel therapeutische Kräfte. So sollten auf Silberplättchen eingeritzte magische Quadrate gegen die Pest schützen. Hier ein Beispiel für solch ein magisches Quadrat:

13	3	2	16
8	10	11	5
12	6	7	9
1	15	14	4

Zählt man bei diesem Schema die Zahlen jeder einzelnen Reihe oder Spalte oder Diagonale zusammen, erhält man stets die Summe 34. Zum gleichen Ergebnis kommt man aber auch beim Zusammenzählen der vier Zahlen in der Mitte und sogar der Zahlen der jeweils äußeren kleinen Quadrate.

Pythagoras wurde in seinem Glauben an die Zahlenharmonie schwer erschüttert, als er erkennen musste, dass die

Diagonale eines Quadrats keine gerade Zahl war. Das Eingeständnis irrationaler Zahlen war ein schwerer Schlag gegen seine Schule. Aus diesem Grund sollte diese Erkenntnis auf keinen Fall bekannt werden. Als der Schüler Hippasos das Geheimnis dennoch ausplauderte, wurde er als Verräter behandelt.

Die Problematik einer Denkweise, die zu sehr auf die Welt der Ideen und der Zahlen und zu wenig auf die Erfahrung setzt, wird durch das folgende Beispiel deutlich. Pythagoras, von der großen Bedeutung der Dekade, also der Zahl 10, überzeugt, erfand extra einen neuen Planeten, nur um auf die Zehnerzahl im Planetensystem zu kommen. Lieber war ihm die Unwahrheit bei der Anzahl der Himmelskörper, als dass er vom Dogma der Sphärenharmonie abgerückt wäre.

Pythagoras leitete von der Existenz der immateriellen Welt der Zahlen die Existenz der Seele ab. Da der Mensch die Zahlenwelt erfassen könne, müsse es in ihm etwas geben, das wie die Zahlen ewig und unsterblich sei: die Seele. Wie schon erwähnt, lehrte Pythagoras die Seelenwanderung und war der Überzeugung, auch er selbst habe schon einige Male gelebt. Einen von einem Menschen getretenen Hund nahm er in Schutz mit den Worten, dass er den ehemaligen Menschen in diesem erkenne. Den Körper bezeichnete Pythagoras als das Gefängnis der Seele. Das Leben gleiche zwar einem einzigen Jahrmarkt, doch die Aufgabe des Philosophen sei es, sich davon nicht allzu sehr beeinflussen zu lassen. Seine These, dass nach Ablauf eines großen Weltjahres alles wiederkehre, also die Lehre von der ewigen Wiederkehr des Gleichen (Pythagoras soll gesagt haben: »Ich werde dereinst mit diesem Stabe wieder vor euch lehren«), wurde in der Antike von den Stoikern und in der Neuzeit von Friedrich Nietzsche aufgegriffen.

Berühmt war die pythagoreische Heilkunde. Der Arzt Alkmeon, der noch ein persönlicher Schüler des Pythagoras war, erkannte, dass das Gehirn und nicht, wie man damals glaubte, das Herz der Träger der geistigen Funktion sei. Voraussetzung für die Gesundheit – so Alkmeon – sei die Harmonie im Körper. Wichtigster Bestandteil der Heilkunde war Diät, die bewirkte, ein rechtes Maß bei den Getränken, Speisen und der Ruhe zu finden, sowie die heilenden, therapeutischen Kräfte der Musik.

Pythagoras' Einfluss auf die Entwicklung der westlichen Philosophie und Kultur kann gar nicht hoch genug eingeschätzt werden. Platon schrieb über das Tor seiner berühmten Akademie, dass wer der Mathematik nicht kundig sei, keinen Eingang zu ihr fände. Bis heute ist die Mathematik in den Schulen eines der wichtigsten Unterrichtsfächer und gilt als ein wesentlicher Gradmesser der geistigen Leistung von Schülerinnen und Schülern. Als zu Beginn der Neuzeit Galileo Galilei und Isaac Newton mithilfe der Zahlen die Physik auf eine solide Grundlage stellten, war der Siegeszug des mathematisch wissenschaftlichen Weltbildes nicht mehr aufzuhalten. Heute werden in allen wesentlichen Fachgebieten Statistiken und Diagramme erstellt, sodass Wissenschaftlichkeit und Berechenbarkeit fast schon Synonyme sind. Für Pythagoras hatte der Umgang mit der Mathematik jedoch nicht die Funktion, die Dinge über einen Kamm zu scheren und die berühmten Birnen mit Äpfeln zu vergleichen, sondern ganz im Gegenteil wollte er durch die Mathematik der geheimen Weltseele auf die Spur kommen und eine Art Läuterung der Seele erreichen. Noch kurz vor seinem Tod hatte er seinen Jüngern den Auftrag erteilt, stets das Monochord zu spielen.

3.

»Nicht dem geblendeten Auge, dem tauben Gehör, noch der Zunge darfst du vertrauen: Allein durch Vernunft entscheide die These.«

PARMENIDES, UM 540–470 V. CHR.

Jeder kennt die folgende Sinnestäuschung: Man hat in einem Zugabteil Platz genommen und glaubt, dass der Wagen anfährt, während sich in Wirklichkeit nur der Zug auf dem gegenüberliegenden Bahnsteig bewegt. Dass es solche Einzelfälle von Täuschungen gibt, leuchtet unmittelbar ein. Doch darüber hinaus stellte der griechische Philosoph Parmenides die kühne These auf, dass alle Veränderung und Bewegung, die wir in der Welt wahrnähmen, nichts als Illusionen seien. Für Parmenides gibt es keine Veränderung. Alles wirklich Vorhandene in der Welt sei ungeworden und unvergänglich. Bewegungen in Zeit und Raum seien bloßer Schein. Das Universum fasste er als eine einzige riesige, in sich unteilbare unbewegliche Kugel auf. Vielheit, Veränderung und Bewegung seien nichts als Irrtum und Trug. Deshalb darf man Parmenides zufolge in Wahrheitsfragen nicht seinen Augen oder Sinnen vertrauen. Zwischen dem, wie wir die Welt erfahren und wie sie wirklich sei, herrsche eine tiefe Kluft.

Parmenides stellte als erster Philosoph die Frage nach dem Sein, das er als einheitlich und statisch begriff. Unter dem Sein der Dinge verstand er all das, was bleibenden Charakter hat und nicht nur vorübergehende Erscheinung ist. Das Sein sei somit strikt von dem zu trennen, was die Menschen einer bestimmten Epoche oder zu einem bestimmten Zeitpunkt für wahr erachten. Wer sich an die Wahrheit des

Seins halten wolle, dürfe nicht auf die Bewegtheit der unmittelbaren Umgebung achten, sondern müsse sein Augenmerk auf das Ewige und Immerseiende richten. Nicht viele seien dazu in der Lage, »abseits vom Wege der Menschen« klar zwischen Sein und Schein unterscheiden zu können und durch Nachdenken die Weisheit zu erlangen.

Später hat Platon in seinem berühmten Höhlengleichnis wie Parmenides argumentiert, dass die Welt der Erfahrung Illusion sei und nur das unveränderliche und ewige Reich der Ideen wirklich zähle. Platons Gleichnis besagt, dass sich Menschen gefesselt in einer Höhle befinden und nur auf eine Wand blicken können, auf die durch ein Feuer im Hintergrund Schatten projiziert werden. Die gefesselten Menschen halten diese bewegten Trugbilder (griechisch »Eidola«) für die Realität, während es nur demjenigen gelingt, die Wahrheit zu erkennen, der sich von seinen Ketten lösen kann. Heute sind Platons und Parmenides' Lehren fast eine vorweggenommene Anspielung auf die von den modernen Medien erzeugten Trugbilder.

Parmenides wurde um 540 v. Chr. in Elea (Unteritalien) geboren. Über sein Leben ist wenig bekannt, nur dass er ein angesehener Bürger seiner Stadt gewesen sein soll und Zenon und Empedokles zu seinen Schülern zählten. Es heißt, er habe nur ein Werk verfasst: ein Lehrgedicht mit dem Titel »Peri physeos« (»Von der Natur«), aus dem auch unser Zitat stammt. Von dieser Schrift sind uns nur Fragmente (etwa 150 Zeilen) erhalten geblieben, die aber immerhin ein Drittel oder sogar die Hälfte des gesamten Werkes ausmachen sollen. In dem Fragment wird von einer Offenbarung berichtet, die dem Philosophen von der Göttin der Gerechtigkeit Dike zuteil wird. Das Lehrwerk enthält zwei Hauptteile. Im ersten wird die Lehre von der Wahrheit (vom griechischen »aletheia«, Unverborgenheit) und im zweiten die

Lehre von der bloßen Meinung oder Täuschung (vom griechischen »doxa«) vorgestellt. Die wichtigste Botschaft der Göttin an den Philosophen lautet, dass er sich strikt an den Verstand und niemals an die Sinne halten solle. »Nicht dem geblendeten Auge, dem tauben Gehör, noch der Zunge darfst du vertrauen: Allein durch Vernunft entscheide die These.«

Wohl am eindrucksvollsten hat sich Parmenides' Schüler Zenon mit seinen bis heute viel diskutierten Paradoxien an den Ratschlag der Göttin gehalten. Unter einer Paradoxie (vom griechischen »Para«, wider und »doxa«, Meinung) versteht man die einer gewöhnlichen Meinung entgegenstehende, unerwartete Aussage, die bei näherer Betrachtung jedoch durchaus einen Wahrheitskern aufweist. So wird man zum Beispiel der Behauptung, dass es genauso viele gerade Zahlen (2, 4, 6, 8, 10 usw.) wie natürliche Zahlen (1, 2, 3, 4, 5, 6, 7, 8, 9 usw.) gibt, nicht zustimmen wollen. Doch bei näherer Betrachtung zeigt sich, dass sie unter der Bedingung der Unendlichkeit nicht widerlegbar ist. Ähnliches lässt sich zu Zenons berühmtem Gedankenexperiment vom Wettrennen zwischen »Achill und der Schildkröte« sagen:

Achill, der bekannteste Athlet der Antike, und eine Schildkröte veranstalten ein Wettrennen, wobei Achill den Fehler macht, der Schildkröte einen Vorsprung zu gewähren. Die Sache scheint klar: Achill wird die Schildkröte nach kürzester Zeit überholen. Doch in Zenons Paradoxie holt Achill die Schildkröte niemals ein, denn jedes Mal muss er erst ihren Vorsprung aufholen. Die Schildkröte hat sich aber in der Zwischenzeit schon wieder ein kleines Stückchen vorwärtsbewegt. Deshalb hinkt Achill der Schildkröte auf ewig hinterher. Mit diesem und ähnlichen berühmten Paradoxien wie dem fliegenden Pfeil, der in Wirklichkeit stillsteht, wollte Zenon einen Beleg für Parmenides' These vom Schein der Geschwindigkeit und der Wahrheit der unbeweglichen Welt finden.

Unabhängig davon, ob Parmenides und Zenons Lehren richtig sind – Albert Einstein stand ihnen nahe –, kann die Geschichte von »Achill und der Schildkröte« als Sinnbild für die heutige Zeit gelesen werden. In der modernen Beschleunigungsgesellschaft dreht sich fast alles um Zeitgewinn und Geschwindigkeit. Doch merkwürdigerweise läuft uns die Zeit umso schneller fort, je mehr wir davon haben. Das erinnert an Achills vergeblichen Versuch, die Schildkröte einzuholen. Hinzu kommt noch das Gefühl, dass sich in der wissenschaftlich-technologischen Welt nichts grundsätzlich Neues ereignet. Zwar funktioniert alles besser und schneller, aber ebenso oft hat man den Eindruck, dass sich kaum etwas wirklich verändert.

Parmenides' Gedanke vom Unterschied zwischen Wirklichkeit und Erscheinung lässt sich gut auf die gegenwärtige Konsumästhetik, in der die Verpackung oft mehr als der eigentliche Inhalt zählt, anwenden. Mit dem Begriff Konsumästhetik werden jene Techniken bezeichnet, die sich auf die ästhetische Ausgestaltung der Waren beziehen, damit sie eine verkaufsanregende Wirkung haben. So sollen die angebotenen Waren als mehr erscheinen, als sie wirklich sind. Das Design (Farbgebung, Verzierungen, Formen) ist oft wichtiger als die Qualität einer Ware. In der Politik sorgen PR-Berater dafür, dass ein Kandidat in den Medien gut »rüberkommt«. Manipulationstechniken, teils gepaart mit den Mitteln der Suggestion, sollen ein Produkt oder eine Politik für möglichst viele Käufer- bzw. Wählergruppen attraktiv machen. All das erschwert es heutzutage, dem Ratschlag der Göttin gerecht zu werden und seine Wahlentscheidungen mit klarem Verstand »allein durch Vernunft« zu treffen.

4.

»Panta rhei« – »alles fließt.«

HERAKLIT, 550–480 V. CHR.

Ganz im Gegensatz zu Parmenides' ewigem in sich ruhendem Sein befindet sich nach Heraklit die Welt in einem ständigen Fließen. Nichts bleibt so, wie es war, alles verändert sich, vergeht, und zwar als Folge eines Streits zwischen Gegensätzen. Heraklit geht somit von dem ewigen Wandel und von der permanenten Veränderung der Dinge aus: »Man kann nicht zweimal in denselben Fluss steigen«, wie es bei ihm heißt. Wenn wir wiederholt in den Fluss steigen, fließt anderes Wasser um uns und auch wir haben uns in der Zwischenzeit verändert. Man kann die Zeit und die Bewegung nicht anhalten. Falls es dennoch etwas gibt, das Bestand hat, dann paradoxerweise die Tatsache, dass sich alles jederzeit verändert. Das innere Wesen der Wirklichkeit ist Veränderung – und Veränderungen erfolgen keineswegs nur friedlich, sondern sind das Ergebnis von Spannungen sowohl in der Natur als auch unter den Menschen.

Heraklit ist ein Denker der Bewegung und des Kampfes der Gegensätze. Auch die Gesellschaft befinde sich seiner Meinung nach in einem ewigen Kampf. Der Krieg sei allgemeines Weltprinzip: »Der Krieg ist aller Dinge Vater (...)«. Überall sah Heraklit Dissonanzen und Spannungen. Doch dies ist nur ein Aspekt seiner Philosophie, der andere ist, hinter allen Polaritäten verberge sich eine gewaltige Harmonie, eine universelle Vernunft. Man darf somit Heraklits Philosophie nicht so verstehen, als gebe es bei aller Veränderung keine Einheit. Im Gegenteil werden die Menschen von ihm darin bestärkt, den zugrundeliegenden Zusammenhang aller Dinge zu verstehen. Heraklit nannte diese Struktureinheit hinter der Welt ihren »Logos«.

Aus vornehmer Herkunft stammend, wurde Heraklit in Ephesos geboren, das in der heutigen Türkei liegt und mit dem Tempel der Artemis eines der sieben Weltwunder der Antike beherbergt. Viele Legenden ranken sich um Heraklits Namen. So soll er im Artemistempel lieber mit Kindern Würfel gespielt, als sich um die große Politik gekümmert haben. Er war auch nicht besonders gesellig, sondern schaute auf seine Mitmenschen eher herab. Als die Epheser seinen Freund, einen gewissen Hermodor, mit der Begründung ausgewiesen hatten, dass es in der Stadt keinen den Durchschnitt überragenden Mann geben solle, soll er darüber derart erzürnt gewesen sein, dass er die Epheser aufforderte, einen kollektiven Selbstmord zu begehen: »Recht täten die Ephesier, sich Mann für Mann aufzuhängen, allesamt... sie, die Hermodoros, ihren wertvollsten Mann, hinausgeworfen haben mit den Worten: von uns soll keiner der wertvollste sein oder, wenn schon, dann bei andern.«

Voller Zorn über das Unrecht zog er sich ins Gebirge zurück, um fortan nur noch von Kräutern und Wildpflanzen zu leben. Wohl infolge seiner einseitigen Ernährungsweise ist Heraklit im Alter von 60 Jahren an Wassersucht erkrankt und daran gestorben. Seine rätselhafte Ausdrucksweise und seine nur schwer verständlichen Sinnsprüche führten später dazu, dass man ihn den »Dunklen« nannte. Auf Raffaels berühmter Wandmalerei »Die Schule von Athen« ist er, den Kopf mit der linken Hand abgestützt, in tiefes Nachdenken versunken abgebildet. Seine in der Einsamkeit verfasste Schrift »Von der Natur« hinterlegte Heraklit im Artemistempel. Kaum jemand war in der Lage, sie zu verstehen. Dennoch beeinflusste Heraklit Philosophen wie Friedrich Nietzsche und Martin Heidegger. Heidegger lobte ausdrücklich Heraklits verdunkelnde Sprache, ein wahrer Denker müsse so reden, denn das Sein sei in Definitionen nicht zu ergründen, während Nietzsche Heraklits stolzen Charakter hervorhob: »Einsam die Straße zu ziehn, gehört zum Wesen des Philosophen«.

Heraklit war der erste griechische Philosoph, der den Logos-Gedanken vertrat. Das griechische Wort »Logos« bedeutet Rede, Wort oder auch Wahrheit, Vernunft. Der Logos verkörpert ein übermenschliches, überpersönliches Weltenprinzip, dem sich der Mensch unterzuordnen hat. Der Geist des Einzelnen sei dann stark, wenn er sich nach dem allgemeinen Logos richte. Freiheit bedeutet für Heraklit Einsicht in die Notwendigkeit, dass eben alles vergänglich und veränderbar sei. Der Mensch als geistiges Wesen könne diesen Logos erfassen, stehe er doch in einem inneren Bezug zu ihm. Doch die meisten Menschen seien dazu nicht in der Lage: »Dies Weltgesetz – logos –, das doch ewig ist, begreifen die Menschen nicht…«

Weiter lehrte Heraklit ein dialektisches – das heißt auf Gegensätzen beruhendes – Weltbild. Krankheit lasse uns erst den Wert der Gesundheit erkennen, Schlimmes das Gute, Hunger die Sättigung, Anstrengung die Ruhe. Seine Weltsicht einer spannungsgeladenen Harmonie kleidet er in die Worte: »Das widereinander Strebende zusammengehend; aus dem auseinander Gehenden die schönste Fügung«. Der Logos der Welt sei, dass sie aus Gegensätzen heraus entstehe. Symbole für diese Einheit aus Gegensätzen waren der Bogen und die Leier. Den Bogen verstand Heraklit als »entgegengespanntes Gefüge«, da die Krümmung des Bogenholzes die Sehne ebenso spanne, wie umgekehrt die gespannte Sehne das Bogenholz krümme. Erst aus diesem Gefüge heraus lasse sich bei der Jagd der Pfeil abschießen. Das gleiche Prinzip fänden wir bei der Leier. Erst aus den gespannten Saiten heraus erklinge die Musik. Den aus gegenläufigen Prinzipien bestehenden Logos sieht Heraklit nicht nur in der Musik und im Krieg am Werk, sondern überall als die wirkenden Mächte allen Lebens. Überall wo Lebendiges und Welt sei, da sei auch Streit und Spannung, während die Ruhe »Sache der Toten« sei.

Wortwörtlich ist Heraklits Spruch »panta rhei« – »alles fließt« – in seinen erhaltenen Fragmenten nicht zu finden. Doch in Platons Schrift »Kratylos« behauptet Sokrates, dass Heraklit ihn gelehrt hätte. Michael Gorbatschow hat ihn zitiert, als er bei seinem Treffen mit dem damaligen Bundeskanzler Helmut Kohl im Kaukasus den Weg zur deutschen Einheit ebnete. Wie einst Heraklit war auch Gorbatschow der Meinung, dass man Veränderungen nicht aufhalten könne. Heraklits Philosophie der Bewegung, des Kampfes und der Gegensätze charakterisiert unsere heutige Zeit sehr genau. Politisch-wirtschaftliche Transformationen, wie etwa der Mauerfall oder die Globalisierung, technische Entwicklungen, wie der Computer oder das Internet, beschleunigen unser Leben rasant.

Die gesellschaftlichen Prozesse der Moderne bringen einerseits Fortschritt, auf der anderen Seite erfordern sie jedoch auch hohe Kosten bzw. Opfer. So herrscht unter der Decke unserer Zivilisation offenbar eine permanente Gewaltbereitschaft, die sich dann in Fremdenhass, Kriminalität oder Fußball-Krawallen entlädt. Für Heraklit gibt es kein Ziel in der Geschichte. Das Einzige, was wir wissen: Alles fließt – panta rhei –, und auch wir sind nur Eintagsfliegen gemessen an der Ewigkeit der Zeit. Wenn es keine endgültigen Ziele der Geschichte gibt, gewinnt die Gegenwart an Bedeutung. Wie erwähnt, verbrachte Heraklit seine Zeit gerne damit, im Tempel mit den Kindern zu spielen. Für ihn besaßen gerade die einfachsten Dinge um uns herum den größten Wert. Überall lasse sich Göttliches erkennen. Leider fehle den meisten Menschen die Einsicht in den Logos: »Die Dinge, die ihnen täglich begegnen, erscheinen ihnen fremd.«

5.

»Der Mensch ist das Maß aller Dinge …«

PROTAGORAS VON ABDERA, 490–411 V. CHR.

Der antike Philosoph Protagoras war der wohl berühmteste Vertreter der sogenannten Sophisten. Als Sophisten – wörtlich: Sachkundige im Bereich des Wissens – bezeichnete man Wanderlehrer, die umringt von einer Schar Anhänger von Stadt zu Stadt reisten und sich für ihre Lehrtätigkeit bezahlen ließen. Sie interessierten sich für die Frage, wie sich die Menschen in der Gesellschaft verwirklichen sollten. Die Sophisten lehrten, mit welchen rhetorischen Mitteln sich geschickt über ein Thema reden ließ, um die Teilnehmer in öffentlichen Versammlungen gut überzeugen zu können. Aufgrund der politischen Entwicklung war es in Athen nämlich immer wichtiger geworden, seine Interessen auf dem Markplatz (griechisch »agora«) oder in den vielen Gerichtsverhandlungen durchsetzen zu können. Die Sophisten waren der Auffassung, dass es keine vom Menschen und seinen subjektiven Interpretationen unabhängige Wahrheit gebe und dass man mit rhetorischer Geschicklichkeit das Für und Wider einer jeden Sache verteidigen könne.

Protagoras wurde im thrakischen Abdera an der heutigen griechisch-türkischen Grenze geboren. Bevor er ein großer Redner wurde, hatte er sein Geld als Packer und Transporteur von Waren für die Kaufleute seiner Heimatstadt verdient. Als ihn einmal der 25 Jahre ältere Philosoph Demokrit bei der Arbeit beobachtete, soll er ihn für die Philosophie entdeckt haben. Wer so geschickt wie Protagoras einen großen Stapel Holz auf einen Esel packe, der eigne sich ebenso für das Ordnen von Gedanken. Nach einem Lehrgang bei Demokrit fühlte sich Protagoras schon bald zu Höherem berufen und brach nach Athen auf. Dort wurde er zu einem erfolgreichen Lehrer der Redekunst und einem Freund des Komödienschreibers Euripides und des großen Staatsmannes Perikles. Leider sind Protagoras' Bücher über die Naturwissenschaft, die Regierungskunst, die Götter, den Ehrgeiz und die Wahrheit bis auf acht Bruchstücke nicht mehr erhalten.

Protagoras' sogenannter Homo-Mensura-Satz – »Der Mensch ist das Maß aller Dinge, der seienden, dass sie sind, und der nichtseienden, dass sie nicht sind« – leitet seine Schrift »Wahrheit oder niederringende Reden« ein. Strittig ist, ob der »Homo-Mensura-Satz« – die Menschheit an sich oder jeden einzelnen Menschen zum Maßstab aller Dinge erklärt. Sollte er die Menschheit als Ganzes im Blick gehabt haben, würde der Satz bedeuten, dass sie über bestimmte universale Erkenntnismuster verfügt, mit der sie die Natur ordnet. Bezieht er sich jedoch auf jedes einzelne Individuum, würde er zum Ausdruck bringen, dass jeder Mensch nach seinen ganz individuellen Kriterien und Voraussetzungen entscheidet. Vieles deutet darauf hin, dass Protagoras das Letztere gemeint hat. Auf gar keinen Fall hat er jedoch mit seinem Satz – wie man gelegentlich liest – auf eine grundsätzliche Überlegenheit des Menschen gegenüber der Natur schließen wollen.

Protagoras, der an den Geldwert der Erkenntnis glaubte, soll von seinen Schülern 100 Minen verlangt haben, wovon man sich damals ungefähr 4000 Hektoliter Korn kaufen konnte. Als Gegenleistung lehrte er sie, wie man sein Haus möglichst gut verwalten und in der Politik gut mitreden konnte.

Wie Sokrates einige Jahre später wurde auch Protagoras Opfer einer Anklage wegen Gotteslästerung infolge seines Satzes: »Über die Götter allerdings habe ich keine Möglichkeit zu wissen, weder, dass sie sind, noch, dass sie nicht sind, noch, wie sie etwa an Gestalt sind; (...)« Die Sache spitzte sich für ihn so zu, dass man ihm sogar mit der Todesstrafe drohte. Im Unterschied zum prinzipientreuen Sokrates ergriff Protagoras jedoch die ihm dargebotene Gelegenheit zur Flucht und verließ Athen. Dabei soll er vor der Küste Siziliens Schiffbruch erlitten haben. Nach einer anderen Version ist er jedoch eines natürlichen Todes im Exil gestorben.

Seine These, dass es keine objektiv erfassbare Wahrheit gibt, begründete Protagoras damit, dass wir Informationen ausschließlich über die Sinne erhielten und die Wahrnehmungen bzw. unsere Stimmungen sich laufend veränderten. Dem Hungernden erscheint die Welt anders als dem Satten. »Dem Frierenden ist der Wind kalt, dem Nichtfrierenden nicht.« Jeder lebe in seiner eigenen Gefühlswelt. Wie wollte man nun darüber urteilen, welche Wahrnehmung richtiger sei? Alle Wahrnehmungen (griechisch »phantasiai«) seien gleichwertig wahr: »Über jede Sache gibt es zwei einander entgegengesetzte Aussagen (Meinungen).« Niemand wisse genau, welches Urteil mit der Wirklichkeit übereintreffe. Folglich sei jeder für sich allein das Maß der Dinge. Wichtig sei allein, wie man – bei dieser Ausgangslage – dennoch zu einem einvernehmlichen Handeln kommen könne. Protagoras vertrat die genaue Gegenposition zu Platons Meinung, dass es hinter allen unterschiedlichen Wahrnehmungen und

Standpunkten ein allgemeingültiges Reich von objektiven Ideen gebe.

Dass es in Diskussionen entscheidend auf die Rhetorik ankommt, erscheint heute als eine Selbstverständlichkeit. Politiker, Manager, Wissenschaftler, schon die Jugendlichen in der Schule üben sich im Argumentieren, wie die unter Schülern beliebte Aktion »Jugend debattiert« zeigt. Lange Zeit wurden die Sophisten als »spitzfindig« und »unredlich«, als Wortverdreher und Begriffsakrobaten beschimpft. Bei Goethe greift Faust den Mephisto an: »Du bist und bleibst ein Lügner, ein Sophiste.« Doch mittlerweile setzt sich eine differenziertere Sicht des Sophismus durch. Durch die Sophisten wurde der Mensch zum ersten Mal als in vielfältigen gesellschaftlichen Beziehungen stehend begriffen. Ganz gleich, welche Thesen in den Diskursen vorgebracht werden, keine kann als unbestreitbar gelten. Ob es sich um die Theorie des Urknalls oder um Darwins Evolutionslehre handelt, stets lassen sich Zweifel und Kritik am Wahrheitswert wissenschaftlicher Theorien formulieren. Es gibt sie nicht, die eine universelle Wahrheit! Gerade auch in den Wissenschaften geht es nicht immer eindeutig zu. Auch hier müssen die Forscher ihre Kollegen von der Richtigkeit ihrer eigenen Ansätze überzeugen. Das gilt z.B. in medizinischen und ökologischen Diskursen, in denen teilweise sehr kontrovers über die Ursachen von Erkrankungen bzw. klimatischer Veränderungen diskutiert wird. Denn auch in der wissenschaftlichen Forschung geht es nicht zuletzt um Macht, Prestige und Fördergelder.

6.

»Ich weiß, dass ich nichts weiß.«

SOKRATES, 469–399 V. CHR.

»Ich weiß, dass ich nichts weiß« stammt aus Sokrates' Verteidigungsrede (Apologie) bei seinem Prozess im Jahre 399 v. Chr. Zur Anklage gegen den 71-Jährigen kam es, weil er auf den Straßen und Plätzen von Athen die Leute ständig in Gespräche darüber verwickelte, was Tugenden wie Mut, Ehre, Gerechtigkeit oder Frömmigkeit eigentlich seien. Die Bürger empfanden seine Methode schon bald als lästig und nannten ihn deshalb die Stechfliege (griechisch »myops«), weil er nicht aufhören wollte, sie mit seinen Was-ist-Fragen zu quälen. Vor Sokrates bedeutete gut zu sein, einfach das zu tun, was man oder die Tradition darüber befand. Doch Sokrates wollte, dass jeder selbst sorgfältig darüber nachdachte, was als ehrenhaft, mutig usw. zu gelten hätte. Mit seiner Forderung, auf seine eigene innere Stimme zu hören, beeinflusste er insbesondere die Athener Jugend, die sich nach den Gesprächen mit ihm nicht mehr einfach alles sagen ließ. Deshalb wurde Sokrates von den beunruhigten Bürgern Athens als Jugendverderber und Gotteslästerer angeklagt.

Im Frühjahr 399 v. Chr. kamen am Prozesstag um die 500 Bürger auf dem Marktplatz von Athen zusammen, um über Sokrates zu richten. Nachdem die Anklage vorgebracht war, trug Sokrates seine Verteidigung vor. Ein Argument der Anklage war, dass er als Philosoph nach rationalen Erklärungen suche und deshalb zwangsläufig in einen Konflikt mit dem alten Götterglauben gerate. Wohl um vor allem dieses Argument zu entkräften, stellte Sokrates seinen Gedanken vom Nichtwissen in den Vordergrund seiner Verteidigung. Er berichtete, wie sein Freund Chairephon das Orakel von Delphi gefragt habe, wer der Weiseste in Athen sei. Daraufhin habe das Orakel geantwortet: »Weise ist Sophokles, weiser ist Euripides, aber von allen der Weiseste ist Sokrates.« Um den Wahrheitsgehalt des Orakels zu prüfen, habe er daraufhin beschlossen, die Politiker, Dichter und Handwerker Athens zu befragen. Während dieser Gespräche sei ihm jedoch klar geworden, wie selbstgerecht doch die meisten über die wichtigsten Dinge im Leben urteilten. Alle hätten sie den gleichen Fehler begangen, ausgehend von ihrem beschränkten Wissen und ohne genügend Selbstkritik ihre Meinungen zu äußern. Da erst sei ihm aufgegangen, dass das Orakel vielleicht doch recht gehabt hatte und dass er womöglich wirklich schon ein Stück weiter als die anderen war: »Um diesen kleinen Unterschied bin ich also offenbar weiser, dass ich eben das, was ich nicht weiß, auch nicht zu wissen vermeine (...)« Bei der Jury kam diese Argumentation offenbar nicht so gut an: Sokrates wurde mit 280 zu 220 Stimmen für schuldig befunden.

Im Athener Gerichtsverfahren wurde jedoch nicht nur über die Frage schuldig oder nicht, sondern auch über das Strafmaß abgestimmt. Die Anklage plädierte auf die Todesstrafe durch den Schierlingsbecher. Sokrates hatte das Recht, einen eigenen Vorschlag für das Strafmaß zu machen, womit er sich gewissermaßen selbst zum Tode verurteilte: denn er forderte, dass ihm – als öffentlichem Wohltäter – freie Kost gewährt werden sollte. Das so provozierte Gericht zeigte sich nun in seiner ganzen Härte und verurteilte ihn mit der Mehrheit von 360 zu 140 zum Tode. Bis zur Vollstreckung des Urteils sollte noch ein Monat vergehen, weil damals eine Gesandtschaft Athens zur Insel Delos unterwegs war und während dieser Zeit keine Hinrichtung durchgeführt werden durfte. Deshalb konnte Sokrates im Gefängnis noch viele Gespräche mit seinen Freunden führen, die alle von seinem Schüler Platon schriftlich festgehalten wurden.

Sokrates stammte aus einer Familie der Athener Mittelschicht. Sein Vater Sophroniskos war Steinmetz, seine Mutter Phainarete eine Hebamme. Offenbar lebte er von einer kleinen, von seinem Vater hinterlassenen Erbschaft. In Athen, so heißt es, lief er nachlässig gekleidet und barfuß herum. Seine Frau Xanthippe (griechisch für blondes Pferd), mit der er den Sohn Lamprokles bekam, heiratete er im Alter von 50 Jahren. Angeblich soll sie ihn häufig ausgeschimpft haben, weil er lieber mit allen möglichen Leuten diskutierte, anstatt einer geregelten Arbeit nachzugehen. Im Krieg zwischen Athen und Sparta wurde Sokrates als besonders tapfer ausgezeichnet, u. a. weil er dem jungen Alkibiades das Leben gerettet haben soll.

Zwei Episoden aus seinem Leben zeigen seine feste moralische Gesinnung. Als er einmal auf Befehl von Kritias, der sich an die Spitze der Regierung der 30 Tyrannen gestellt hatte, einen unschuldigen Mann festnehmen sollte, tat Sokrates so, als ob es diese Order nie gegeben hätte, wohl wissend, dass er sich damit selbst in höchste Lebensgefahr brachte. Ein andermal hatte er sich als ausgeloster Richter geweigert, gegen den Wunsch der aufgebrachten Menge jemanden aufgrund einer unsicheren Beweislage zum Tode zu verurteilen. Sokrates hörte in solchen Situationen auf eine innere Stimme, die er »daimonion« nannte und die ihn davon abhielt, das Unrechte zu tun. Wie Jesus, Konfuzius und Buddha wirkte Sokrates durch seine Persönlichkeit und hat selbst keine Schriften hinterlassen.

»Ich weiß, dass ich nichts weiß« darf keinesfalls so verstanden werden, als ob es überhaupt kein Wissen und keine Erkenntnis gäbe. Der Spruch bezeichnet lediglich eine bestimmte Weise zu erkennen, die man die sokratische Methode nennt. Im Gespräch mit seinen Mitbürgern ging es Sokrates darum, Scheinwissen zu zerstören. Sokrates fragte sie zunächst, wie sie Tugenden wie Tapferkeit, Frömmigkeit, Klugheit definieren würden. Dabei stellte sich heraus, dass eine erste Antwort ungenügend war und einer genaueren Prüfung nicht standhielt. Der verbesserte Begriff war zwar der Wahrheit schon ein Stück näher, zeigte sich aber immer noch als fehlerhaft. Eine endgültige Begriffsbestimmung war nicht zu erreichen. Durch prüfende Fragen zwang Sokrates sein Gegenüber zuzugeben, dass er eine geforderte Definition nicht geben konnte. Das ist der Sinn des sokratischen »Ich weiß, dass ich nichts weiß.« Der Spruch soll helfen, unser Wissen richtig einzuschätzen. Gerade in der wissenschaftlich-technischen Welt ist es sinnvoll, vor sich selbst jederzeit auch über die Grenzen unserer Erkenntnis Rechenschaft abzulegen.

Mit den Mitteln des Verstandes lassen sich zwar viele Teilbereiche in der Natur oder der Gesellschaft besser erklären, aber häufig geht dabei der Blick auf das Ganze oder wichtige Werte verloren. Dem kann man nur dadurch begegnen, dass man sich über die beschränkte Reichweite der eigenen Perspektiven bewusst bleibt und wie Sokrates immer wieder das Gespräch mit anderen Lehrmeinungen sucht bzw. sie zur Kenntnis nimmt. So können Aspekte überdacht und die eigenen Ansichten einer kritischen Prüfung unterzogen werden. Sokrates' Einsicht in das Nichtwissen erweist sich als zeitlos gültig. Denn es ist ja gerade der Fortschritt in den Wissenschaften, der uns immer wieder vor Augen führt, dass für wahr gehaltene Theorien sich hinterher oft als falsch erweisen. Außerdem gilt, dass mit jedem Schritt nach vorne, mit jedem gelösten Einzelproblem, das die Forscher in Experimenten lösen, sich neue ungelöste Probleme auftürmen, sodass das Projekt des Wissens nie als abgeschlossen gelten kann.

Betrachtet man die von Platon überlieferten Gespräche des Sokrates genauer, so bemerkt man, dass es Sokrates nicht nur um immer bessere Begriffsdefinitionen gegangen ist. Vielmehr sollten seine Gesprächspartner Farbe bekennen, welche Maßstäbe sie für ihr Leben anzuwenden gedachten. Sokrates fragte nämlich immer, ob man auch wirklich dazu stehen könne, was man öffentlich verkünde. Will man wirklich die ganzen Konsequenzen einer eingenommenen Position auf sich nehmen und tatsächlich gemäß seiner Einsichten leben? Sokrates zeigte, wie fragwürdig viele unserer Urteile über Gut und Böse sind. Er selbst bekannte sich bis zuletzt dazu, dass für ihn ein Leben ohne Selbstprüfung nicht lebenswert sei. Als er von der Mehrheit der 500 Geschworenen zum Tode verurteilt wurde, versuchte er nicht – wie seine Freunde ihm rieten –, sich dem Richtspruch durch Flucht zu entziehen, sondern trank, obwohl er von seiner Unschuld überzeugt war, den Giftbecher, ohne sich vor dem Tod zu fürchten. Sokrates war nämlich gemäß seiner Maxime über das Unwissen der Meinung, dass wir nichts über den Tod wissen könnten, nicht ob er das größte Unglück oder vielleicht sogar das größte aller Güter überhaupt sei: »Denn niemand weiß, was der Tod ist. Sie fürchten ihn aber, als wüssten sie gewiss, dass er das größte Übel ist.«

Bis heute fasziniert die Gradlinigkeit und die unablässige Wahrheitssuche des Sokrates. Seine Methode, mit den Mitteln des Dialogs und des Gesprächs Meinungsverschiedenheiten geduldig auf den Grund zu gehen, wird gerade in unserer pluralistischen Welt immer wichtiger. Auch im Unterricht an den Schulen gewinnt das freie Problemgespräch in der Tradition des Sokrates an Stellenwert, weil die Schülerinnen und Schüler nicht nur durch Textarbeit wissen wollen, was ein Autor gesagt hat, sondern auch, was eine bestimmte Position für ihr eigenes Leben bedeutet. Im sachlichen Austausch der Argumente üben sie sich so in eine Lebensform ein, in der die eigene Position kritisch hinterfragt wird und die es zulässt, dass auch der andere einmal recht behalten kann.

7.

»Die Philosophen sollen Könige, die Könige Philosophen sein.«

PLATON, 428/7–348/7 V. CHR.

Man stelle sich ein in See stechendes Schiff vor, dessen Kapitän schwerhörig, kurzsichtig und ohne Kenntnis von der Navigation ist. Auch die Matrosen sind ungelernt und unerfahren in der Seefahrerei. Trotzdem streiten sich alle, wer als Erster das Steuerruder ergreifen darf. Unmittelbar nach der Abfahrt kommt es zu einem Kampf um Posten und Proviant und das Szenario entwickelt sich zu einer Irrfahrt vergnügungssüchtiger Betrunkener. Alle sind der Meinung, dass es ein Leichtes sei, ein Schiff zu steuern, und wer dennoch versucht, die Position des Schiffes zu ermitteln, wird vom Rest als ein nutzloser Sternengucker verhöhnt. Die Passagiere haben keine Ahnung vom »wahren Steuermann«, und wäre ein solcher überhaupt an Bord, dann würden sie ihn als Schwätzer und Taugenichts beschimpfen.

Mit seinem Gleichnis vom »wahren Steuermann« versuchte Platon zu verdeutlichen, zu welchem Chaos es in einer Demokratie kommen kann, wenn man den Aspekt der Auswahl des Besten aus den Augen verliert. Denn für Platon verdienten ausschließlich philosophisch gebildete Menschen (»Philosophenkönige«) den Status, den Staat und die Menschen regieren zu dürfen. In der Polis (griechischer Stadtstaat) sollten die Eliten Entscheidungen treffen dürfen, die am besten dafür geeignet waren und denen man somit am meisten vertrauen konnte. In seinem Idealstaat ließ er zwar die damals durchaus übliche Sklaverei bestehen, wertete jedoch die Rolle der Frauen stark auf, indem sie zu allen politischen Ämtern Zugang haben sollten. In Athen besaßen zur Zeit Platons ausschließlich die Vollbürger, nicht die Frauen, Sklaven und Metöken (Halbbürger) das politische Mitbestimmungsrecht.

Ursprünglich wollte der aus einer altehrwürdigen Athener Familie stammende Platon Theaterstücke schreiben. Doch als er als 20-Jähriger Sokrates traf, schloss er sich dessen Freundeskreis an und verschrieb sich von nun an ganz der Philosophie. Platon wurde ein begeisterter Anhänger von Sokrates und folgte seinem Unterricht während der letzten acht Jahre, die Sokrates noch zu leben hatte. Die in seinen Augen ungerechte Hinrichtung Sokrates' war der entscheidende Einschnitt in Platons Leben, da sie ihm verdeutlichte, wie gefährlich es werden konnte, wenn unfähige und korrupte Politiker die Stadt regierten. Nach Sokrates' Tod floh Platon aus Angst vor Verfolgung aus Athen und bereiste die Welt, um im Geiste seines Lehrers weiterzuwirken. Eine gute Gelegenheit hierfür schien sich in Syrakus, einer griechischen Kolonie auf Sizilien, zu bieten. Dort herrschte Dionysos, der gerne geistvolle Männer um sich scharte und auch Platon an seinen Hof berief.

Doch Platons Versuch, die Lehren des Sokrates umzusetzen, scheiterte kläglich. Er fiel bei Dionysos u. a. wegen seiner Kritik an den lockeren Sitten am Hof in Ungnade und wurde, mit Ketten an den Füßen, auf dem Marktplatz als Sklave verkauft. Freunde zahlten das Lösegeld und verschafften ihm die Mittel, um nach Athen zurückzukehren, wo er im Jahre 387 eine eigene Philosophenschule, die berühmte Akademie – das Vorbild der heutigen Universitäten – gründete. Die Akademie war bis zu ihrer Schließung im Jahr 529 n. Chr. durch Kaiser Justinian eine der bedeutendsten antiken Bildungsstätten. Platon, der noch zwei Mal vergeblich nach Sizilien reiste, um seine politischen Vorstellungen durchzusetzen, starb mit 80 Jahren.

Sein Hauptwerk, »Der Staat«, aus dem das obige Zitat stammt, entstand in einer Zeit, als sich die attische Demokratie, durch die Kriege mit Sparta erschüttert, in einer Krise befand. Demagogen beeinflussten die Bevölkerung; es hatte sich gezeigt, dass sowohl die Staatsform der Demokratie als auch die Adelsherrschaft nicht in der Lage waren, Athen zu einem blühenden Staatswesen zu entwickeln. Um Platons Staatsidee zu verstehen, muss man sich sein Menschenbild vergegenwärtigen. Platon unterscheidet drei verschiedene Seelenteile beim Individuum: die Begierde, den Mut und die zur Weisheit fähige Vernunft. Der Sitz der Vernunft sei im Kopf, der Mut wohne in der Brust und die Begierde im Bauch. Wie nun die Vernunft in der Einzelseele, so sollten im Staat die Philosophen (Weisheitsfreunde) die Entscheidungsträger sein, denn die Philosophen waren die Einzigen, denen Platon zutraute, die objektive Wahrheit zu erfassen. Platons Idealstaat war ein Ständestaat, zusammengesetzt aus Wehrstand, Nährstand und Lehrstand.

Diese drei Stände sind den drei Seelen des Menschen nachgebildet: Dem vernunftbegabten Seelenteil entspricht der Stand der Herrscher (Lehrstand), dem emotionalen Seelenteil der Stand der Krieger (Wehrstand) und dem begehrlichen Seelenanteil der Stand der Gewerbetreibenden (Nährstand). In einem Staat herrsche erst dann Gerechtigkeit, wenn diese Hierarchien eingehalten werden und jeder seinen ihm gebührenden Platz erhält. Ungerechtigkeit liegt nach Platon vor, wenn es zu einer Verwirrung über die Eignung im Staatswesen kommt, das heißt, wenn die jeweiligen Stände und Aufgaben von den falschen Personen ausgefüllt werden.

Platon behauptete, dass die Staatsgeschäfte zerrüttet sind, wenn sie von korrupten oder unfähigen Männern geführt werden. Um Fehlbesetzungen zu verhindern, schlug er eine strenge Auswahl der Besten vor. Privatbesitz ist den Herrschern verboten, damit sie sich ganz auf ihre geistigen Aufgaben konzentrieren können. Platons Staatskonzeption wurde oft so missverstanden, als habe er sie wortgetreu in die Wirklichkeit umsetzen wollen. Doch das ist nicht der Fall. Ihm ging es vielmehr darum, ein Staatsmodell zu entwerfen, in dem die Vernunft zur bestimmenden Kraft des sozialen Lebens werden kann. Denn Platon war der Meinung, dass die meisten Menschen über nur unvollkommenes Wissen verfügten. Wollte man einen vollkommenen Staat errichten oder ihm möglichst nahe kommen, so dürfe man sich nicht auf die Urteilskraft der Majorität stützen. Vielmehr sei es die Aufgabe von Philosophenkönigen, die Menschen aus ihrer Unwissenheit zu befreien, um sie zur wahren Erkenntnis hinzuführen.

Weil Platon nach Vollkommenheit strebte, verlor er die Realität zu schnell aus den Augen und beschäftigte sich vorwiegend mit der imaginären Welt der Ideale, Tugenden und der reinen Ideen. Das war sicherlich ein wesentlicher Grund für sein Scheitern auf Sizilien gewesen. Wichtig bleibt jedoch Platons Gedanke von der Bedeutung der Auswahl von Eliten im Staate. Wenn heute Bürger offen zugeben, dass sie ihre Wahlentscheidung nach Kriterien wie Aussehen der Kandidaten und von Politikern versprochenen Vergünstigungen treffen, dann wirft das ein bedenkliches Licht auf die moderne Massendemokratie. In der modernen pluralistischen Zivilisation werden die politischen Entscheidungsprozesse immer schwieriger, sodass die Politiker auf die Unterstützung von Beraterstäben, Expertenräten und Ethikkommissionen angewiesen sind. Wenn sich der französische Präsident Sarkozy für die Konstitution eines Rates von Weisen einsetzt, der für die Zukunft Europas Vorschläge erarbeiten soll, dann passt dies teilweise in Platons Konzept. Allerdings sind die Experten von heute nur Ratgeber, die ihr Urteil den vom Volk gewählten Regierungen unterstellen müssen. Das wäre nicht mehr im Sinne Platons gewesen, in dessen Staatsmodell die Macht der Philosophenkönige strikt von oben nach unten und keinesfalls umgekehrt verläuft.

8.

»Alle Menschen streben von Natur nach Wissen.«

ARISTOTELES, 384–322 V. CHR.

Aristoteles war fest davon überzeugt, dass allen Menschen ein angeborener Trieb nach Wissen innewohnt. »Alle Menschen streben von Natur nach Wissen«, wie es in seiner Schrift »Metaphysik« heißt. Er selbst widmete sein ganzes Leben der Forschung und übte mit der Entdeckung der Logik und der Gliederung der Wissenschaften großen Einfluss auf die westliche Kultur aus. Für viele ist Aristoteles der größte Philosoph aller Zeiten. Als Erster hatte er das ihm bekannte Wissen seiner Zeit in verschiedene Gebiete unterteilt: Philosophie, Naturwissenschaften, Geschichte, Medizin, Politik. Als man ihn einmal fragte, wo er das alles gelernt habe, soll er geantwortet haben: »Von den Dingen, die nicht lügen.« Aristoteles zufolge ist ein den Wissenschaften gewidmetes Leben das höchste Ziel eines Menschen. Berühmt ist folgende Anekdote: Um nicht zu lange zu schlafen und genug Zeit zum Forschen zu haben, nahm er eine Bronzekugel in die Hand, unter der sich eine Schüssel mit Wasser befand. Sobald er eingeschlafen war, fiel die Kugel ins Wasser, sodass er geweckt wurde und seine Denkarbeit fortsetzten konnte.

Geboren wurde Aristoteles 384 v. Chr. in Stagira im Osten Makedoniens. Nach dem Tod des Vaters zog der 17-Jährige im Jahre 367 v. Chr. nach Athen, um in die platonische Akademie einzutreten. Aristoteles blieb 20 Jahre in der Akademie, zuerst als Schüler, dann als Lehrer. Nach Platons Tod verließ er Athen und begab sich für zwölf Jahre auf Wanderschaft. Für einige Zeit berief ihn Philipp II. von Makedonien als Erzieher seines Sohnes Alexander in die makedonische Hauptstadt Pella. Ob er großen Einfluss auf den späteren Weltherrscher hatte, ist jedoch unbekannt. Nach Alexanders Thronbesteigung kehrte Aristoteles nach Athen zurück, wo er seine eigene Schule im Gymnasium des *Lykeion* gründete. Das *Lykeion* oder *Lyzeum* wurde auch die »peripatetische« Schule genannt, weil die Hörer die Gewohnheit hatten, während ihrer Lehrgespräche in den Laubengängen (griechisch »peripatoi«) umherzugehen. Nach dem Tode Alexanders im Jahre 323 v. Chr. breitete sich in Athen eine deutlich spürbare Fremdenfeindlichkeit gegenüber den dort lebenden Makedoniern aus. Der als Makedonierfreund bekannte Aristoteles zog es daraufhin vor, nach Chalkis auf Euboia zu ziehen, wo er kurze Zeit später im Alter von 63 Jahren starb.

Anders als Platon, dessen Erkenntnisinteresse sich eher auf die Mathematik und die reinen Begriffsdefinitionen bezog, beschäftigte sich Aristoteles mit der Erforschung der empirischen Wirklichkeit. Aristoteles war der Auffassung, dass sich die göttliche Ordnung der Natur auch in der konkreten Wirklichkeit offenbare. Die Welt ist Aristoteles zufolge ein wunderbares Kunstwerk, das es sowohl zu bestaunen als auch in wissenschaftlichen Studien zu erkennen gelte. Auf dem berühmten Philosophenbild von Raffael »Die Schule von Athen« sind Aristoteles und Platon im Zentrum einer Gruppe griechischer Philosophen abgebildet. Platons ausgestreckter Finger weist in die Höhe des Ideenhimmels, während Aristoteles mit der Hand in Brusthöhe auf die irdische Welt der Erfahrung verweist. Im Gegensatz zu Platon wertete Aristoteles die durch die Sinne erfahrbare Welt nicht geringschätzig, sondern war treu seinem Motto »in allen Naturdingen ist etwas Wunderbares« ein Naturforscher mit Leidenschaft. Im Mittelalter wurde Aristoteles zum Vorbild für eine dem Diesseits und der Erforschung der Wirklichkeit zugewandte Philosophie.

Aristoteles, der den Beinamen »der Leser« hatte, besaß ein nahezu enzyklopädisches Wissen. Schon die Titel seiner Bücher »Über die Seele«, »Nikomachische Ethik« (die Bezeichnung geht vermutlich auf seinen Sohn Nikomachos zurück, dem die Schrift gewidmet war), »Politik«, »Physik«, »Metaphysik«, »Über die Teile der Tiere«, »Vom Himmel«, »Die Kategorien«, »Lehre vom Schluss oder Erste Analytik«, »Lehre vom Beweis oder Zweite Analytik«, »Rhetorik«, »Poetik« deuten auf seine vielfältigen Interessen hin. In seinen Werken finden sich zahllose schulbildende Definitionen, dichte Erklärungen, in denen jeder Gegenstand kurz und präzise und trotzdem facettenreich erklärt wird. Aristoteles war jedoch nicht nur ein begeisterter Verfechter des theoretischen Wissens, sondern auch der Praxis. Im Alltag zeigt sich Aristoteles zufolge oft, »dass die Erfahrenen mehr das Richtige treffen als diejenigen, die ohne Erfahrung nur die allgemeinen Begriffe besitzen« (aus »Nikomachische Ethik«). In seiner Ethik lag der Schwerpunkt auf der Erfahrung und der Tradition. Ältere Menschen besäßen ein geübtes Auge, was als richtig und was als falsch einzuschätzen sei. Die Tugend ist für Aristoteles keinesfalls angeboren, sondern müsse durch tägliches Lernen und Üben erworben werden. Wie man Klavierspielen nicht durch Musiktheorie lernt, sondern durch Übung, so wird man nicht tugendhaft durch Verstehen, wie Platon meinte, sondern nur, indem man auch moralisch handelt. Als das höchste Ziel der Menschen begriff Aristoteles die Glückseligkeit (Eudämonie, vom griechischen »eudaimonia«). Und dieses höchste Gut verwirklicht sich durch das vollkommen autonome Leben eines Weisen, der »denkend tätig ist und die Vernunft in sich pflegt«.

Aristoteles beschrieb den Menschen in seiner berühmten Definition als »vernünftiges Lebewesen«. Das Unterscheidungskriterium zwischen Mensch und Tier ist sein Geist. Deshalb sollte sich der Mensch darum bemühen, seine intellektuellen Fähigkeiten zu vervollkommnen. Denn in der Beschäftigung mit der Theorie (vom griechischen »theoria«) finden wir nach Aristoteles die höchste Freude oder Glückseligkeit. In der Kontemplation finde der Mensch zu seiner Bestimmung. »Wer aber denkend tätig ist... mag sich nicht nur der besten Verfassung erfreuen, sondern auch von der Gottheit am meisten geliebt werden.« In solchen Mußestunden erfahren wir etwas über das Mysterium der Welt, was für Aristoteles (wie auch für Platon) der eigentliche Ansporn zur Philosophie und zur Erkenntnis ist. »Denn Verwunderung (griechisch »thaumazein«) veranlasste zuerst wie noch jetzt die Menschen zum Philosophieren (...)«, wie es in der »Metaphysik« heißt.

Aristoteles' Erkenntnis, dass der Mensch neugierig ist und nach Wissen strebt, machen sich heute die Fernsehanstalten zunutze. Wissenssendungen wie »Galileo« oder ein Quiz wie »Wer wird Millionär?« belegen, dass sich mit Bildung und Wissen hohe Einschaltzahlen erzielen lassen. Wissen macht Quote, wie es unter Fernsehleuten inzwischen heißt. Der Satz des Aristoteles, wonach der Mensch wissbegierig ist, lässt sich insbesondere auf Kinder beziehen. Kinder lernen jedoch nicht nur aus Büchern, eigens dafür konstruierten Spielen und lehrreichen Filmen, sondern eben auch immer aus sich selbst heraus und im Umgang mit ihrer Umgebung. Sie verfügen über einen natürlichen Wissensdrang, staunen über die Welt und entdecken sie selbstständig, wie einst Aristoteles schon erkannt hat.

9.

»Mit dem Philosophieren soll man getrost
schon in der Jugend beginnen,
aber im Alter auch nicht müde davon ablassen.
Denn um für seine seelische Gesundheit etwas zu
tun, ist keiner zu jung oder zu alt (...).«

EPIKUR, 341–271 V. CHR.

Der berühmte Satz des griechischen Philosophen Epikur stammt aus seinem »Brief an Menoikeus«. Epikur zufolge sollte die persönliche Lebensführung nicht nur in der Jugend, sondern das ganze Leben hindurch überprüft und verbessert werden. Gerade auch ältere Menschen können an sich selbst Seiten kennenlernen, die ihnen bisher verschlossen geblieben sind. Um neue Aspekte des Lebens zu entdecken oder schlechte Charaktereigenschaften abzulegen, wurden in der Antike in den hellenistischen Schulen des Epikur und der Stoa eine Reihe von Techniken und Übungen – Gespräche mit Freunden zu führen, täglich zu meditieren, sich wichtige Lebensweisheiten in Notizbüchern (griechisch »hypomnemata«) aufzuschreiben – entwickelt. Der Zweck dieser Übungen war, sich mit einem Repertoire an Sinnsprüchen auszurüsten, die einem im Ernstfall nützlich sein könnten. So müsse man sich zum Beispiel schon in Zeiten des Wohlstands darüber im Klaren sein, welchen Stellenwert Reichtum hat. Der Stoiker und ehemalige Senator Seneca meinte dazu, dass Geld und Besitz zwar eine schöne Sache seien, man sich aber auch immer darüber bewusst sein müsse, dass man sie jederzeit wieder verlieren könne und in diesem Fall die Welt auch nicht unterginge. Diese und ähnliche Einsichten solle man sich in Notizbüchern vermerken und am Abend vor dem Schlafengehen noch einmal gut durchlesen, damit sie sich möglichst fest ins Gedächtnis einprägen. Wer derart an sich arbeite, sei mit einem Athleten vergleichbar, der sich eine gute – in unserem Fall geistige – Fitness erkämpft.

Epikur lehrte eine »Philosophie der Freude«, die von ihm entwickelte hedonistische Lehre (vom griechischen »hedoné«, angenehme Situationen und Stimmungen erleben). Philosophie oder Physiologie, wie Epikur auch sagt, soll nicht nur einfach Wissen vermehren, sondern durch Betrachtung und Ergründung der menschlichen Natur den Individuen Wege aufzeigen, glücklich zu werden. Körperliche Gesundheit, Freisein von Schmerz und »ataraxia« (seelische Ausgeglichenheit, Seelenruhe) waren für Epikur und seine Anhänger – den Epikureern – die wichtigsten Bestandteile eines guten Lebens. Bei der Lustgewinnung, so Epikur, sei vieles zu beachten. Denn es sei gar nicht so leicht darüber zu entscheiden, was einem auf Dauer im Leben wirklich mehr Freude als Ärger einbringt. Auch seien die Freuden und Leiden der Seele um ein vieles größer als die des Körpers. In jedem Fall sei eine dauerhafte Ausgeglichenheit ständigen Hochs und Tiefs im Seelenleben vorzuziehen. Ziel sei es, am Ende des Lebens sagen zu können, dass die erlebten Freuden die erlittenen Unannehmlichkeiten überwogen hätten. Epikur starb im Alter von 71 Jahren an einer schmerzhaften Nierenkolik. In seinem Abschiedsbrief, in dem er einem seiner Schüler seinen letzten Lebenstag beschrieb, heißt es: »Es ist der gepriesene Festtag und zugleich der letzte Tag meines Lebens, an dem ich diese Zeilen an euch schreibe. Harnzwang und Dysenterie haben sich bei mir eingestellt mit Schmerzen, die jedes erdenkliche Maß überschreiten. Als Gegengewicht gegen alles dies dient die freudige Erhebung der Seele bei der Erinnerung an die zwischen uns gepflogenen Gespräche.« Es wird erzählt, dass er sich vor seinem Tod in einen Bottich voll heißen Wassers setzte, Wein trank und sich unterhielt, bis er starb.

Geboren wurde Epikur um 341 v. Chr. (als attischer Bürger) auf der Insel Samos, einer Kolonie Athens in Kleinasien zur Zeit der Diadochenkämpfe im Reiche Alexanders des Großen. Trotz des allmählichen Emporkommens Roms dominierte im Zeitalter des Hellenismus immer noch die Kultur Griechenlands. Epikurs Vater war ein nicht sehr reicher Adliger, der einen Bauernhof führte und sich nebenher als Lehrer betätigte. Schon als 14-Jähriger begann sich Epikur für die Philosophie zu interessieren. Vollends geriet er jedoch in ihren Bann, als er mitansehen musste, wie sein Vater aufgrund politischer Wirren den Bauernhof an die Makedonier verlor. Von nun an faszinierte ihn der Gedanke, mit Freunden in einer eng verbundenen Gemeinschaft weit ab von den Händeln der Politik in Frieden philosophieren zu können. Platon und Aristoteles hatten vor allem für die Bürger der Polis geschrieben und gelehrt, wie man sich in der Gemeinschaft benehmen solle, nämlich maßvoll, mutig und klug. Bei Epikur verschieben sich nun die Akzente. Er sieht im Menschen weniger den Staatsbürger, sondern das Individuum, das in kleineren Gemeinschaften besser leben kann.

In Epikurs kosmopolitischer Welt hatte die Polis an Bedeutung verloren; die Bürger konnten sich nicht mehr auf eine von allen geteilte öffentliche Meinung berufen. Nun musste jeder selbst im eigenen Lebenskreis seine Wahrheit finden, wofür ihm die Philosophie wertvolle Dienste leisten konnte. Ziel des Menschen, so Epikur, sei es, den glückseligen Zustand der Eudämonie zu erreichen. (Das griechische Wort »eudaimonia« bedeutet wörtlich, dass wir einen »guten Dämon« in uns haben.) Einen solchen Seelenzustand beschreibt Epikur in dichterischen Worten: »Wie Meeresstille bedeutet, dass nicht einmal der schwächste Luftzug die Fluten bewegt, so erscheint der Zustand der Seele ruhig und befreit, wenn keine Wirrnis da ist, durch die sie erregt werden könnte.« Seine Schüler mussten zunächst lernen, lange zu schweigen und zuhören zu können, bevor sie etwas sagen durften. Neben dem schulischen Lernen erachtete er Ratschläge unter Familienmitgliedern, Beschützerverhältnisse zu jüngeren Bürgern oder Freundschaftsbeziehungen zu Gleichaltrigen als die wichtigsten Wege zur Erlangung des Seelenfriedens.

»Lebe im Verborgenen« (»láthe biósas«) lautete einer der Ratschläge des Epikur; sich in die Öffentlichkeit zu begeben, sei immer mit großen Risiken verbunden. Deshalb riet Epikur in Sachen Politik eher zur Zurückhaltung. Ein gutes Privat- bzw. Familienleben sei schon viel, ja, vielleicht sogar schon alles. Besonders wichtig war ihm die Freundschaft, über die er schreibt: »Von allem, was die Weisheit für die Glückseligkeit des ganzen Lebens bereitstellt, ist bei Weitem das Größte die Gewinnung der Freundschaft.« In seinem Garten, den er sich 306 v. Chr., von Spenden finanziert, in Athen gekauft hatte, trafen sich freundschaftlich verbundene Menschen aus allen Ständen, um im persönlichen Gespräch miteinander zu philosophieren. Die Schule des Epikur war kostenlos und wurde von allen Gesellschaftsschichten besucht: Metöken, Sklaven, vornehme und ärmere Bürger, keiner war von vornherein ausgeschlossen. Besonders die Mitgliedschaft der Frauen löste Verdächtigungen und Skandale aus, sodass Epikur auch der Vielweiberei beschuldigt wurde. In Wirklichkeit ging es ihm jedoch nur darum, niemanden gleich welchen Standes oder Geschlechts vom Philosophieren abhalten zu wollen.

Von Epikurs Gelassenheit können wir nur lernen. Was er lehrte, wie er lebte und wie er starb war die Umsetzung seiner philosophischen Überzeugungen. Sein berühmtes Motto gegen die Todesfurcht – »Warum sollte man Angst vor dem Tode haben? Denn solange wir sind, ist der Tod nicht da, und sobald er da ist, sind wir nicht mehr« – scheint er selbst am besten beherzigt zu haben. Epikurs Lehre, dass das Leben aus einem ständigen Lernprozess besteht, war, wie uns die Neurowissenschaftler heute bestätigen, fast schon prophetisch. Denn nur, wenn man ständig lernt und das Interesse an der sich verändernden Umwelt nicht verliert, lässt sich auch im Alter die Freude am Leben aufrechterhalten. Und dass wir unsere existenziellen Ängste nicht allein bewältigen können, sondern dazu vertraute Menschen brauchen, leuchtet ebenso ein, wie dass es auch in unserer heutigen hektischen Welt sehr wichtig ist, sich einander wieder mehr Zeit zum Zuhören zu nehmen. Die Besinnung auf unsere privaten Beziehungen, die wir pflegen und »gesund« halten sollen, ist gerade heute, wo viele Familienstrukturen zerbrechen, eine wichtige Botschaft Epikurs.

Seelenruhe und Gelassenheit gehören in einer Welt, in der Menschen zunehmend unter Stress leiden, die von Reizüberflutung, Termindruck, Machtkämpfen geprägt ist, immer noch zu den erstrebenswerten, aber oft vermissten Tugenden. Im Berufsleben gibt es viele Situationen, in denen man sich über seine Mitmenschen ärgert, es gibt Konflikte, die auszutragen sind, oder Misserfolge, die man zu verkraften hat. Vielleicht wäre es durchaus nützlich, sich so wie in der Antike manchmal Notizen darüber zu machen, wie man am besten mit Frustrationen umgehen kann und wie weit man überhaupt bestimmte Anstrengungen oder Aufregungen im Laufe eines Tages an sich heranlassen kommen sollte. Eine andere Sache ist Epikurs Bekenntnis zur Lust, das häufig in dem Sinne missverstanden wird, sich mit immer intensiveren oder luxuriöseren Genüssen verwöhnen zu wollen. Dieser falsche Weg endet häufig in Suchtverhalten (Kaufsucht, Fernsehsucht, Fresssucht …) und darin, abhängig von seinen Begierden zu werden. Demgegenüber lautet einer der Ratschläge des Epikur: »Wenn du dich reich machen willst, vermehre nicht deine Habe, sondern verringere deine Wünsche.« Er, der auf Samos in einfacher Ländlichkeit aufwuchs, lebte ganz nach seiner Maxime: »Besser ohne Angst auf einem Lager aus Blättern als unruhig in einem goldenen Bette schlafen!«

10.

»Was sie fingen, fängt sie.«

LUCIUS ANNAEUS SENECA, 4 V. CHR. – 65 N. CHR.

»Verkehrte Welt« hat Gérard Grandville (1803–1847) eine seiner berühmten Karikaturen genannt. Auf ihr sind große Fische zu sehen, die in einem Teich nach Menschen angeln. Als Köder benutzen sie Ehrungen, gutes Essen oder alkoholische Getränke, wonach sich die Menschen prompt die Hälse recken. Was ihnen als Mittel zum Leben dienen sollte (Nahrung, Anerkennung, Genuss), wird bei willensschwachen Menschen zum alleinigen Lebenszweck. Für diese Form der Selbstentfremdung hat der römische Philosoph Lucius Annaeus Seneca in seiner Schrift »Vom glückseligen Leben« die Wendung »Was sie fingen, fängt sie« gefunden. Für Seneca besteht das wahre Glück nicht in Genuss und Völlerei, sondern in einem der Natur angemessenen Leben. Die Natur des Menschen ist es nicht, nach Ehrungen, Reichtümern oder Macht zu streben. Vielmehr habe sie uns mit Verstand ausgestattet, um sinnvoll und in Einklang mit der Weltordnung zu leben. Unter dem Motto »Lebe naturgemäß« verstand Seneca, sich nicht von seinen Emotionen und Begierden beherrschen zu lassen. »Gemäß der Natur zu leben« bedeutete für ihn, das Notwenige zu erkennen – zum Beispiel, dass Krankheiten und Niederlagen zum Leben dazugehören – und sich dennoch nicht ablenken zu lassen oder gar am Leben zu verzweifeln.

Um zu prüfen, wie weit man noch souverän ist oder schon von seinen Begierden beherrscht wird, empfahl Seneca spezielle Übungen, wie zum Beispiel allabendliche Reflexionen vor dem Zubettgehen oder die sogenannte »Spaziergangsübung«, während derer man überlegen sollte, inwieweit man von bestimmten Dingen oder Wünschen in Besitz genommen worden ist. Wir sollten uns jederzeit darüber klar sein, was von wirklicher Bedeutung ist. Seneca zufolge sollte man sich von Vorstellungen oder Erwartungen auch nicht so weit beherrschen lassen, dass man an nichts anderes mehr denken könne. Um zu prüfen, wie abhängig man bereits ist, rät Seneca, der einer der reichsten Bürger Roms war, wenigstens für eine Zeitlang auf jeglichen Luxus zu verzichten, um einfach, bescheiden und natürlich zu leben. Er selbst schlief bis ins hohe Alter hinein auf dem Fußboden und nicht im Bett, weil er sich durch diese Praxis abhärten wollte.

Seneca war eine der interessantesten Personen der römischen Antike. Aus einer spanischen Familie stammend, hatte er sich in Rom vom Advokaten und Quästor bis zum Senator und Konsul hochgearbeitet, obwohl er bei drei Kaisern – Caligula, Claudius und Nero – in Ungnade gefallen war. Von Kaiser Claudius wurde er für acht Jahre auf die Insel Korsika verbannt. Von seinem ehemaligen Schüler Nero der politischen Intrigen verdächtigt, beging er schließlich auf dessen Geheiß im Jahre 65 n. Chr. Selbstmord durch Öffnen der Pulsadern. Sein Tod gestaltete sich jedoch schwieriger als erwartet, denn trotz seiner blutenden Wunden wollte das Leben nicht aus seinem Körper weichen. Auch das daraufhin eingenommene Gift wirkte wegen seines schon ausgekühlten Zustandes nicht. Schließlich wurde ihm ein heißes Bad bereitet, in dessen Dampf er erstickte. Viele Gemälde aus der Kunstgeschichte – unter anderem das berühmte Werk »Der sterbende Seneca« (um 1611) von Paul Rubens – sind seinen letzten Stunden gewidmet.

Schon seit seiner Jugend war Seneca ein Anhänger der stoischen Lehre. Bei der Stoa handelte es sich um eine antike Philosophenschule, die ihren Namen von dem Versammlungsort ihrer Schüler, einer mit Malerei geschmückten Säulenhalle (»Stoa poikile«) in Athen erhalten hatte. Die Stoiker lehrten, dass die Sorge um die Seele das Wichtigste im Leben sei. Glücklich könne man nur werden, wenn man sich von seinen Affekten und seiner Sucht nach Ruhm, Reichtum und Ehre befreie. Seneca war kein dogmatischer Vertreter des Stoizismus, sondern vertrat eher eine gemäßigte Linie. Strenge Stoiker forderten zum Beispiel, dass man den Tod eines nahen Angehörigen emotionslos zur Kenntnis nehmen sollte. Seneca hingegen empfahl, sich in die Trauer um Familienmitglieder nicht allzu sehr hineinzusteigern.

Senecas Philosophie ist praktische Lebensbewältigung. Seine Lehre beinhaltet folgende Grundsätze: Sei wachsam gegenüber deinen Begierden! Bleibe Herr deiner Entscheidungen! Lass keine Sucht, Triebe, Gefühle über dein Leben bestimmen! Trage Schicksalsschläge gelassen! Wenn wir auch vieles nicht verändern können, so können wir doch jederzeit unsere Einstellung gegenüber dem Unabänderlichen verändern, sodass wir mit ihm leben können. Es sei strikt zwischen Belangen zu unterscheiden, die in unserer Macht stünden – nämlich Meinungen, Handlungen, Wünschen usw. – und jenen, die wir nicht beeinflussen können, wozu Seneca Reichtümer, öffentliche Ämter und gesundheitliche Dispositionen zählte. Diese könnten wir durch ungünstige Umstände jederzeit auch wieder verlieren. Deshalb sei es unklug, sich von ihnen abhängig zu machen.

Insbesondere in dem Dialog »De brevitate vitae« (» Von der Kürze des Lebens«) führte Seneca seine bis heute lesenswerte Sicht des rechten Lebens aus. Die Menschen beklagten sich ständig, dass ihr Leben zu kurz sei. Laut Seneca haben wir jedoch nicht zu wenig Zeit, sondern vergeudeten sie mit nutzlosen Tätigkeiten. Mit dem Wertvollsten, was wir haben, unserem Leben, gingen wir viel zu sorglos um.

Anstatt es sinnvoll zu gestalten, legten wir alles daran, uns mit viel zu vielen Aktivitäten zu zerstreuen. Stets wollten wir überall und nirgends sein, sodass wir genau betrachtet schon gar nicht mehr im Hier und Jetzt, sondern nur noch für unsere Pläne lebten. Wir planten für die ferne Zukunft und vergäßen darüber die Gegenwart. In solcher Rastlosigkeit zerrinne das Leben wie Wasser durch ein Sieb. Demgegenüber seien Lektürestunden, in denen wir uns in einem geistigen Gespräch mit großen Denkern befinden, dichte und sinnerfüllte Tätigkeiten. Nach Seneca leben diejenigen richtig, die sich Zeit für die Kontemplation nehmen und ihren Geist in Ruhe und Sammlung auf hohe und würdige Ziele zu richten in der Lage sind.

Er selbst lebte in einer Zeit politischer Wirren, in der sich die eben noch Herrschenden rasch als die Besiegten wiederfinden konnten. Ein distanziertes Verhältnis zur Politik erschien da durchaus ratsam. »Hüte dich, dass du nicht verkaisert wirst«, lautete die auch von Seneca befürwortete Maxime des Stoikers und römischen Kaisers Marc Aurel aus dessen Schrift »Selbstbetrachtungen«. Man brauche nicht unbedingt, so Seneca in Briefen an Lucilius, ein führendes Amt im Staate einzunehmen: »Auch aus verborgenem Winkel kann man den Sprung hinauf in den Himmel tun«. Seneca kritisierte jene Politiker, die sich für unentbehrlich halten und nur sehr schwer von ihrem Amt lösen können. Es liege in der Natur der Sache, dass es irgendwann nötig ist, von einem Amt Abschied zu nehmen. Auch sei es kein Nachteil, in den Ruhestand zu gehen. Warum sollte man sein Leben nicht auch oder gerade als Privatmann genießen können? Es sei sehr sinnvoll, sich schon frühzeitig mit dem Alter und seinen Notwendigkeiten vertraut zu machen.

Senecas Philosophie hat vor dem Hintergrund der Verführungen der modernen Konsum- und Warengesellschaft besondere Aussagekraft. Psychologen behaupten, dass Kaufentscheidungen bis zu 90 Prozent unbewusst erfolgen. Es erscheint durchaus sinnvoll, sich hin und wieder daraufhin zu überprüfen, ob man nicht schon längst zum Konsum- bzw. Wohlstandssklaven geworden ist. Auto, Wohnung, Kleidung, Urlaub, alles soll besser, größer, schneller und luxuriöser werden. Im Verzicht – wie einst Seneca – will sich heute kaum jemand üben. Andererseits ist zu beobachten, dass sich immer mehr Menschen eine Auszeit in einem Kloster oder als Wanderer auf einem Pilgerweg nehmen. Senecas Maxime aus seiner Schrift »Vom glückseligen Leben« – »In erster Linie müssen wir acht haben auf uns selbst, dann auf die Geschäfte, an die wir gehen, endlich auf diejenigen, für die und mit denen wir zu tun haben« – hat deshalb nichts an Aktualität eingebüßt. Seine Ethik einer »Sorge um sich« wurde von christlicher Seite zu unrecht mit übertriebener Selbstliebe verwechselt. Dem steht sein Rat entgegen: »Willst du geliebt werden, so liebe!«

11.

»Für mich aber ist es gut, mich an Gott zu halten,
denn wenn ich keinen Halt finde in ihm,
finde ich ihn schon gar nicht in mir.«

AURELIUS AUGUSTINUS, 354–430

Der bedeutende Philosoph und Kirchenvater Augustinus prägte das christliche Verständnis von Mensch und Gott zutiefst und begründete mit seinem Werk »Bekenntnisse«, aus dem das Zitat stammt, die europäische Subjektivität und Innerlichkeit. Eindrucksvoll ist sein Erweckungserlebnis in Mailand, demzufolge er sich gerade in einem Moment der »bittersten Zerknirschung« befunden habe, als er in einem Garten plötzlich den Singsang eines Kindes vernahm »Nimm und lies, nimm und lies!«. Daraufhin griff er zu einem Buch, das zufällig vor ihm auf dem Tisch lag. Es handelte sich um die Briefe des Apostels Paulus, die er wahllos aufschlug: »Zieht den Herrn Jesus Christus an und sorgt euch nicht um das Fleisch und seine Begierden.« Weiter konnte Augustinus nicht mehr lesen: »Ich aber warf mich unter einem Feigenbaume nieder, ich weiß nicht wie, und ließ den Tränen freien Lauf.« Nun endlich hatte er nach vielen Jahren des Irrwegs und des Zweifels den Sinn seines Lebens gefunden: Es war der Glaube an Jesus Christus!

Im Jahr 410 n. Chr. eroberten und plünderten die Westgoten Rom, ein Ereignis, das die antike Welt in helle Aufregung versetzte. Rom war nicht irgendeine Stadt, sondern die wichtigste Kulturmetropole des damaligen Europa und der Inbegriff eines machtvollen Reiches. In einer derartigen Krisensituation lehrte Augustinus, das Heil nicht in der Welt, sondern im Jenseits zu suchen. Nur in Gott finde der Mensch den einzig sicheren Bezugspunkt. Während die Philosophen der Antike auf die Vernunft und die Erforschung der Natur setzten, lehnte Augustinus die Wissenschaften als eitel ab. Die für den Menschen relevante Wahrheit erschließe sich nicht in der Betrachtung der Natur, sondern im Weg nach innen. Einzig der Weg über die Seele und den Glauben führe zur Wahrheit und einem festen Halt im Leben. Für die Menschen sei es die wichtigste Konstante, den engen Bezug zu Gott aufrechtzuerhalten. Zerstreutheiten lenkten von der Intensität der Gottesnähe ab: »Für mich aber ist es gut, mich an Gott zu halten, denn wenn ich keinen Halt finde in ihm, finde ich ihn schon gar nicht in mir.«

Geboren wurde Augustinus 354 in Thagaste, einer kleinen Stadt unweit vom heutigen Bone in Algerien. Sein Vater war ein kleiner Landeigentümer mit Namen Patricius, seine Mutter Monnica eine streng gläubige Christin. Zunächst wurde Augustinus Rhetor (Lehrer der Beredsamkeit) von Karthago, um später in Rom und Mailand seine weltliche Karriere fortzusetzen. In der Antike waren Rhetoren Männer, die ihre Redekunst für juristische oder politische Zwecke nutzten und sie an ihre Schüler weitergaben. Während seiner Zeit als Rhetor führte Augustinus nach eigenen Angaben ein ausschweifendes Leben, das ihn nicht zufriedenzustellen vermochte. Unmittelbar nach seiner Mailänder Vision ließ er sich taufen und kehrte von Italien nach Nordafrika zurück, um zusammen mit einigen Freunden ein Klosterleben zu führen. Im Jahre 395 wurde er zum Bischof von Hippo Regius, dem heutigen Annaba in der Nähe von Karthago, geweiht. Als Kirchenfürst tat sich Augustinus als strenger Gegner von Häretikern hervor. Er entwickelte eine Dogmatik, die zum wichtigsten Bestandteil des Katholizismus wurde. Augustinus starb im Jahr 430 n. Chr. während der Belagerung Hippos durch die Vandalen.

Aus seiner Zeit als Bischof ragt die Schrift »Vom Gottesstaat« heraus, die vom Kampf zwischen dem Gottesstaat und dem Erdenstaat und von der göttlichen Vorsehung in der Geschichte handelt. In »Vom Gottesstaat« wollte Augustinus den damals weit verbreiteten Vorwurf an die Christen widerlegen, dass sie wegen ihrer pazifistischen Lehren Schuld am Untergang Roms gewesen seien. Dem hält Augustinus entgegen, dass Rom gefallen sei, weil die Römer an die falschen Götter geglaubt hätten. Christen seien nicht unbedingt Pazifisten, sondern – wenn es gegen die Heiden ginge – die tapfersten Krieger. Christen seien dem Staat gegenüber stets loyal und aufgrund ihrer Tugendhaftigkeit die besten Untertanen, die besten Herrscher und die besten Denker, die man sich vorstellen könne. Um den Widerstandsgeist der Römer zu stärken, schlug Augustinus eine Säuberung vor, die man heute als »fundamentalistisch« bezeichnen würde. Theaterstücke – für ihn »Lustbarkeiten des Teufels« – sollten für das einfache Volk verboten werden und alle römischen Theater durch Kirchen ersetzt werden. Wahres Wissen ist für Augustinus nicht durch die Vernunft, sondern nur auf der Grundlage des Glaubens möglich. So könne es in der Seele eines Astronomen finster aussehen. »Die künftige Finsternis der Sonne sehen sie lange voraus, ihre eigene gegenwärtige sehen sie nicht.« Nur wer glaube, könne hoffen, etwas zu verstehen. Die Wissenschaften verurteilte Augustinus als eitle Neugier und Wissenssucht.

Augustinus wurde nicht müde zu betonen, dass wir auf den Glauben und nicht auf die Vernunft setzten sollten. Als sterbliche Wesen seien wir auf die Gnade Gottes angewiesen. Wie wenig wir wirklich wissen können, verdeutlichte Augustinus an seiner berühmten Frage nach der Zeit: »Was also ist die Zeit? Wenn niemand mich danach fragt, weiß ich es; wenn ich es jemandem auf seine Frage hin erklären soll, weiß ich es nicht.« Zwar können wir ohne Mühe die Uhrzeit angeben, doch das Wesen der Zeit haben wir damit noch lange nicht begriffen. Was ist die Zeit? Wie verhält sich der endliche Mensch gegenüber der Zeit? Worin liegt der Sinn der Zeit? Was diese Fragen betrifft, so Augustinus, kämen wir durch Wissenschaft und Philosophie nicht weiter, sondern benötigten den Glauben an Gott. Ohne Gott geht für Augustinus nichts. Für einen Menschen, der sich von Gott abkehrt, hat er das eindrucksvolle Bild vom »in sich zusammengekurvten, verdrehten, verkrümmten Menschenherz« geprägt. Ein Mensch, der sich selbst und nicht Gott ins Zentrum stellt, muss sich sehr verbiegen, um sich selbst zu sehen. Wer sich jedoch Gott unterstellt, könne aufrecht gehen.

Während der Körper, die Bedürfnisse, die Sinne den äußeren Menschen ausmachten, zeichneten den inneren Menschen Reflexion, Gebete, Glaube, Subjektivität und Logos aus. Für den inneren Menschen bleibe der Glaube der wichtigste Anker für eine ansonsten unsteuerbare Vernunft. Fast schon gebetsmühlenartig wies Augustinus darauf hin, dass alles weltliche Wissen nicht ausreicht, um den Menschen glücklich zu machen. Es sei geradezu hochmütig, von der Wissenschaft eine Lösung der wesentlichen Lebensfragen zu erwarten. Über die Wissenschaftler schrieb er: »Wer alles dies weiß und nicht dich (Gott) kennt, ist sicher unglücklich, aber glücklich ist, wer dich kennt, wenn er auch von nichts anderem weiß«. Die Gestirne, die Zeit, die Erde, der Kosmos, die Menschen seien im Vergleich zu Gott nichts. Gott habe sie geschaffen und könne sie jederzeit auch wieder vernichten.

Bis heute faszinieren sowohl die Sprache als auch die Intensität, mit der Augustinus seinen Glauben gelebt hat. Was er mit seiner Autobiografie schuf, griffen Jean-Jacques Rousseau und Johann Wolfgang von Goethe später auf. In der Spätantike, in der viele neue philosophische und religiöse Lehren entstanden, fand Augustinus für sich selbst im Glauben Ruhe und Gewissheit. Auch heute stehen sich unterschiedliche Werte, Lebensentwürfe und Zukunftsszenarien in einer »Neuen Unübersichtlichkeit« (Jürgen Habermas) gegenüber. Oft wird behauptet, dass es einen Gegensatz zwischen Religiosität und der Moderne gibt. Die Pluralität der modernen Lebensformen und der Fortschritt der Wissenschaften sowie die Säkularisierung hätten in den westlichen Gesellschaften zu einem Bedeutungsverlust der Religionen geführt. Doch man kann auch zu gegenteiligen Schlussfolgerungen kommen. In Amerika zum Beispiel hat sich ein dynamischer »Religionsmarkt« entwickelt. Wissenschaft und Religion scheinen sich nicht zwingend auszuschließen. In Umfragen haben sich 40 Prozent aller Naturwissenschaftler als religiös bezeichnet. Albert Einstein nannte sich sogar einen zutiefst religiösen Menschen.

Zwar ist die Zahl der Kirchenmitglieder und sonntäglichen Kirchgänger gesunken, doch deshalb auf einen Rückgang der Spiritualität zu schließen, wäre voreilig. Viele Menschen suchen nach Orientierung und finden sie entweder in den Weltreligionen oder esoterischen Lehren. Im Jahr 2005, als Kardinal Joseph Ratzinger zum Papst Benedikt XVI. gewählt wurde, kam es in Deutschland zu einer Wiedereintrittswelle in die katholische Kirche, ein Trend, der immer noch anhält. Auch ist die Anzahl der Erwachsenentaufen in diesem und in dem darauf folgenden Jahr deutlich angestiegen.

12.

»Wisse die Wege.«

HILDEGARD VON BINGEN, 1098–1179

Hildegard von Bingen war eine der bedeutendsten Frauen des Mittelalters. Wegen ihres Glaubens und ihrer Persönlichkeit wurde sie für viele zur Wegweiserin und schon zu ihren Lebzeiten wie eine Heilige verehrt. Als erste deutsche Mystikerin fand sie in der Meditation einen Weg, in unmittelbaren Kontakt mit Gott zu treten. Das Wort »Mystik« stammt vom griechischen »myein« und bedeutet so viel wie die Augen, die Ohren oder den Mund zu verschließen, um sich ganz auf das Absolute konzentrieren zu können. Gegen Ende des Mittelalters hatte sich die Mystik vor allem in Deutschland zu einer einflussreichen Bewegung entwickelt. Meister Eckhart und Mystikerinnen wie Mechthild von Magdeburg oder Hildegard von Bingen suchten nach einer persönlichen Beziehung zu Gott mittels Gebet, Meditation oder tranceähnlichen Techniken. Hildegard von Bingen unterschied sich jedoch von der allgemeinen Richtung der Mystik dadurch, dass sie neben ihrer Spiritualität ebenso aktiv in die Welt eingreifen und Reformen bewirken wollte.

In ihrem Hauptwerk »Wisse die Wege« schlägt Hildegard von Bingen einen großen Bogen von der Schöpfung der Welt bis zur heilsgeschichtlichen Erlösung der Menschheit am Ende der Zeiten. »Wisse die Wege« meint, dass der Mensch die Wege erkennen soll, das Gute zu tun und sich nicht als vom Ganzen der Schöpfung isoliert zu begreifen. Im Partikularismus sah Hildegard von Bingen das Böse schlechthin, dass nämlich der Mensch glaubt, sich von der göttlichen Seinsordnung abspalten zu können. Den Teufel nannte sie einen »großen Durcheinanderwerfer«, den Klerus ihrer Zeit kritisierte sie scharf, weil er zu sehr auf Macht und Geld abziele. Sich selbst bezeichnete Hildegard von Bingen als eine »armselige ungelehrte Frau«, obgleich sie in ihrem Werk die ewige Geschichte von der Abkehr und Hinwendung des Menschen zu seinem Schöpfer wortgewandt anschaulich machen konnte.

Geboren wurde Hildegard von Bingen als jüngstes von zehn Kindern 1098 in der Nähe von Alzey am Rhein. Im Alter von acht Jahren wurde sie in eine Frauenklause des Benediktinerklosters auf dem Disibodenberg gebracht. Jeder Tag im Kloster hatte den gleichen Ablauf: Sieben Mal beten, dazwischen essen und Lesungen aus den Psalmen hören. Die meiste Zeit wurde jedoch einfach nur geschwiegen, um sich für die spirituellen Erfahrungen offenzuhalten.

Diese Klosterregeln – das »ora et labora« (bete und arbeite) der Benediktiner – ließen Hildegard von Bingen zu einer Persönlichkeit heranreifen, die sich zutraute, ein eigenes Frauen-Kloster zu stiften und Teile des kirchlichen Lebens in Deutschland zu reformieren. Nach teils heftigen Konflikten mit ihren Vorgesetzten setzte sie es durch, das Kloster Rupertsberg auf der linken Seite der Nahe zwischen den Jahren 1147 und 1150 zu gründen. Bald darauf begab sie sich auf Reisen nach Köln, Trier, Würzburg und Bamberg, um in Kirchen und auf Marktplätzen vom wahren gottesfürchtigen Leben zu predigen. 81-jährig starb Hildegard von Bingen am 17. September 1179.

Schon als Kind war Hildegard von Bingen von heftigen Visionen betroffen, die sie später in Büchern niederschrieb. Zunächst verschwieg sie ihre Wahrnehmungen, doch später hat sie sie als Zeichen der Erwählung und Berufung gedeutet. »Die Gabe der Schau«, wie sie schreibt, sei ihr vom Schöpfergott unmittelbar in die Wiege gelegt worden. Eine ihrer wichtigsten Erscheinungen ereilte sie im Alter von 42 Jahren. Dabei sei »ein feuriges Licht mit Blitzesleuchten« auf sie herniedergekommen, das ihr Gehirn, Brust und Geist durchströmte. »Und plötzlich erschloss sich mir der Sinn der Schriften ...« Hildegard von Bingen hebt hervor, dass ihre Eingebungen im hellwachen Zustand erfolgt seien und keinesfalls mit Wahnzuständen verwechselt werden dürften. »Ich sehe all diese Dinge nicht mit den äußeren Augen und höre sie nicht mit den äußeren Ohren; ich sehe sie vielmehr einzig und allein in meinem Inneren, aber mit offenen leiblichen Augen, so dass ich niemals die Bewusstlosigkeit einer Ekstase erleide, sondern wachend schaue ich dies bei Tag und bei Nacht.« Mit anderen Worten: Hildegard von Bingen legte größten Wert darauf, dass sie bei klarem Geiste ihre Visionen empfing.

Spiritualität und Ganzheitlichkeit sind der Schlüssel zu Hildegard von Bingens natur- und heilkundlichen Schriften. Heil und Heilung des kranken Menschen erfolgten nicht nur durch Verabreichung einer bestimmten Medizin, sondern vor allem aus der Hinwendung zum Glauben, aus dem gute Werke und eine maßvolle Lebensordnung hervorgingen. Unter dem Begriff »Hildegard-Medizin« werden heute insbesondere ihre medizinischen Abhandlungen diskutiert. Hier findet man viele wertvolle Informationen über die Wirkungen von Heilkräutern wie Dinkel, Brennessel, Lavendel, Mariendistel usw. Galant und Bertram werden als »Hildegard-Kräuter« in Naturkostläden angeboten. Als Heilmittel betrachtete Hildegard von Bingen nicht nur Pflanzen und Kräuter, sondern auch Wörter und Musik, vor allem aber die persönliche Zuwendung zum Kranken. Selbst Steine und bestimmte Edelmetalle könnten eine therapeutische Wirkung entfalten. Ein guter Arzt zeichne sich nicht nur durch Fachwissen, sondern ebenso durch seine barmherzige Zuwendung zum Kranken aus. Gegen die reine medikamentöse Behandlungsart wendet sie ein: »Wie könnt ihr Heilmittel verabreichen, ohne eure Tugend dazuzutun!« Ein Arzt mit einer negativen Einstellung habe schon von vornherein seinen Beruf verfehlt. Hildegard von Bingens ganzheitlicher Ansatz in der Heilkunde liegt derzeit wieder sehr im Trend, da er nicht nur die Symptome, sondern auch die tieferen Ursachen einer Krankheit, zum Beispiel den seelischen Zustand des Patienten in den Blick nimmt.

Durch die Ökologiebewegung hat das Bewusstsein zugenommen, dass der Mensch ein Teil der Natur ist und der weitere Bestand der Erde auch von unserem eigenen Verhalten abhängt. Ähnliche Gedanken hat bereits Hildegard von Bingen geäußert, wenn sie deutlich machte, dass alles in der Natur miteinander in Verbindung steht und aufeinander einwirkt. Der Mensch stehe in einem einzigen Beziehungsgeflecht zu den Mitmenschen und zur Tier-, Pflanzen- und Dingwelt. Für Hildegard von Bingen ist der Mensch der Mittelpunkt im Weltganzen, das bedeute jedoch nicht, dass er der einzige Bezugspunkt sei. Im Gegenteil! Trotz seiner hervorgehobenen Stellung nimmt auch der Mensch nur einen bestimmten Platz im Kosmos ein. Hildegard von Bingen spricht davon, dass der Mensch im Weltganzen »eingeästet« sei.

Beeindruckend ist, mit welcher Leidenschaft sie ihre existenzielle Not und Glaubenssehnsucht bekennt: »Der Himmel möge mein Schreien hören und die Erde soll über meine Betrübnis erzittern und alles, was lebt.« Vergleicht man ihr Flehen mit einer Gedichtzeile des österreichischen Gegenwartsautors Thomas Bernhard »Ich weiß keine Straße mehr, die hinaus führt, ich weiß keine Straße mehr, komm hilf …«, so fällt eine ähnliche existenzielle Grundstimmung auf. Wie Hildegard von Bingen litt auch der lungenkranke Thomas Bernhard unter einer schwachen Gesundheit, die er durch Spiritualität und Musik zu heilen versuchte. Und auch aus den Werken der Mystiker kann man Kraft und Zuversicht zur Bewältigung von Lebenskrisen schöpfen.

13.

»Des Weisen Amt ist: ordnen.«

THOMAS VON AQUIN, 1225–1274

Der Dominikanermönch Thomas von Aquin, genannt »Doctor Angelicus«, engelgleicher Gelehrter, ist der bedeutendste Philosoph des Mittelalters. Sein Name steht dafür, die christliche Theologie von ihrer Jenseitsorientierung gelöst und eine Hinwendung zum Diesseits herbeigeführt zu haben. Alle seine Werke zeichnen sich getreu seinem Motto »Des Weisen Amt ist: ordnen« durch eine übersichtliche Gliederung aus. Thomas' Denken zielt stets auf die Wirklichkeit, die für ihn Fülle, Ordnung und Vollkommenheit darstellt. Er war einer der größten Systematiker in der Geschichte der Philosophie und vertrat in seiner Schrift »Summe gegen die Heiden« die Lehre vom stufenförmigen Aufbau des Seins: »Wer es nämlich sorgfältig bedenkt, der wird finden, dass sich die Verschiedenheit der Dinge stufenweise vollzieht.« Unterscheiden, Einteilen und Ordnen der verschiedensten Aspekte des Lebens nach den ihnen zukommenden Prinzipien und Eigenschaften sind Merkmale seiner auf Aristoteles aufbauenden Philosophie.

Im Mittelalter stellte man sich die Welt wie eine Pyramide vor. Tief unten herrscht der Teufel, darüber befindet sich die leblose Materie, dann die Pflanzen, danach die Tiere und als die Krone der Schöpfung der mit Vernunft begabte Mensch. Über der Erde erhebt sich das mit Engeln und Erzengeln bevölkerte Himmelreich. Hoch über allem thront der allmächtige Gott. Wie im Himmel, so sollte es auch im Staat eine gottgewollte Ständehierarchie geben. Thomas verstand das Universum wie eine wohlgeordnete, miteinander verbundene, aber auch strafende Gemeinschaft. Es gibt für die gesamte Schöpfung ein ewiges Gesetz (lateinisch »lex aeternum«), das der Mensch unbedingt befolgen soll. Alles in der Welt hat seinen Sinn und seine Ordnung. Der Staat ist für die Menschheit wichtig, weil der Einzelne in der Natur nicht überlebensfähig wäre: »Es ist aber die natürliche Bestimmung des Menschen, das für gemeinschaftliches und staatliches Leben erschaffene Geschöpf zu sein, das gesellig lebt, weit mehr als alle anderen Lebewesen.« Die Aufgabe des Königs bestand für Thomas darin, das Beste für seine Untertanen zu gewährleisten. Das Beste für sie sei es, sich in die göttliche Ordnung einzufügen und ihnen den Weg zur himmlischen Seligkeit zu weisen.

Thomas wurde 1225 auf dem Schloss Roccasecca bei Neapel als Sohn des Grafen Landulf von Aquino und seiner Frau Theodoria geboren. Eigentlich sollte er nach dem Wunsch seines Vaters Abt eines Benediktinerklosters werden, doch Thomas zog es zum Unwillen seiner Eltern vor, sich dem Bettelorden der Dominikaner anzuschließen. Für uns mag es heute keinen großen Unterschied machen, welchem Kloster jemand beitritt, doch im 13. Jahrhundert waren die Benediktiner hoch geachtet, während die Dominikaner (aus dem Lateinischen, Hunde des Herren) zu den Ärmsten der Armen gehörten. Nachdem es seinem Vater nicht gelungen war, ihn von seinem Vorhaben abzubringen, zog Thomas nach Dominikanerart zu Fuß nach Paris, um an der dortigen Universität sein Studium aufzunehmen. Thomas arbeitete unermüdlich: Im Laufe seines nur kurzen Lebens hinterließ er ein vielschichtiges Werk. Er starb am 7. März 1274 auf dem Wege zum Konzil von Lyon im italienischen Fossanova. Zunächst in der katholischen Kirche umstritten, wurde er im Jahre 1879 von Papst Leo XIII. zum offiziellen Philosophen der katholischen Kirche erklärt.

Der Satz »Des Weisen Amt ist: ordnen« stammt aus der »Summe gegen die Heiden«, die als eines der wichtigsten Werke der Scholastik gilt. Die Scholastik war eine lateinische Lehranstalt, wie sie sich seit dem 9. Jahrhundert heranbildete. Das Wort »Scholastik« kommt von dem lateinischen »schola« (Schule) und dient heute als Sammelbegriff für die mittelalterliche Wissenschaft. Vor dem Hintergrund von Universitäts- und Ordensgründungen ging es den Scholastikern darum, das Wissen der Zeit schulmäßig geordnet in das christliche Weltbild zu integrieren. Unter einer »Summe« verstand man damals eine Abhandlung, in der die Hauptargumente zu einem bestimmten Wissensgebiet systematisch aufgezählt wurden. Bei der »Summe gegen die Heiden« handelt es sich um ein Werk, das vier Bücher beinhaltet, jedes mit etwa 100 Kapiteln. Insgesamt umfasst das Werk um die 300 000 Wörter.

Thomas konzipierte sein Buch als Lehrwerk für Studenten und für die christliche Missionsarbeit. Zu seiner Zeit wurden jene Menschen als Heiden bezeichnet, die keine Christen waren, also auch Moslems und Juden. Im ersten Buch legt Thomas dar, wie der Verstand ohne die Mittel der Offenbarung von Gott wissen kann. Das zweite handelt vom Aufbau der von Gott erschaffenen Welt. Das dritte widmet sich der Frage, wie der Mensch sein Glück in Gott finden kann, und im vierten werden die christlichen Glaubensinhalte erklärt.

Als Dominikanermönch glaubte Thomas von Aquin fest daran, dass Gott existiert und die Welt sinnvoll geordnet ist. Um die göttliche Ordnung widerzuspiegeln, glich der Aufbau seiner Werke der Architektur einer gotischen Kathedrale, in der jeder Pfeiler die Harmonie des in die Höhe strebenden Gesamtaufbaus versinnbildlicht. Er ordnete die Welt anhand des Kriteriums, wie viele Seinsmöglichkeiten ein Objekt verwirklichen könne. Der anorganischen Natur – dem Gebirge, dem Felsen oder dem Meer – werde die Form noch von außen vorgegeben. Mit den Pflanzen und Tieren sei schon eine höhere Seinsstufe erreicht, da sie mehr Freiheitsgrade und damit mehr Möglichkeiten verwirklichen könnten. Der Mensch sei allen anderen Kreaturen insofern überlegen, als er vernunftbegabt und seine Geistseele unsterblich sei. Stets war Thomas daran gelegen, dass sich die Wissenschaft nicht in einen Widerspruch zur Heilsbotschaft begibt. Damit folgte er einem allgemeinen Wesenszug des mittelalterlichen Denkens. Das Wissen sollte auf keinen Fall der Glückseligkeit entgegenstehen. Einen Erkenntnistrieb, der sich lediglich auf das Erkennen bezieht, wiesen die Scholastiker als eitel und bloße weltliche Neugier (lateinisch »vana curiositas mundi«) zurück. Vernunft ohne Heil wurde als oberflächlich und sogar gefährlich kritisiert. Die Philosophie wertete man deshalb als eine Magd der Theologie (lateinisch »ancilla theologiae«) ab.

Thomas' Differenzierung zwischen dem menschlichen und einem höheren natürlichen Gesetz bzw. Naturrecht, das nicht vom Menschen gemacht ist, spielt bis heute eine große Rolle, wenn es darum geht, die Eingriffsmöglichkeiten oder Auswirkungen bestimmter Techniken gegenüber dem Leben (Stichwort: verbrauchende Embryonenforschung, Klonen von Menschen) oder der Natur (Stichwort: Artenvernichtung, Klimawandel) zu diskutieren. Sein theologisches Schöpfungsverständnis erweist sich als anschlussfähig für eine Kritik an der neuzeitlichen Hybris der Machbarkeit. Eine Säkularisierung, die ihren Hauptzweck darin sieht, die traditionellen Werte zu vernichten, ohne etwas Besseres an ihre Stelle zu setzen, läuft Gefahr, aus dem Ruder zu laufen. Ohne eine bestimmte Ordnung in Familie, Gesellschaft und Staat könnte es sein, dass einzelne Menschen das Maß verlieren. Auch im Erwerbsstreben müssen nach Thomas bestimmte Ordnungsprinzipien eingehalten werden. Thomas hielt sich an das von Gott offenbarte Gesetz (lateinisch »lex divina«). Dazu gehören die Prinzipien der Nächstenliebe und der Solidarität! Im Einzelfall sei das Leben eines Menschen wichtiger als das Recht auf Eigentum. Die Beachtung und Bewahrung der göttlichen Ordnung steht für Thomas eindeutig höher als das menschliche Recht.

14.

»Die höchste Form des Glücks ist ein Leben mit einem gewissen Grad an Verrücktheit.«

ERASMUS VON ROTTERDAM, 1469–1536

Erasmus von Rotterdam, auch »Fürst der Humanisten« genannt, war einer der meistgeachteten Gelehrten seiner Zeit, der mit fast allen Herrschern und Päpsten seiner Epoche in Korrespondenz stand. In seiner berühmtesten Schrift, der Satire »Lob der Torheit« (lateinisch »laus stultitiae«, 1509), verfolgte er im Wesentlichen zwei Ziele: Zum einen kritisierte er die Eitelkeit einiger seiner Zeitgenossen – speziell der kirchlichen Würdenträger –, zum anderen verteidigte er die Torheit, die wie die Vernunft ihre Berechtigung im Leben habe. Das Leben sei keinesfalls immer vernünftig, sondern voller Irrtümer und Illusionen. In seiner Schrift bediente er sich eines beliebten stilistischen Kunstgriffs. Erasmus personifizierte die Narrheit und ließ sie für sich selbst sprechen, so konnte der Leser nicht erkennen, ob Erasmus oder nur die Torheit eine bestimmte Meinung vertrat. Die Torheit behauptet, dass der Mensch unvollkommen und eben auch unrealistisch sei, was ihm zu Kreativität und Schöpferkraft verhelfe. Würde der Mensch nur vernünftig sein, könnte niemals ein großes Werk entstehen und das Leben würde unter der ausschließlichen Regie der Vernunft bald unerträglich langweilig werden. Alle Standpunkte in dieser Schrift sind in einer reizvollen Schwebe gehalten, wir wissen nie genau, ob Erasmus sein Lob der Torheit ernst oder doch nur ironisch meint.

Erasmus war der illegitime Sohn eines Priesters und seiner Haushälterin, einer Arzttochter aus Rotterdam. Nach dem frühen Tod seiner Eltern wurde er in ein Augustinerkloster nach Deventer gebracht und 1492 zum Priester geweiht. Von 1495–1499 studierte er in Paris schwerpunktmäßig die antiken Autoren. Zusätzlich zu seinem Taufnamen nannte er sich seit 1496 Desiderius (vom lateinischen »desiderare«, ersehnen), vermutlich, weil er selbst kein Wunschkind war. In das Jahr 1499 fällt ein Aufenthalt in England, wo er den späteren König Heinrich VIII. kennenlernte und ein enger Freund von Thomas Morus (1478–1535, Verfasser des Werkes »Utopia«) wurde. In England lernte er das höfische Leben kennen und entwickelte sich zu einem wortgewandten Gelehrten. 1500 veröffentlichte Erasmus seine erste Schrift »Adagia« (lateinisch für Sprichwörter), eine Sammlung von ca. 4000 antiken Sprichwörtern nach dem Geschmack seiner Zeit. Ein Jahr später wurde er von seinen Gelübden als Mönch freigesprochen. Das war u. a. deshalb wichtig, weil die Inquisition Kritik von Geistlichen wesentlich härter sanktionierte. Als freier Schriftsteller konnte er sich deutlich mehr kirchenkritische Äußerungen erlauben. Von 1500 bis 1506 hielt er sich abwechselnd in den Niederlanden und England auf. In den folgenden drei Jahren unternahm er eine Bildungsreise nach Italien, während der er in Turin zum Doktor der Theologie promoviert wurde.

Ab 1515 hielt sich Erasmus im niederländischen Löwen auf, wo er ein Dreisprachenkolleg für das Studium des Hebräischen, Griechischen und Lateinischen aufbauen sollte. Hoch dotierte Angebote, in den Dienst eines Herrschers zu treten, lehnte er ab: »Ich hätte unter den besten Aussichten dem katholischen König Karl V. folgen können. Ich bin vom König von Frankreich eingeladen worden, der mir goldene Berge versprach, ferner aufs liebenswürdigste vom König von England … Ich habe das alles ausgeschlagen und bin bei meiner Arbeit geblieben.« Von 1524 bis 1529 lebte er in

Basel, wo auch seine Bücher bei Johannes Froben gedruckt wurden. Erasmus soll um die 150 Bücher geschrieben haben, darüber hinaus sind etwa 2000 Briefe von ihm erhalten. Er starb am 12. Juli 1536 in Basel. Die Renaissancemaler Hans Holbein und Albrecht Dürer porträtierten ihn als stolzen und freien Mann. Heute wird der seit 1958 gestiftete niederländische Erasmus-Preis an eine Person verliehen, die einen besonders wichtigen Beitrag zur europäischen Kultur geleistet hat.

Im »Lob der Torheit« erörtert Erasmus die Notwendigkeit der Torheit. Die Selbstliebe und die Eitelkeit richteten viel Unheil an, aber ganz ohne emotionale Vorteilnahme in eigener Sache wäre der Mensch nicht lebenstauglich. Wären die Menschen zu selbstkritisch, brächten sie überhaupt nichts zustande. So seien Torheit und Hybris die Triebfedern der Wissenschaftler wie der Politiker, der Künstler wie auch des einfachen Privatmanns. Gäbe es keine Selbstüberschätzung, gäbe es auch keine großen Errungenschaften. Ein bisschen müssten wir uns alle selbst betrügen, das sei ebenso gesund wie menschlich. Überzogenes Wahrheitsdenken führe in den Rigorismus. Seine Schrift kam auch deshalb so gut an, weil sie einfach konzipiert und verständlich war. Alles tierisch Ernste und Verbissene, sei es die Pedanterie der Scholastiker, seien es die Rituale der Würdenträger oder die Unnachgiebigkeit eines Luther im Kampf gegen den Papst, lehnte Erasmus ab. Obwohl er Luthers Kritik an der katholischen Kirche prinzipiell teilte, ließ er sich nicht vor den Karren der Reformation spannen. Luther war unbeherrscht und schmetterte seine Kritik dem Papst entgegen: »Hier stehe ich und kann nicht anders!« Diese Haltung entsprach nicht der konzilianteren Art von Erasmus. Er suchte alles zu vermeiden, was die Menschen in einen blutigen Glaubenskrieg führen könnte. Von einer Wahrheit, die mit

Blut erkämpft war, hielt er nichts. Zeitlebens litt er an der Friedlosigkeit Europas und verfasste nicht weniger als fünf Schriften gegen den Krieg, darunter die »Klage des Friedens«, die als Auftragsarbeit des späteren Kaisers Karl V. entstand, um einem geplanten Friedenskongress zum Erfolg zu verhelfen.

Wie im »Lob der Torheit« greift Erasmus auch in dieser Schrift auf das Stilmittel der Personifikation zurück. Der Friede klagt: »Es ist beschämend zu berichten, aus welchen lächerlichen Anlässen man die größten Tragödien heraufbeschwört und aus welchen winzigen Fünklein heftige Feuerstürme entfesselt werden.« Im Krieg hätten nur die ärgsten Verbrecher das Sagen, er sei der Lehrmeister aller Teufeleien. Während die meisten Menschen im zivilen Leben bei jeder Entscheidung das Für und Wider abwägten, stürzten sie sich im Krieg ohne Bedenken in ihr eigenes Verderben. Erasmus' Schrift fand trotz des Verbots durch die spanische Inquisition und ihrer öffentlichen Verbrennung schnell große Verbreitung in ganz Europa.

Stets betont Erasmus, wie eng Ernst und Scherz, Wahrheit und Übertreibung, Vernunft und Wahn im Leben zusammenhängen. Denn in jeder Torheit stecke ein Funke Vernunft und in jeder Vernünftigkeit spiegele sich auch der Wahnsinn wider. Wer die Torheit radikal ausmerzen wolle, der zerstöre auch das Leben. Sie gehöre zum Leben einfach dazu und trage dazu bei, auch schwierige Situationen zu bewältigen. Das heutige Bedürfnis der Menschen, sich durch Versicherungen gegen jedwedes Risiko absichern zu wollen, kann auch als eine Art von Unvernunft bezeichnet werden. Erasmus' Einsicht, wonach sich das Leben am besten mit einer gesunden humorvollen Distanz ertragen lässt, gewinnt gerade vor dem Hintergrund der Leistungsgesellschaft wieder an Aktualität.

Zu Erasmus' Zeit waren Geisteskranke noch in die Gesellschaft integriert. Im Gegensatz zu heute, wo sie in der Psychiatrie behandelt werden, erhoffte man sich damals von ihren teils wirren Reden mitunter sogar wichtige Hinweise für die Bewältigung einer von schweren Kriegen und Kämpfen geprägten Epoche. In der Literatur des Barock ist es Tradition, die Welt aus der Sicht eines Narren zu sehen. Als Beispiel ließe sich die Figur Jupiter aus Grimmelshausens »Der abenteuerliche Simplicissimus« anführen, der in einer Verbindung aus Irrsinn und höherer Vernunft von einer zukünftigen Welt ohne Laster und Kriege träumt. Der Narr gehörte zum Leben dazu. Der Narrenspiegel oder das Narrenschiff galten als Symbole für die Irrfahrt des Lebens überhaupt. Auf Gemälden von Matthias Grünewald, Hieronymus Bosch, Pieter Bruegel und Albrecht Dürer wurde die Macht des Wahns eindrucksvoll dargestellt. Im Theater hatte die Figur des Narren häufig die Aufgabe, der Welt einen Spiegel vorzuhalten oder tiefere Wahrheiten zu sagen.

15.

»Es ist nicht nur normal,
sondern auch natürlich und notwendig,
dass jedes Lebewesen seine eigene Stimme erhebt.«

GIORDANO BRUNO, 1548–1600

Giordano Bruno war nicht nur ein großer Philosoph, sondern auch ein Dichter und Meister in der Gedächtniskunst. Über sich selbst sagte er, dass die Hitze in ihm nicht der gesamte Schnee des Kaukasus zu kühlen vermöge. Weil er sich für die Unendlichkeit des Universums und die Vielfalt der

Welten aussprach, musste er am 8. Februar 1600 in Rom den Ketzertod sterben. Neben Sokrates gilt er als der zweite große Märtyrer der Philosophie. Gemäß seiner These, dass jedes Lebewesen seine eigene unverwechselbare Individualität und Stimme habe, lässt sich auch Brunos Werk nicht für eine bestimmte und allgemeingültige Richtung vereinnahmen. Er war weder Atheist noch glaubte er an einen transzendenten Schöpfergott; gegen die Kirche war er ein Aufklärer, der jedoch nicht unkritisch auf das Potenzial der Wissenschaften schaute. Laut Bruno waren das Universum und das Leben unergründbare Mysterien.

Bruno ging von der Gleichberechtigung aller auf der Erde existierenden Lebewesen aus. Jedes Wesen spiegele auf seine Weise das Göttliche wider. Er vertrat die These von der Beseelung aller Lebewesen und der Seelenwanderung. Sogenannte Seelen-Monaden befänden sich in einem ewigen Wechsel und Kreislauf, in dem sie alle denkbaren Formen und Gestalten durchliefen. So hielt es Bruno durchaus für möglich, dass die menschliche Seele ins Tierreich und ins Pflanzenreich, sogar bis ins Mineralische hinein zurückgegliedert werden könne. Für Bruno besaß jede Naturerscheinung eine Einzigartigkeit. Jedes Leben entwickele sich in seiner spezifischen Umwelt und bilde, um zu überleben, die dafür erforderlichen individuellen Fähigkeiten aus. Die Entwicklung der Tiere unterscheide sich in diesem Punkt nicht wesentlich von der des Menschen.

Giordano Bruno wurde 1548 in Nola bei der Universitätsstadt Neapel geboren. 1565 trat er dem Dominikanerorden bei. Doch schon bald legte er nach ersten Konflikten mit der kirchlichen Obrigkeit das Ordenskleid ab und begab sich auf eine lange Wanderschaft durch ganz Europa. Zunächst führte sein Weg nach Norditalien, von dort ging es weiter über Genf nach Südfrankreich, wo er für eine gewisse Zeit in Toulouse ansässig wurde. In Paris gewann er die Gunst des Königs Heinrich III., weitere zwei Jahre verbrachte Bruno im Gefolge des französischen Gesandten in England. Konflikte mit Theologen vertrieben ihn von London und später von Paris nach Deutschland, wo er als Philosoph und Universitätslehrer in Marburg, Wittenberg und Braunschweig Fuß zu fassen versuchte. In Prag blieb er erfolglos in der Absicht, Kaiser Rudolph II. für sich zu gewinnen; in Venedig wurde er schließlich im Jahre 1591 von dem Kaufmann Giovanni Mocenigo, in dessen Diensten er stand, denunziert und eingesperrt. Von Venedig an Rom ausgeliefert, schleppte sich der Prozess gegen Bruno acht Jahre hin, weil Kardinal Robert Bellarmin ihn unbedingt zum Abschwören bringen wollte. Als ketzerisch empfand man vor allem seine Lehre von der Unendlichkeit und Ewigkeit des Alls, die dem offiziellen Dogma vom Jüngsten Gericht und der Erde als dem Mittelpunkt der Welt widersprachen. Sieben Priester aus verschiedenen Orden versuchten ein umfassendes Dementi von Bruno zu erzwingen. Doch ohne Erfolg! Standhaft erklärte er, dass er nichts zu bereuen habe. Am 8. Februar 1600 wurde der 52-Jährige in Rom hingerichtet.

Giordano Bruno verkörpert durch sein Leben und seine Lehre das Menschenideal der Renaissance, wie es uns in Michelangelos Plastik des David, in Shakespeares Dramengestalten oder Dürers Selbstbildnis kraftvoll und stolz dargestellt wird. Das französische Wort »Renaissance« bedeutet Wiedergeburt und bezieht sich auf das »Wiedererwachen« antiker Vorstellungen in den Künsten und Wissenschaften. Das Ideal der Renaissance war ein starkes Individuum, das als »uomo universale« (allseitig gebildeter Mensch) der Welt seinen Stempel aufdrücken sollte. Bekanntlich war die Renaissance eine Zeit der großen Persönlichkeiten in der Wissenschaft, der Philosophie, der Politik und der Kunst.

Der Mensch der Renaissance wollte konsequent seinen eigenen Lebensweg und die Freiheit seiner Individualität ausleben. Seine hervorstechendsten Merkmale waren sein Schöpfertum und Wille zur Macht. Heute würde man sagen, dass er nach Selbstverwirklichung und Autonomie strebte und damit eine Welt vorbereiten half, in deren Blickpunkt nicht die Gesellschaft, sondern das Individuum steht. Bruno glaubte daran, dass jeder einzelne Mensch mit den Mitteln seiner Vernunft und des Fleißes etwas Großes schaffen könne. Kreativität in Arbeit, Kunst und Wissenschaft seien die spezifischsten Eigenschaften des Menschen.

Nicht nur jeder einzelne Mensch, auch die gesamte Natur erfährt bei Bruno eine Aufwertung. In seinem Jugendgedicht »De immenso« (»Vom Unermesslichen«) spricht er davon, dass die Natur überall schön sei. Häufig lässt sich Bruno von Naturerlebnissen derart begeistern, dass er in seinen philosophischen Werken die Dialogform verlässt und zu poetischen Stilmitteln greift. Bruno vertrat die Auffassung einer Wesensverwandtschaft zwischen Menschen, Tieren und Pflanzen. Damit befand er sich in Polarität zur christlichen Lehre vom Menschen als alleinigem Abbild Gottes. Auch Descartes' spätere Lehre, wonach Tiere nichts anderes als komplexe Maschinen seien, hätte er verworfen. Bruno lehnte nicht nur einige Dogmen der Kirche, sondern auch weite Teile des neuzeitlichen auf der Mathematik beruhenden mechanistischen Weltbildes ab, um stets das Individuelle an den Menschen hervorzuheben. Bruno war kein prinzipieller Gegner der Wissenschaften. Was er jedoch strikt ablehnte, war die Tendenz der neuzeitlichen Gelehrten, den Kosmos, die Natur und letztlich den Menschen fast ausschließlich unter dem Aspekt der Berechenbarkeit und des Nutzens zu betrachten. Für Bruno wird man der Natur nicht gerecht, wenn man sie als seelenlosen

Mechanismus versteht. Gott sei vielmehr in allen Dingen: »natura est deus in rebus«. Der Kosmos sei von einer Weltseele durchdrungen und voller Individualität.

Von Brunos Philosophie und Persönlichkeit fühlten sich viele Schriftsteller, wie auch der aus Norddeutschland stammende Rolf-Dieter Brinkmann, angezogen. Brinkmann hat sich in den 70er-Jahren während eines Studienaufenthaltes in der römischen Villa Massimo mit Brunos Werk beschäftigt. Der aus Brunos Schrift »Über die Ursache, das Prinzip und das Eine« stammende Satz »Es ist nicht nur normal, sondern auch natürlich und notwendig, dass jedes Lebewesen seine eigene Stimme erhebt« bekräftigte ihn in seiner Absicht, sich von der 68er-Bewegung zu lösen. Auch unter den 68ern hatte sich Konformitätsdruck und Einheitszwang ausgebreitet. Wer bei Sit-ins, Drogenkonsum oder Demonstrationen nicht mitmachte, wurde als »Spießer« oder »Reaktionär« beschimpft. Demgegenüber betonte Brinkmann mit Giordano Bruno das Recht auf seine eigene Sichtweise. In seinem Briefroman »Rom, Blicke« notiert er: »Giordano Bruno, abgefallener Dominikanermönch – immer auf der Seite Einzelner, nicht der vielen …«

Brunos Hervorhebung der Individualität ist auch heute noch wichtig. In der modernen Gesellschaft werden Menschen z.B. mittels Statistiken und Erhebungen über Schablonen kategorisiert oder anhand eines Normwertes eingeteilt und beurteilt. Niemand scheint die Kriterien zu hinterfragen. Was heute als nützlich betrachtet wird – z.B. Leistungsfähigkeit, Belastbarkeit, Intelligenz –, sind möglicherweise »Qualitäten«, die der Menschheit längerfristig auch schaden könnten. Mit Bruno sollten wir die individuellen Fähigkeiten eines jeden Menschen unabhängig von Normwerten wieder ins Blickfeld rücken. Die Einordnung nach bestimmten Parametern sagt nichts über die Gesamtpersönlichkeit aus. Brunos Betonung des Rechtes auf eine eigene Stimme und Wahrnehmung bleibt nach wie vor wichtig. Zu seinen Ehren wurde im Jahre 2008 am Potsdamer Platz in Berlin ein Denkmal des Bildhauers Alexander Polzin errichtet. Es zeigt eine in sich verschraubte Skulptur mit weit abgespreizten Händen.

16.

»Der Mensch ist des Menschen Wolf.«

THOMAS HOBBES, 1588–1679

Thomas Hobbes wurde 1588 im Jahr des Armada-Angriffes der spanischen Armee gegen England im englischen Malmesbury geboren. Es wird gesagt, dass seine Mutter gerade in dem Moment mit ihm niedergekommen sei, als sie die Nachricht von der Ankunft der spanischen Flotte bekam. Später notierte Hobbes, dass sie ihn und die Angst »als Zwillinge« geboren hätte. Hobbes' Kindheit war nicht einfach gewesen. Der alkoholkranke Vater, ein verarmter Landpfarrer, verließ die Familie und starb bald darauf in der Nähe von London. Glücklicherweise unterstützte ein wohlhabender Onkel den jungen Hobbes, sodass er in Oxford Sprachen, Logik und Philosophie studieren konnte. Nach dem Studium arbeitete er, wie damals üblich, als Erzieher der Söhne des Barons von Cavendish, dem späteren Earl of Devonshire. Dabei hatte er u. a. die Aufgabe, seine Schüler auf der sogenannten »Grand Tour«, einer Bildungsreise durch Europa, zu begleiten. Während dieser Reisen lernte Hobbes die bedeutendsten Gelehrten seiner Zeit wie René Descartes und Galileo Galilei kennen.

Die politischen Umbrüche und Kriege der Epoche schlugen sich in Hobbes' berühmtem Satz, dass der Mensch dem Menschen ein Wolf sei, nieder. Dieser findet sich im Widmungsschreiben zu seiner Schrift »De Cive« (»Vom Bürger«, 1642). Europa glich im 17. Jahrhundert einem einzigen Schlachtfeld. In Deutschland wütete der Dreißigjährige Krieg, in dem es um die Vorherrschaft in Europa ging. Auch in England gab es Unruhen. Dort war es zum Konflikt zwischen dem Parlament und der Krone gekommen. Als Karl I. 1640 Krieg gegen Schottland führen wollte, verweigerte ihm das Parlament die Unterstützung. Es kam zu einem Bürgerkrieg, in dem die Truppen des Parlaments unter Oliver Cromwell siegten. Cromwell rief zunächst die Republik aus, etablierte jedoch nach der Hinrichtung Karls I. eine strenge Militärdiktatur. Im Jahre 1660 bestieg dessen Sohn Karl II. den Thron. Aber schon bald gab es zwischen dem neuen König und dem protestantischen Parlament in der Religionsfrage erneute Auseinandersetzungen, weil Karl II. und mehr noch sein Nachfolger Jakob II. den Katholizismus in England wieder stärken wollten. Die Parlamentarier boten nun dem Niederländer Wilhelm von Oranien und seiner Frau die Herrschaft an. Wilhelm landete 1688 – weil sich die Truppen Jakobs II. kampflos ergaben – ohne Blutvergießen in England (»Glorious Revolution«), wo er 1689 in der berühmten »Bill of Rights« die Rechte des Parlaments zu respektieren versprach.

Vor dem Hintergrund seiner von Kriegen erschütterten Zeit entwickelte Hobbes die politische Theorie des Staatsabsolutismus. Die Brutalität der politischen Auseinandersetzungen ließ ihn auf ein negatives Menschenbild schließen. Hobbes stellte sich das Leben fern ab der Zivilisation – im Naturzustand – keinesfalls harmonisch und romantisch vor; es sei stattdessen »einsam, armselig, ekelhaft, tierisch und kurz«. In einer Welt ohne Staat herrsche zwangsläufig Chaos und Willkür. Nur durch strenge staatliche Kontrolle in Form von garantierten Gesetzen sei der Mensch im Zaum zu halten. In seinem Meisterwerk »Leviathan« führt er aus, dass unter natürlichen Bedingungen der Mensch des Menschen Wolf (lateinisch »homo homini lupus«) sei. Um den beständigen Machtkämpfen untereinander ein Ende zu bereiten, beschlossen die Menschen, sich zu einem den Frieden sichernden Staatsverbund zusammenzuschließen. Entlehnt hatte Hobbes sein berühmtes Zitat einer Komödie des römischen Dichters Titus Maccius Plautus (250–184 v. Chr.).

Im Unterschied zur Antike und dem Mittelalter, als man den Menschen als ein Gemeinschaftswesen begriff, definiert Hobbes ihn primär über seinen angeborenen Selbsterhaltungstrieb. Mit psychologischem Gespür und großer Lebenserfahrung – Hobbes schrieb seine großen Werke erst ab seinem 40. Lebensjahr – erkannte er im menschlichen Verhalten weniger das Streben nach Seelenheil als vielmehr die Vorherrschaft der Leidenschaften, Affekte und Triebe. Man habe es beim Menschen mit einer Vielzahl von natürlichen Triebkräften wie dem Streben nach Anerkennung, Wohlstand, Ehre usw. zu tun. Hobbes war der Auffassung, dass man durch mathematische und geometrische Modelle das Zusammenleben einer komplexen Gemeinschaft berechnen und erfassen könnte. Wie alles im Universum sei auch der Mensch »matter in motion«, Materie in Bewegung. Hobbes verglich ihn sogar mit einem Kreisel, der die Peitsche als Quelle seines Antriebes vergessen habe. Damit wollte er sagen, dass der Mensch (wie auch die Tiere) letztlich von seinem Selbsterhaltungstrieb geleitet werde und die Politik sich darauf einzustellen habe.

Hobbes verglich den Staat mit einem großen Körper – »body politic« –, der die vordringliche Aufgabe habe, den

Frieden unter den Bürgern zu sichern. Da es ihm um eine wissenschaftliche Begründung seiner politischen Theorie ging, ist im »Leviathan« von Gott kaum die Rede, was prompt das Misstrauen der Kirche hervorrief. Und in der Tat vertrat Hobbes, der in einer Zeit des Aufbruchs der Wissenschaften lebte, eine durch und durch materialistische Weltauffassung. Auch Gott sei aus Materie. Kein Wunder, dass er wegen solcher Ansichten das erzkatholische Paris, in das er wegen der Bürgerkriege in England geflohen war, verlassen musste.

In Paris hatte er als Hauslehrer gewirkt und unter anderem den Prince of Wales, den zukünftigen König Karl II., in Mathematik unterrichtet. Wieder in England hielt er sich von da an mit politischen Äußerungen zurück. Thomas Hobbes erreichte das damals außergewöhnliche Alter von 91 Jahren u. a deshalb, weil er sehr sportlich war und bis ins hohe Alter regelmäßig Tennis spielte. Er starb am 4. Dezember 1679 in Hardwick/Derbyshire. Die Sterbesakramente lehnte er ab.

Der Titel »Leviathan« bezieht sich auf eine Textstelle im 41. Kapitel des Buches Hiob im Alten Testament, in dem von einem Seeungeheuer mit dem Namen Leviathan die Rede ist. Hobbes zufolge bedarf es einer abschreckenden absoluten Macht ähnlich der eines Seeungeheuers, um dem gefährlichen Bürgerkrieg unter den Menschen ein Ende zu bereiten. Auf dem von dem Kupferstecher Wenceslaus Holler gestalteten Titelblatt der Originalausgabe ist ein Riese zu sehen, dessen Körper aus Tausenden von kleinen Menschen zusammengesetzt ist. Ausgerüstet mit einem Schwert (Symbol der weltlichen Macht) und dem Krummstab (Symbol der geistlichen Macht) wacht dieser riesige Gesellschaftskörper darüber, dass im Staat nichts Ungesetzliches passiert. Es habe oberste Priorität, dass den Gesetzen Folge geleistet wird, unabhängig davon, wie vernünftig oder unvernünftig sie dem Einzelnen erscheinen. Es sei sogar unwichtig, welche Staatsform ein Land habe, wenn nur Frieden und Rechtssicherheit herrsche. Obwohl vieles darauf hindeutet, dass Hobbes die Monarchie bevorzugte, ist der Leviathan auch als Republik, konstitutionelle Monarchie oder als Militärdiktatur vorstellbar. Entscheidend ist für Hobbes ausschließlich die Autorität, mit welcher der Staat seine Gesetze beschließt. Wenn der Souverän die Sicherheit seiner Bürger jedoch nicht mehr gewährleisten könne, sei es nur nachvollziehbar, wenn seine Bürger den Gehorsam verweigerten. Für diesen Fall formulierte Hobbes – anders als Kant – sogar ein Widerstandsrecht.

Auf den ersten Blick erscheint Hobbes' Theorie über die Notwendigkeit eines starken Staates in den westlichen Zivilgesellschaften nicht mehr so aktuell. Nach den Erfahrungen mit den totalitären Regimes des 20. Jahrhunderts erscheint es den Bürgern viel wichtiger, dass ihre Rechte und Privatsphäre vor Übergriffen des Staates geschützt werden. Jedoch sind in Ländern, in denen Bürgerkrieg herrscht, in denen durch die Mafia oder Bandenrivalität der Staat untergraben wird, Hobbes' Lehren keinesfalls überholt. Wie zur Zeit der englischen Bürgerkriege im 17. Jahrhundert geht es in vielen Regionen der Erde, z.B. in Afghanistan oder im Irak, hauptsächlich darum, das Gewaltmonopol des Staates zu sichern. Doch auch in den westlichen Metropolen wächst das Gefühl der Angst vor der Kriminalität und der Zunahme von rechtsfreien Räumen, in denen das Gesetz des Stärkeren gilt. Hier machen sich die Bürger wachsende Sorgen um ihre Sicherheit. Brennende Autos, Krawalle und bürgerkriegsähnliche Unruhen in den Vorstädten, Einbruchsserien und Diebstähle auf offener Straße lassen den Ruf nach einem starken Staat wieder lauter werden. Ganz zu schweigen von den Bedrohungen durch den internationalen Terrorismus. Vor diesem Hintergrund gibt es Forderungen, durch strengere Gesetze und Überwachungen die Bürger zu schützen. Als jüngstes Beispiel dafür sei nur die Diskussion über die staatliche Online-Überwachung der privaten Computer oder die Verschärfung der gesetzlichen Maßnahmen gegen die Jugendkriminalität genannt.

17.

»Ich denke, also bin ich.«

RENÉ DESCARTES, 1596–1650

René Descartes' »Ich denke, also bin ich« (»Je pense, donc je suis«) befindet sich in seiner Schrift »Discours de la méthode« (»Von der Methode des Vernunftgebrauchs und der wissenschaftlichen Forschung«) aus dem Jahre 1637. Wie kein anderer Satz steht er für den Epochenumbruch vom Mittelalter zur Neuzeit. Der Gebrauch des Kompasses, Erfindungen wie der Buchdruck und das Teleskop hatten das Selbstbewusstsein der Menschen ebenso gestärkt wie die Entdeckung Amerikas durch Christoph Kolumbus. Inspiriert von diesen Erfolgen wollte René Descartes auch in der Philosophie einen Umbruch bewirken. Für die neuzeitliche Philosophie sollten nur jene Diskurse als wahr gelten, die auch den strengsten methodischen Zweifeln standhielten. Es sollte ausschließlich jenes Wissen Anerkennung finden, das sich klar und deutlich (»clare et distincte«) erkennen bzw. beweisen ließe. Eine solche Gewissheit fand Descartes in der Feststellung »cogito ergo sum«. Alles kann in seiner Existenz bezweifelt werden, nur nicht der Zweifel bzw. der Zweifelnde selbst. In seiner Schrift »Discours de la méthode«, der drei naturwissenschaftliche Abhandlungen über Dioptrik, Meteorologie und Geometrie angefügt waren, erläutert Descartes seinen neuen Ausgangspunkt für die Philosophie.

Descartes konstatierte, dass es in der Philosophie »noch nichts gibt, worüber nicht gestritten würde und was folglich nicht zweifelhaft wäre«. Deshalb habe er sich auf die Suche nach einer nicht mehr zu bestreitenden Tatsache begeben und eine solche in dem Satz »Ich denke, also bin ich« gefunden. Diese Wahrheit sei sicher und fest und durch kein kritisches Denken mehr zu erschüttern. Denn darüber, dass man selbst es ist, der gerade zweifelt, sei kein weiterer Zweifel mehr möglich. Somit verlegte Descartes den archimedischen Punkt der Erkenntnis in das Subjekt und baute von hier aus die gesamte Philosophie neu auf. Es ist das Denken des Menschen selbst, worauf es ankommt und was sicher und unumstößlich ist. »Alsbald machte ich die Beobachtung, dass während ich ... denken wollte, alles sei falsch, doch notwendig ich, der das dachte, irgendetwas sein müsse«. Von dieser Wahrheit ausgehend sprach sich Descartes für die Einhaltung einer Methode, das heißt bestimmter Regeln aus, um zu weiteren ähnlich sicheren Erkenntnissen zu gelangen.

Descartes wurde am 31. März 1596 als Sohn eines Juristen in La Haye (heute Descartes), einem kleinen Ort in der Nähe von Tours geboren. Von 1604 bis 1612 besuchte er das jesuitische Collége Royal in La Flèche (Anjou), wo er wegen seiner labilen Gesundheit als Einziger die Erlaubnis hatte, nicht so früh aufstehen zu müssen wie die anderen. Descartes studierte Mathematik und Philosophie und legte an der Universität von Poitiers sein Examen ab. Von seiner Familie hatte er Liegenschaften und eine Rente geerbt, die es ihm erlaubten, ein Leben als Privatgelehrter zu führen. Trotz der unsicheren politischen Verhältnisse seiner Zeit begab er sich auf Reisen, um – wie er selbst sagte – »aus dem großen Buch der Welt zu lernen«. Zunächst erhielt er eine militärische Ausbildung in Holland, danach führte ihn seine Wanderschaft über Kopenhagen, Danzig, Polen, Ungarn, Österreich, Böhmen und Frankfurt bis nach Ulm, wo ihn am Martinsabend im November 1619 nach tagelanger Meditation drei Träume überkamen.

Er träumte u. a. von Büchern, von Phantomgestalten, von logischen Relationen und ihn niederreißenden Windböen. Die genauen Zusammenhänge lassen sich nicht mehr rekonstruieren, jedoch waren seine Eingebungen von solcher Heftigkeit, dass er glaubte, sein Leben von nun an der Neuordnung der Philosophie widmen zu müssen. Von 1628–1649 lebte Descartes in den Niederlanden, wo das liberalste politische Klima in Europa herrschte. Ab 1643 befand er sich in Korrespondenz mit der an philosophischen Fragen interessierten Prinzessin von Böhmen, Elisabeth von der Pfalz. 1649 erhielt er eine Einladung der schwedischen Königin Christina, an den Stockholmer Hof zu kommen; sie bat darum; sich von ihm persönlich in Philosophie unterrichten zu lassen. Widerwillig begab sich Descartes auf den Weg. Die Umstände seines Umzuges, das kalte Klima, die Veränderung seines Lebensrhythmus – Descartes war notorischer Langschläfer und musste die Königin morgens um 4.30 Uhr unterrichten – schwächten ihn derart, dass er am 11. Februar 1650 vermutlich an einer Lungenentzündung, vielleicht aber auch, weil er von missgünstigen Höflingen vergiftet wurde, starb.

Neben seiner außerordentlichen Bedeutung als Philosoph war Descartes ein großer Mathematiker und Physiker. Er entdeckte die analytische Geometrie, d.h. die Anwendung der Algebra auf die Geometrie, die auch Koordinatengeometrie genannt wird. In der Philosophie vertrat er den Rationalismus in der Erkenntnistheorie. Der Rationalismus rückt den Verstand, die Vernunft, die logische Ordnung in den Mittelpunkt. Die Wahrnehmungen über die Sinnesorgane seien eher diffus und die Ursache von falschen Begriffen. Die Hauptquelle der Erkenntnis sei eindeutig die Vernunft, die a priori eine Grundstruktur von angeborenen Erkenntnis- und Wahrheitspotenzialen habe. (Die Annahme der angeborenen Ideen wurde in der heutigen Linguistik, die von angeborenen Grammatikregeln spricht, wieder aufgegriffen.) Aufgrund dieser angeborenen Vernunftstrukturen sei es dem Menschen möglich, unbeirrt das Wahre zu finden. Descartes glaubte fest an die Macht der analytischen Methode. Mit ihrer Hilfe wird eine vorgegebene Fragestellung oder ein komplexes Problem zuerst in seine Einzelbestandteile zerlegt, um sodann ausgehend vom Einfachen wieder das komplexe Phänomen zusammenzuführen.

Descartes Grundsatz »niemals eine Sache als wahr anzuerkennen, von der ich nicht evidentermaßen erkenne, dass sie wahr ist«, ist gerade heute unvermindert wichtig. Im Medienzeitalter fällt es zunehmend schwerer, ein objektives Urteil zu fällen. Stets besteht die Gefahr, durch Bilder, gefälschte Meldungen, Statistiken usw. getäuscht zu werden. Als ein Beispiel dafür, wie bei einem Medienauftritt ein Millionenpublikum folgenschwer hinters Licht geführt wurde, sei der Auftritt des ehemaligen amerikanischen Außenministers Powell kurz vor dem Irak-Krieg in New York genannt. Vor den Gremien der UN und den Fernsehzuschauern der ganzen Welt zog Powell eine Reihe von Bildern und Fakten heran, um zu »beweisen«, dass es im Irak atomare Waffen gäbe. Erst später wurde zugegeben, dass das Material vom Geheimdienst für die Öffentlichkeit manipuliert worden war. Eine klare Analyse des Auftritts hätte schon damals ergeben können, dass Powell zwar viel Material, aber nicht einen einzigen wirklich stichhaltigen Beweis für seine weitreichenden Behauptungen vorgelegt hatte. Descartes' Rationalismus, sich von der Verpackung einer Sache nicht beeindrucken zu lassen, sondern stets einen kühlen Kopf zu bewahren, hat nichts an Wert verloren.

Mit unbeirrbarem Selbstbewusstsein machte sich Descartes auf, die Wissenschaften neu zu begründen. Ihren Aufbau beschrieb er im berühmten Sinnbild vom »Baum des Wissens«. Die Wurzeln des Erkenntnisbaumes symbolisierten die Metaphysik (bzw. die Philosophie), sein Stamm die Physik, die Äste die Medizin und Mechanik und die Baumkrone bildete die Ethik. Die Früchte dieses Baumes der Erkenntnis sollten nach Descartes die praktische Anwendung der Wissenschaften sein. Als problematisch stellt sich vom heutigen Standpunkt Descartes' These dar, dass im Unterschied zu den Menschen die Tiere über kein »Cogito« und Denkvermögen verfügten. Tiere waren für ihn rein mechanisch funktionierende Automaten, deren innerer Aufbau eindimensional und Verhalten seelenlos sei. Dies weist über Descartes hinaus auf ein allgemeines Defizit der Philosophie der Neuzeit hin, in der das Subjekt (Mensch) im Zentrum steht, während die übrige Welt ausbeutbare Materie ist. Es ist leider nicht zu umgehen, den heutigen technokratischen Umgang mit der Natur – Tiertransporte, Urwaldrodungen, Plünderungen der Rohstoffe – mit Descartes' Denkrevolution in Verbindung zu bringen.

Der Leitspruch »Ich denke, also bin ich« darf nicht mit einer selbstgerechten Haltung nach dem Motto »Ich weiß am besten, was richtig und falsch ist« gelesen werden. Descartes selbst war sich stets der Gefahr einer möglichen Selbstüberschätzung bewusst: »Ich weiß, wie sehr wir in allem, was die eigene Person betrifft, der Selbsttäuschung unterworfen sind und wie sehr auch die Urteile unserer Freunde, wenn sie zu unseren Gunsten sprechen, uns verdächtig sein müssen.« Sich auf seinen eigenen Verstand zu verlassen, bedeutete für Descartes auch, sich der Selbstkritik zu unterziehen. Zweifel und Selbstzweifel werden für Descartes zum Signum des Menschseins. Wer nicht mehr an sich zweifelt, sei schon einem Wahn verfallen. Von daher ist es zu verstehen, dass Descartes in seinem Kampf gegen die Unvernunft zunächst an allem zweifelte: mit der einzigen Ausnahme, dass er selbst wahnsinnig sein könnte. In seinen »Meditationen« im Jahre 1685 hat Descartes alle Variationen des Irrtums (Sinnestäuschung, Traum) ausführlich diskutiert, bis auf die Möglichkeit des eigenen Wahnsinns, die er mit einer knappen Bemerkung über die Geisteskranken – »Nun ja, sie sind eben von Sinnen« – brüskiert von sich gewiesen hatte.

18.

»Deus sive natura« –
»Gott beziehungsweise die Natur.«

BENEDICTUS (BARUCH) DE SPINOZA, 1632–1677

In Spinozas »deus sive natura« (»Gott oder die Natur«) aus dem Vorwort zum vierten Teil seiner Schrift »Die Ethik« ist das Wort »oder« nicht aus-, sondern einschließend gebraucht! Spinoza setzt also Gott nicht in einen Gegensatz zur Natur, sondern mit ihr gleich. Natur und Gott seien heilig, weil Gott nicht transzendent, das heißt jenseits der Welt ist, sondern er und die Welt identisch seien. Gott sei die Welt, Natur und Gott seien somit eins. Diese Einheit charakterisiert Spinozas philosophisch-theologische Position des Pantheismus (vom griechischen »pan«, alles und

»theós«, Gott). Treffend hat der spanische Philosoph Santayana Spinozas Gottesbegriff charakterisiert: »Gott ist die über Zeit und Raum verstreute Geistigkeit, die verströmte Bewusstheit, von der die Welt beseelt ist.« Im Unterschied zum christlichen und jüdischen Glauben ist Spinozas Gott also weder ein Weltschöpfer noch ein persönliches Wesen. Spinoza sagt: »Ich behaupte eben, dass alles in Gott lebt und webt...« Um Spinoza wurden in der europäischen Geistesgeschichte heftige Debatten geführt, u.a. im sogenannten Atheismusstreit Ende des 18. Jahrhunderts, in dem Johann Wolfgang von Goethe eine ähnliche Position wie Spinoza bezog.

Spinoza stammte aus einer Familie portugiesischer Juden, die von der spanischen Inquisition vertrieben wurde und im liberaleren Holland Zuflucht fand. Nach dem Tode seines Vaters übernahm er dessen Geschäft, welches er jedoch wegen seiner Differenzen mit der jüdischen Orthodoxie und nach seinem Ausschluss aus der jüdischen Gemeinde aufgeben musste. Von den Rabbinern für vogelfrei erklärt, wurden Mordanschläge auf ihn verübt. Diese Situation veranlasste ihn, zurückgezogen und bescheiden an verschiedenen Orten in den Niederlanden zu leben, zunächst in der Nähe von Amsterdam, später in Leiden und dann in Den Haag, wo er sich seinen Lebensunterhalt als Optiker verdiente. Den Ruf, an der Universität Heidelberg zu unterrichten, lehnte er trotz der Aussicht auf ein großes Gehalt ab, weil er unabhängig bleiben wollte. Der wegen seiner bescheidenen Art bei seinen Mitbürgern sehr beliebte Spinoza starb im Alter von 45 Jahren an Tuberkulose, die er sich vermutlich durch das Schleifen der Gläser zugezogen hatte.

Nach Spinoza darf man sich Gott keineswegs auf einer Stufe mit dem Menschen vorstellen. Gott stehe jenseits von unseren menschlichen, manchmal allzu menschlichen Einteilungen in Gut und Böse. In der Natur zwischen Gut und Böse zu unterscheiden, entspräche einer menschlichen Projektion, jedoch keinesfalls der Wirklichkeit. Alle – auch die vom Menschen als gefährlich oder böse eingeschätzten – Naturphänomene seien notwendig und ein wichtiger Teil des Ganzen. Für Spinoza sind Geist und Materie ein und dasselbe, nur dass man eine Sache einmal unter jenem und dann unter ihrem anderen Aspekt beschreibe. Dass er Gott auch das Attribut der Ausdehnung, also der Materie zuordnete, war in der damaligen Zeit ein mutiges Bekenntnis, da Gott innerhalb des damals herrschenden Dogmas nur als Geist begriffen wurde. Insgesamt wird die Natur bei Spinoza aufgewertet. Er glaubte an die Einheit von Körper und Geist. Immer wenn sich etwas in unserem Gehirn verändere, veränderten sich auch unsere Vorstellungen, Gefühle und Gedanken, was auch umgekehrt gelte. Jeder physiologischen oder organischen Veränderung im Gehirn entspricht nach Spinoza eine Veränderung in der Denkweise.

Spinoza wollte die Wahrheit nicht strikt von der Unwahrheit getrennt wissen. Vielmehr gäbe es Grade, also Abstufungen der Wahrheit: Das eine sei einfach nur wahrscheinlicher als das andere. Besonders verachtete er selbstgerechten Fanatismus, der seiner Meinung nach auf nichts anderem als auf Hass basiere. Wer nur sein Dogma kenne, dem verengt sich automatisch die Perspektive in allen anderen Dingen. Demgegenüber sei es ein sicheres Anzeichen von Geist, wenn sich jemand für die Weltsicht des anderen öffnen könne. Damit ist Spinoza ein früher Vertreter der europäischen Toleranzidee. Wie später Gotthold Ephraim Lessing war er der Meinung, dass sich die Wahrheit nicht nur in einer, sondern in mehreren Möglichkeiten finden lasse. In seiner Schrift »Theologisch-politischer Traktat« (»Tractatus theologico-politicus«) aus dem Jahre 1670 finden sich schon Ansätze zur Theorie der Gewaltenteilung und ein eindeutiges Bekenntnis zur Freiheit. Auch im Kleinen könne man Gott erkennen, falls man nur wolle und sich gegenüber der Mannigfaltigkeit der Welt nicht verschließe. »Je mehr wir die Einzeldinge erkennen, umso mehr erkennen wir Gott.« Irren sei dabei allein schon deshalb menschlich, weil der Mensch niemals die ganze Wahrheit erfassen könne.

In unserer Zeit, in der Fundamentalisten und Fanatiker die Menschen in ihren Bann zu ziehen versuchen, ist es nach wie vor wichtig, sich mit Spinoza zu vergewissern, dass die Unterscheidung in ein Reich des Guten und in ein Reich des Bösen dumm und gefährlich ist. Auf der Erde gibt es viele Spielarten zu leben. Das Göttliche kann man in den kleinsten, manchmal unscheinbarsten Dingen und Verhältnissen finden. Im Alltag ebenso wie in der Natur lässt sich Heiliges entdecken. Als Spinoza von den Dogmatikern seiner jüdischen Gemeinde ausgeschlossen wurde, riefen sie ihm nach: »Verflucht sei er am Tage und verflucht bei Nacht... der Herr möge nie wieder ihm verzeihen.« Im Gegensatz zu dem Hass, der ihm entgegenschlug, versuchte Spinoza einen objektiven Standpunkt »sub specie aeternitatis« (lateinisch für »unter dem Gesichtspunkt der Ewigkeit«) zu finden. Das Bemühen, den Eigenwert der Dinge erkennen zu wollen, bedeutete für Spinoza die wahre Gottesliebe. Aus dieser Erkenntnis entspringe eine intellektuelle Liebe zu Gott (lateinisch »amor dei intellectualis«), nach Spinoza »die höchste Ruhe des Geistes, die es geben kann«.

Spinozas Auffassung einer von Gott durchdrungenen Realität spielt auch in der aktuell geführten Diskussion um die Willensfreiheit eine wichtige Rolle. Weil alles Existierende ein Teil von Gott ist, haben Spinoza zufolge Steine, Tiere und Menschen keine vom Ganzen unabhängige Realität. Auch die Menschen seien Aspekte der einen wahren göttlichen Substanz, wie die Falten in einem großen Tuch. Unsere Handlungen werden vollständig von Gott oder der Natur bestimmt. Das bedeutet, dass streng genommen Freiheit eine Illusion ist. Spinoza betont in seinem Hauptwerk »Ethik« unmissverständlich: »Die Menschen täuschen sich darin, dass sie glauben, sie seien frei. Diese Meinung besteht bloß darin, dass sie sich ihrer Handlungen bewusst sind, die Ursachen aber, von welchen sie bestimmt werden, nicht kennen.« Die moderne Hirnforschung hat Spinoza in diesem Punkt eindeutig bestätigt. Gehirntomografische Messungen haben ergeben, dass jeder bewussten Handlungsabsicht sogenannte neuronale Bereitschaftspotentiale vorausgehen, die zwar unbewusst sind, die man aber gleichwohl messen kann. Das bedeutet, dass die Entscheidung, etwas zu tun, unbewusst erfolgt. Der freie Wille hat in diesen Diskussionen keinen Platz mehr. Wir denken nur, dass wir frei seien, weil wir die wahren Ursachen unserer Handlungen nicht kennen.

Im Allgemeinen wird die Nichtexistenz eines freien Willens als ein ernstes Problem für die Würde des Menschen begriffen. Nach Spinoza kann es auch etwas Befreiendes haben, uns nicht mehr als die alleinigen Akteure unserer Handlungen ansehen zu müssen. Einige Hirnforscher und Neurophilosophen argumentieren folgendermaßen: Wenn wir erkennen, dass alles, was wir tun, durch etwas außerhalb von uns Liegendes bestimmt ist, dann hebt uns dieses Wissen auf eine höhere Stufe. Diese Erkenntnis bringe Beruhigung mit sich. Wir bemerkten, dass all unsere Hoffnungen und Ängste vergeblich sind, da alles ohnehin kommt, wie es kommen muss, und wir keine Macht haben, den Lauf der Natur zu verändern. Eine positive Einstellung zu seinem Schicksal einzunehmen, hat in der Nachfolge von Spinoza Friedrich Nietzsche mit »amor fati« (lateinisch für die Liebe zum Schicksal) benannt. Wir können also doch entscheiden, allerdings nur in dieser einen Frage, welchen Standpunkt wir unserem Schicksal gegenüber einnehmen, ob wir es bejahen oder mit ihm hadern. Darin liegt paradoxerweise dennoch eine Form von Freiheit. Verändern können wir nach Spinoza unser Schicksal deswegen nicht.

19.

»Wir leben in der besten aller möglichen Welten.«

GOTTFRIED WILHELM LEIBNIZ, 1646–1716

Gottfried Wilhelm Leibniz war nicht nur ein brillanter Philosoph, sondern auch Diplomat, Erfinder und ein großer Mathematiker. Wie kein anderer vor ihm verkörperte er den Optimismus in der Philosophie. Gemäß seiner berühmten These, dass wir in der besten aller möglichen Welt leben, setzte er sich dafür ein, trotz aller Probleme in der Welt das Gute, Schöne und Wahre in ihr zu erkennen. Leibniz lebte im Zeitalter des Barock, in dem sowohl großes Leid und Armut als auch Prunk, Verschwendung und rauschende Feste in der Gesellschaft existierten. Trotz der vielen Religions- und Bürgerkriege in Europa versuchte Leibniz mit seiner Philosophie Zuversicht auszustrahlen. Besonders beschäftigte er sich mit dem von ihm so bezeichneten »Theodizee-Problem«: der Rechtfertigung Gottes angesichts des Übels in der Welt. Leibniz meinte, Gott habe eine Welt erschaffen, die trotz offensichtlicher Fehler im Vergleich mit anderen möglichen Welten immer noch die beste sei. Leibniz' Satz, dass wir in der besten aller möglichen Welten lebten, stammt aus seinem »Essai de théodicée sur la bonté de dieu, la liberté de l'homme et l'origine du mal« (»Die Theodizee von der Güte Gottes, der Freiheit des Menschen und dem Ursprung des Übels«, 1710).

Hätten wir eine ausreichend große Weltsicht, so müssten wir erkennen, dass manche Übel sogar notwendig sind und wir trotzdem in der optimalsten aller denkbaren Welten leben. Nur unser begrenzter Verstand lasse uns ein konkretes Ereignis als Unglück bewerten, ohne die Möglichkeit zu bedenken, dass es ohne dieses »Unglück« vielleicht zu noch viel größeren Katastrophen hätte kommen können. Gott habe die Welt auf das Beste geschaffen. Dabei verstand Leibniz unter dem Optimum die höchstmögliche Vielfalt an zusammenpassenden Elementen, wofür er den Ausdruck Kompossibilität benutzte. Für ihn haben Unfälle, Tragödien und Verbrechen – selbst Naturkatastrophen – von einem höheren Standpunkt aus betrachtet durchaus ihren »Sinn«, da sie im Vergleich zu einer veränderten Konstellation immer noch die kleinstmöglichen aller Unglücke seien.

Leibniz war nicht nur Philosoph, sondern ein wortgewandter Gentlemen, der bei Empfängen mit seinem Charme und seiner Eleganz zu brillieren verstand. Die Herzogin von Orlèans bemerkte einmal über ihn, dass er im Unterschied zu den damaligen Philosophen elegant angezogen war und überdies einen angenehmen Duft um sich verbreitete. Er war der letzte Universalgelehrte, der zu jedem Thema ein fundiertes Wissen besaß. Es gibt von ihm eine schier unendliche Anzahl von Texten, Briefen, Sätzen und Skizzen, die im Leibniz-Archiv in Hannover noch nicht restlos ausgewertet sind. Die Zahl seiner Briefpartner ist kaum zu übersehen; außerdem vermochte er es, durch diplomatisches Geschick in Amt und Würden zu gelangen.

Leibniz wurde am 1. Juli 1646 als Sohn eines Moralprofessors in Leipzig geboren. 1661 begann er in seiner Heimatstadt das Studium der Philosophie und besuchte Vorlesungen zur Mathematik und zur griechischen und lateinischen Poesie. Da dem 20-Jährigen die Promotion zum Doktor der Rechte verwehrt wurde, verließ er voller Ungeduld Leipzig, um sich »größeren Ruhm in den Wissenschaften zu erwerben und die Welt kennenzulernen«. Nachdem er in Nürnberg unter dem Beifall der Fakultät den Doktorgrad erhalten hatte, begab er sich auf den Weg nach Amsterdam, dem damaligen Zentrum der Philosophie. Unterwegs lernte Leibniz in Mainz seinen zukünftigen Gönner, den Diplomaten Johann Christian von Boineburg, kennen, der ihn als Berater in seine Dienste stellte. Leibniz entwarf am Mainzer Hof Abhandlungen über philosophische, theologische und politische Streitfragen. Schon bald wurde er in höherer Mission nach Frankreich geschickt, um den Sonnenkönig Ludwig XIV. davon zu überzeugen, gegen die Heiden in Ägypten zu Felde zu ziehen.

Zwar blieb seine Mission erfolglos, doch Leibniz konnte seinen Frankreichaufenthalt dazu nutzen, weitere wissenschaftliche Studien zu betreiben. Seine mathematischen Überlegungen zu einer von ihm entwickelten Rechenmaschine und die Entdeckung des Infinitesimalkalküls ließen ihn im Jahre 1700 Mitglied der renommierten Pariser Akademie werden. In der Zwischenzeit unternahm er Reisen nach England, wo er in die *Royal Society* aufgenommen wurde. Nach dem Tod des Grafen von Boineburg trat Leibniz eine Stelle als Hofrat beim Herzog von Hannover an, wo er endgültig Karriere machte und die restlichen 40 Jahre seines Lebens verbringen sollte. Leibniz starb am 14. November 1716 an der Gicht. Kurz zuvor hatte er sein Lebensmotto – immer tätig zu sein – noch einmal festgehalten: »Man muss stets etwas finden, was es zu tun, zu denken, zu entwerfen gilt, wofür man sich interessiert, sei es für die Öffentlichkeit oder den Einzelnen.«

Alles an Leibniz strahlte Vitalität aus: seine Gestalt, seine vielen Aktivitäten, seine Philosophie. Und so verwundert es nicht, dass einer seiner Schlüsselbegriffe die »Kraft« war. Für Leibniz steckte in der Materie etwas, das er »lebendige Kraft« nannte und das heute mit dem Begriff der »kinetischen Energie« bezeichnet wird. Die letzten Elemente der Wirklichkeit seien keine Atome, sondern unteilbare seelische Kraftzentren oder Kraftpunkte, die Leibniz als Mona den (vom griechischen »monas«, Einheit) bezeichnete. Monaden können als Substanzen nur von Gott geschaffen oder vernichtet werden, das heißt, sie sind nicht zerstörbar. Sie sind individuell, autark und autonom und können nicht aufeinander einwirken. In den Monaden spiegelt sich – gemäß Leibniz' sehr komplexem Theoriegebilde – die ganze Welt wider.

Berühmt ist Leibniz' Bild, wonach sich in jedem Wassertropfen ein ganzer Teich mit Pflanzen und Fischen widerspiegele: »Eine jedwede Portion der Materie kann als ein Garten voller Pflanzen und Bäume und als ein Teich voller Fische concipiert werden.« Denn im Mikrokosmos spiegelt sich nach Leibniz der Makrokosmos wider. Hierin zeigte sich Leibniz von den Entdeckungen des niederländischen Naturforschers und Mediziners Antoni van Leeuwenhoek (1632–1723) beeinflusst, der das Mikroskop zur Beobachtung kleinster Lebewesen verwendete. Alles steht nach Leibniz in einem universellen Bezugssystem, dessen Funktionsweise rätselhaft bleibe und die Leibniz als eine von Gott hergestellte »prästabilierte Harmonie« bezeichnete.

Es gibt keine zwei Monaden, die vollkommen identisch sind. Darüber hinaus gibt es nach Leibniz auch keine zwei Gegenstände, die absolut gleich sind. Leibniz forderte einmal den Teilnehmer eines Empfanges auf, in den Garten zu gehen und zwei völlig gleiche Blätter oder Grashalme zu suchen. Leibniz' Monadologie ist ein Plädoyer für den Individualismus, jedoch seien diese Monaden fest eingebunden in einen Weltplan, den sie nicht durchschauten. Wie die vielen Monaden zusammenwirken, bliebe unklar und nur für den göttlichen Verstand begreifbar. Auch der Mensch sei eine Monade, die jedoch im Unterschied zu den anderen Monaden über Selbstbewusstsein verfüge. Die Seele ist für Leibniz ein Spiegel, der das gesamte Universum in sich widerspiegelt. Doch nicht passiv, sondern auf eine expressive aktive Art. Der Seele wohne eine strebende Kraft – Leibniz nennt sie »appetitus« – inne, dieses aktive Streben und Begehren sei ein Merkmal ihres Lebens. Ohne diese Merkmal sei sie tot.

Um zu leben, sind für Leibniz die Kraft und der Wille notwendig, die sich dem Nichts entgegenwerfen und die Welt so erst entstehen lassen. Die meisten Philosophen sind Skeptiker, die auf die Probleme der Welt hinweisen, Leibniz steht als Gegenbeispiel für den Optimismus in der Philosophie. Kaum ein anderer Philosoph hat die Harmonie in der Natur so hervorgehoben und die Unsterblichkeit der Seele höher gepriesen: »Die Schönheit der Natur ist so groß und deren Betrachtung hat eine solche Süßigkeit,... dass wer sie gekostet, alle anderen Ergötzlichkeiten gering dagegen achtet. Tut man aber noch dazu, dass die Seele nicht vergehet... so siehet man erst recht, wie wahre Glückseligkeit, so aus Weisheit und Tugend entstehet.«

20.

»Lasst uns also annehmen,
das Bewusstsein sei sozusagen ein weißes Blatt Papier,
frei von irgendwelchen Schriftzügen,
ohne alle Ideen.«

JOHN LOCKE, 1632–1704

Von Beruf Arzt, wollte sich der englische Philosoph John Locke in der Philosophie vor allem auf seine Erfahrung und seinen »gesunden Menschenverstand« stützen. Von der philosophischen Disziplin der Metaphysik (vom griechischen »meta«, nach/über und »physis«, Natur), also von Fragestellungen, die den Bereich der Erfahrungswissenschaft überschreiten, hielt Locke nichts. Als er zum Beispiel von Leibniz' Vorhaben erfuhr, eine Monadologie des gesamten Universums zu entwickeln, schrieb er an einen Freund: »Du und ich, wir haben genug von diesem dummen Zeug.« Locke ist der Begründer der empiristischen Erkenntnistheorie, die besagt, dass alles Wissen in der Erfahrung gründet. Unsere Sinne seien wie die Pforten zur Welt und unser Verstand bei der Geburt ein leerer Behälter, ein leeres Blatt bzw. eine unbeschriebene Tafel (»tabula rasa«). Erst im Laufe der Zeit werde er inhaltlich durch Sinneseindrücke, Ideen, Vorstellungen angefüllt. Kindern fehle bei der Geburt jegliches Vorstellungsvermögen von Farbe und Form, das sie sich erst durch Erfahrung aneignen müssten. Bescheiden wie ein »Hilfsarbeiter des Geistes« wollte Locke Schritt für Schritt zu den Grundlagen unserer Erkenntnis vorstoßen. Politisch war Locke ein Verteidiger der Freiheit und ein Gegner von Hobbes absolutistischer Staatsphilosophie.

John Locke wurde 1632 in der Nähe von Bristol in eine Familie des aufstrebenden Bürgertums geboren. In seine Kindheit fällt die Periode der Bürgerkriege zwischen König und Parlament. Als Schüler soll Locke fleißig, unproblematisch und vor allem lernbegierig gewesen sein. Zunächst machte er sich als Arzt einen Namen. Ab 1667 befand er sich in Diensten des einflussreichen Politikers Lord Anthony Ashley Cooper, dem späteren Grafen von Shaftesbury, dem er durch eine Leberoperation das Leben rettete. Shaftesbury war einer der mächtigsten Politiker des Landes, der sich für eine Begrenzung der königlichen Macht einsetzte. Mit dem Aufstieg des Grafen zum Lordkanzler wuchs auch Lockes Einfluss auf die Staatsgeschäfte. Als sich jedoch das politische Blatt zu Ungunsten von Shaftesbury wandte und in England wieder die absolute Monarchie eingeführt werden sollte, musste Locke mit Ashley nach Holland fliehen. Erst im Zuge der »Glorious Revolution« (1689) kehrte er wieder nach England zurück, um unter Wilhelm von Oranien eine eher bescheidene Stelle in einer Steuerkommission einzunehmen, weil er sich gesundheitlich schonen und verstärkt seinen philosophischen Studien widmen wollte. Locke starb 1704 in Oates, wohin er sich zurückgezogen hatte.

Locke lebte zu einer Zeit, in der sich die Forscher verstärkt auf empirische Beweise zu stützen begannen. In England hatte Francis Bacon (1561–1626) gelehrt, dass die Wissenschaft auf sorgfältig durchgeführten Studien und Experimenten basieren sollte. Noch ein weiterer Pfeiler des Rationalismus – nämlich die Lehre von den angeborenen Ideen – geriet zunehmend unter Druck. Im 17. Jahrhundert wurde angenommen, dass zumindest einige Denkinhalte, wie zum Beispiel die Gottesidee oder die Vorstellung von Zahlen, angeboren seien. Locke widersprach dieser Lehre von den angeborenen Ideen. Wenn es nämlich angeborene Ideen gäbe, dann müssten Kinder und »primitive Kulturen« von ihnen unmittelbare Kenntnis haben. Dies sei aber offenkundig nicht der Fall, weil man sich die Mathematik mühsam aneignen müsse. Folglich sei der Geist ursprünglich leer. Doch wie kamen wir dann zu Begriffen wie Raum und Zeit sowie zu unseren Zahlvorstellungen? Nach Locke sind die Vorstellungen der Zahlen durch die Erfahrung mit Abstraktionsprozessen entstanden. Ob allerdings unsere Vorstellungen mit den Dingen in der Wirklichkeit tatsächlich übereinstimmten, darüber wollte sich Locke kein abschließendes Urteil erlauben. Hier, wie in vielen anderen philosophischen Fragen, suchte er nie nach Gewissheit, sondern »nur« nach möglichst plausiblen Argumenten.

Lockes Satz vom Bewusstsein als »tabula rasa« stammt aus seinem »Essay concerning human understanding« (»Versuch über den menschlichen Verstand«, 1690). Seine Kritik an den angeborenen Ideen muss vor dem Hintergrund der Epoche der Aufklärung gesehen werden. Denn wer an angeborene Ideen glaube, so Locke, der sei auch leichter davon zu überzeugen, dass es so etwas wie fest verwurzelte Lehren oder Moralgrundsätze gebe, die man nicht mit seiner eigenen Vernunft und Urteilskraft zu überprüfen brauche. Menschen, die jedoch an Vorgaben oder Aussagen ohne Prüfung glaubten, ließen sich, so Locke, »von gewissen Leuten leichter regieren und besser ausnützen ...« Locke zufolge gibt es Grenzen des beweisbaren Wissens, und jenseits dieser Grenzen müssen wir unsere Meinungen gegenseitig überprüfen und gegebenenfalls anerkennen oder verwerfen: »Es gibt viele unterschiedliche Meinungen über moralische Regeln, die man unter Menschen findet – was nicht der Fall sein könnte, wenn praktische Prinzipien angeboren und unserem Verstand unmittelbar von Gott eingegeben worden wären.« Für Locke ist der Mensch bei der Geburt weder gut noch böse, sondern die Erziehung und seine Erfahrungen entscheiden, in welche Richtung sich jemand entwickelt. Deshalb sei es von großer Bedeutung, in welcher Umgebung man aufwächst. Lockes Erkenntnistheorie geht folgerichtig in seine politische Philosophie und Pädagogik über, die er in den Werken »Zwei Abhandlungen über die Regierung« (1690) und »Gedanken über Erziehung« (1693) vorlegte.

Im Unterschied zu Hobbes (es ist unklar, ob Locke dessen Schriften kannte) sind für Locke im Staat nicht nur Ruhe und Ordnung wichtig, sondern die individuellen Freiheitsrechte eines jeden einzelnen Menschen. Jedes Individuum sei einzigartig. Um zwischen den Menschen ein gemeinsames Band zu schaffen, hebt Locke die große Bedeutung der Bildung und der Sprache hervor. Ein gewisser Grundkonsens sei für jede Gemeinschaft wichtig. Der Staat solle seinen Bürgern Meinungsfreiheit geben, doch gleichwohl ein gewisses Basiswissen vermitteln, sodass man miteinander kommunizieren könne. Die Sprache sei nicht etwas, was einfach so vom Himmel falle, sondern sie müsse in einer Sprachgemeinschaft auch gepflegt werden. Problematisch werde es, wenn sich in einem Land verschiedene Sprachkulturen so weit voneinander entfernten, dass sie sich untereinander nicht mehr verständigen könnten. In einer solchen multikulturellen Struktur wächst die Bedeutung der Schulen, einen Mindeststandard an Allgemeinwissen zu vermitteln. Kommunikation baue auf einem ähnlichen Niveau von Hintergrundwissen auf. Wenn sich die Menschen nicht mehr über einige Grundbegriffe verständigen können, wächst die Entfremdung unter ihnen und es droht die Gefahr einer Zunahme von gewalttätigen Konflikten. Locke empfahl, dass der Staat seinen Bürgern den Glauben an die

Existenz Gottes und einige Grundprinzipien des christlichen Zusammenlebens vermitteln sollte, darüber hinaus solle er sich aus religiösen Angelegenheiten heraushalten und jedem Bürger seinen eigenen Glauben belassen. Dem würde heute kaum einer widersprechen wollen, doch zu Lockes Zeiten waren das fortschrittliche Grundsätze.

Die englische Philosophie des gesunden Menschenverstands wurde von deutschen Philosophen wie Georg Wilhelm Friedrich Hegel und Karl Marx als oberflächlich und belanglos kritisiert – gerade so, als ob wahre Philosophie kompliziert und schwer verständlich sein müsste. Über solche Vorurteile hat sich John Locke souverän hinweggesetzt. Sein Empirismus enthält sich spekulativer Aussagen und besticht durch die Klarheit und Verständlichkeit seiner Argumentation. Als Mann von Lebensart und britischer Gentleman vermied er metaphysische Fragestellungen, für die es seiner Meinung nach ohnehin keine plausiblen Antworten gab. So finden sich z.B. in seinen »Gedanken über Erziehung«, die er während des holländischen Exils schrieb, kaum pädagogische Theorien, sondern praktische Ratschläge für das alltägliche Leben. Locke bewies, dass man auch in einer gut verständlichen Sprache fundiert philosophieren kann. Der in der angelsächsischen Philosophietradition stehende österreichische Philosoph Ludwig Wittgenstein vertrat die These: Alles was sich überhaupt sagen lässt, lässt sich klar sagen. Dem hätte Locke gewiss zugestimmt und hinzugefügt, dass gerade ein unklarer, verquaster Sprachgebrauch die Ursache von Missverständnissen und Ärger unter den Menschen ist.

21.

»Esse est percipi« –
»Sein ist Wahrgenommenwerden.«

GEORGE BERKELEY, 1685–1753

Für den irischen Bischof und Philosophen George Berkeley sind nur »Wahrnehmungen« und das »wahrnehmende Subjekt« existent. Die Welt bestehe nur im Wahrgenommenwerden. Sein Wort »esse est percipi« (»Sein ist Wahrgenommenwerden«) befindet sich im Hauptwerk »Über die Prinzipien der menschlichen Erkenntnis«. Darin führt er seine These aus, dass wir über die Existenz eines Gegenstandes nur etwas über die Wahrnehmung in Erfahrung bringen können. Sage ich: Der Tisch, an dem ich schreibe, existiert, so heiße das genau genommen: Ich sehe und fühle ihn. Es sei unmöglich, etwas von einer absoluten Existenz eines Dinges außerhalb eines wahrnehmenden Geistes zu behaupten. Da wir immer nur Vorstellungen von etwas haben, könnten wir niemals so etwas wie Materie selbst wahrnehmen. Wie sollte auch ein Gegenstand unabhängig von unserer Erfahrung aussehen? Die ganze Welt sei also lediglich die Idee eines Subjekts, entweder eines Menschen oder Gottes. Woher können wir wissen, ob ein Tisch, den wir eben im Raum nebenan gesehen haben, dort immer noch steht? Ganz sicher sei die Existenz des Tisches unabhängig von seinem Wahrgenommenwerden laut Berkeley jedenfalls nicht. Berkeley steht dafür, die Existenz der Materie geleugnet zu haben. Er war der Meinung, dass die gesamte Wirklichkeit geistig sei. Der »gesunde Menschenverstand« geht davon aus, dass alle unsere Wahrnehmungsinhalte – Berge, Steine, Flüsse, Bäume, Tiere – auch außerhalb des Geistes und unabhängig von unserem Bewusstsein existieren. Berkeley argumentiert in seiner Philosophie gegen die Ansicht, es gäbe eine materielle Realität.

Vor ihm war man in der Erkenntnistheorie davon ausgegangen, dass einige Eigenschaften, die wir an den Dingen feststellen, subjektiv sind: zum Beispiel der Geschmack einer Frucht, den jeder unterschiedlich empfindet. Doch andere Eigenschaften, wie ihre Gestalt und Ausdehnung, seien objektiv messbar. Dieser Meinung des »common sense« hielt Berkeley entgegen, dass die Unterscheidung zwischen den subjektiven und den objektiven Qualitäten an den Dingen nicht aufrechterhalten werden kann. Denn jede Eigenschaft sei subjektabhängig und bestehe nur im Gehirn, das sie wahrnimmt. Folgt man Berkeleys Argumentation, so existiert etwas in dem Moment nicht mehr, in dem es keine Vorstellung davon gibt. Während der Alltagsverstand sagt, dass der Tisch auch ohne meine Wahrnehmung von ihm existiert, meinte Berkeley, dass es einen engeren Zusammenhang zwischen der Wahrnehmung und dem Gegenstand gebe.

Berkeley zufolge existieren nur unsere Wahrnehmungen. Wenn das so ist, stellt sich die Frage, wie es geschehen kann, dass mehrere Personen, wenn sie vom gleichen Standpunkt in die gleiche Richtung blicken, die gleichen Gegenstände sehen. Wieder sagen wir, dass die Gegenstände unabhängig von unserem Geist bestehen und deshalb die verschiedenen Menschen die gleichen Gegenstände gleich wahrnehmen. Doch diese Lösung des erkenntnistheoretischen Problems der Existenz der Außenwelt lehnt Berkeley ab und schlägt eine andere vor. Berkeley zufolge sei es Gott selbst, der die Vereinheitlichung der menschlichen Erfahrung bewirke und die Existenz der Außenwelt garantiere, weil er einfach alles wahrnimmt, einschließlich unseres wahrnehmenden Geistes: »Die ganze Natur um uns herum und unser ganzes Dasein ruhen in Gott.«

Berkeley, dessen Familie englischer Abstammung war, wurde 1685 in Killerin in der Grafschaft Kilkenny in Irland geboren. Schon mit 15 Jahren begann er an der Universität von Dublin zu studieren. Als er 20 war, entwickelte er seinen Ansatz, dass es keine von unserem Bewusstsein unabhängige dingliche Welt gibt. Nach dem Studium in Dublin begab er sich auf Reisen nach Frankreich und Italien. Sein jahrelang verfolgtes Projekt, Unterstützung für eine Missionsschule auf den Bermudas zu finden, schlug fehl. Als er im Jahre 1728 zusammen mit seiner Frau nach Amerika aufbrach, um eine christliche Lehranstalt zu gründen, blieben die ihm von der Regierung versprochenen Geldmittel aus, sodass er unverrichteter Dinge wieder nach Irland zurückkehren musste. Dort wurde er 1734 zum Bischof von Cloyne (Südirland) geweiht. Ab 1752 lebte er in Oxford, wo er im Alter von 67 Jahren starb und in der Christ-Church-Kathedrale begraben liegt. Berkeley vermachte seine Bibliothek und Farm in Rhode Island der Universität von Yale. Heute tragen eines der Colleges von Yale und die Stadt Berkeley in Kalifornien seinen Namen.

Berkeley hat mit seinem Idealismus viele Philosophen von Kant bis Fichte und von Schopenhauer bis Nietzsche beeinflusst. Doch im Zeitalter der Zeitökonomie und der Medien hat sein Spruch »Sein ist Wahrgenommenwerden« noch eine ganz neue – unerwartete – Wendung bekommen. Heute geht es besonders in den Medien und der Werbung um die knappe Ressource der Zeit und der Aufmerksamkeit. Die Werbung arbeitet mit allen Mitteln, um die Aufmerksamkeit auf ihre Produkte zu lenken. Wahrgenommen zu werden ist heutzutage bares Geld. Es kommt darauf an, sich optimal präsentieren bzw. platzieren zu können. Dafür werden auch schon einmal fragwürdige Strategien angewandt, zum Beispiel von Anbietern, die mit verbotenen Mitteln versuchen, in den Internet-Suchmaschinen an vorderster Stelle zu erscheinen. Eine Firma, die bei der Eingabe eines entsprechenden Suchbegriffs auf einer hinteren Seite landet, hat dann kaum noch eine Chance, einen Auftrag zu bekommen. Ökonomisch betrachtet ist Berkeleys Satz vom unmittelbaren Zusammenhang zwischen Sein und Wahrgenommenwerden also nicht von der Hand zu weisen. Ein Produkt oder Schauspieler, der nicht wahrgenommen wird, ist quasi inexistent. Und so ließe sich auch für die gesamte Wirklichkeit sagen, dass die Dinge, die wir nicht wahrnehmen – mag es sie nun geben oder nicht –, für uns von keinem unmittelbaren Interesse sind. Zugegeben, das ist eine ziemlich freie Interpretation von Berkeleys Idealismus und vereinfacht seine profunden erkenntnistheoretischen Überlegungen.

Berkeleys Hauptanliegen war es gewesen, dem aufkommenden Materialismus in der Philosophie entgegenzutreten. Hobbes hatte ein materialistisches Weltbild vertreten, wonach der Mensch bloß als ein Spielball seiner Triebe interpretiert wurde. Berkeley hingegen wollte aufzeigen, dass der Mensch sich in jedem Augenblick im Gesichtsfeld Gottes bewege. Ihm ging es mit seiner idealistischen Erkenntnistheorie primär darum, die Moral und die Religion zu fördern. Politisch vertrat er konservative Positionen. Unabhängig davon ist seine Erkenntnistheorie gut durchdacht und kaum zu widerlegen, wie u. a. die folgende Anekdote zeigt: Ein Philosoph soll gegenüber einem indischen Herrscher die Existenz der Materie geleugnet haben, worauf dieser ihm drohte, ihn mit einem Stock verprügeln zu lassen. Doch der Philosoph blieb unberührt und antwortete, dass dadurch nichts bewiesen wäre, weil er sich nur gleich vorstellen werde, geschlagen zu werden.

In seiner lesenswerten Einführung in die Philosophie »Was bedeutet das alles?« argumentiert der serbisch-amerikanische

Philosoph Thomas Nagel, dass man sich nur über das Innere seines eigenen Bewusstseins sicher sein kann: »Was auch immer man glaubt – ob's Sonne, Mond und Sterne, das Haus oder das Viertel betrifft, in dem man wohnt,... es gründet sich auf die eigenen Erlebnisse und Gedanken, Gefühle und Sinneseindrücke.«

22.

»Il faut cultiver notre jardin« –
»Wir müssen unseren Garten bestellen.«

VOLTAIRE, 1694–1778

Voltaires Satz »Il faut cultiver notre jardin« (wir müssen unseren Garten bestellen) stammt aus dem Roman »Candide« (vom französischen »candide«, arglos, ohne Falsch), in dem ein naiver und ehrlicher junger Mann unter den Einfluss des Theologen und Metaphysikers Pangloss gerät. Dieser lehrt, dass die Welt, in der wir leben, die beste ist und dass von einem höheren Standpunkt aus betrachtet alle Übel wie Krankheiten und Kriege gerechtfertigt sind. Candide widerfährt nun auf seiner Odyssee durch die halbe Welt ein Unglück nach dem anderen – z.B. wird er in den Krieg verschleppt, zum Spießrutenlaufen verurteilt usw. –, doch für alles hat Pangloss eine »einleuchtende« Erklärung. Der Roman endet damit, dass sich Candide als Landwirt in der Türkei niederlässt, um sich ganz der Arbeit auf seinem Landgut zu widmen: »Travaillons sans raisonner (...) c'est le seul moyen de rendre la vie supportable.« – »Lasst uns ohne zu räsonieren arbeiten, (...) das ist das einzige Mittel, um das Leben erträglich zu gestalten.« Für Voltaire können die Übel der Welt nicht durch einen Verweis auf einen höheren Willen oder eine höhere Gerechtigkeit erklärt und gerechtfertigt werden. »Candide« ist eine einzige Satire auf Leibniz' These, dass wir in der besten aller möglichen Welten leben. Besonders kritisierte Voltaire die Rechtfertigungsversuche der Kirche bei Naturkatastrophen wie z.B. dem Erdbeben von 1755, bei dem etwa 30000 Menschen in Lissabon starben. Die Kirche sah darin eine gerechte Strafe Gottes für die Sünden der Menschen, eine Haltung, die angesichts des unaussprechlichen Leides der Portugiesen an Zynismus kaum zu überbieten war.

Voltaire wurde 1694 als Sohn des Notars François Arouet in Paris geboren und auf den Namen François Marie getauft. 1704 trat er in ein Jesuitenkloster ein. Als er Spottgedichte über den Herzog Philipp von Orleans, der an Stelle des minderjährigen Königs Ludwig XV. Frankreich regierte, verfasste, wurde er auf der Grundlage der gefürchteten »Lettre de cachet« (geheime, mit einem Siegel versehene Befehle des Königs) für ein Jahr in die Bastille gebracht. Nach seiner Entlassung avancierte er zu einem der reichsten Schriftsteller Frankreichs. Durch Vermittlung der Marquise de Pompadour erhielt er 1745 eine Stelle als Hofhistoriograf bei Ludwig XV. Als Voltaires »Philosophische Briefe« in Paris erschienen, wurde es ihm dort zu gefährlich. Er verließ die französische Hauptstadt und zog zu seiner Geliebten – der Marquise de Châtelet – nach Cirey an der lothringischen Grenze. Nach ihrem Tod folgte Voltaire 1750 der Einladung Friedrichs des Großen, nach Potsdam zu kommen, wo er drei Jahre lang in der Nähe des Preußenkönigs lebte. Anfangs von dessen Gastfreundschaft und Toleranz begeistert, musste er nach einigen Monaten jedoch feststellen, dass er in Machtfragen keinerlei Einfluss auf ihn hatte. Als sein Verhältnis zu Friedrich II. zunehmend unter Spannung geriet, schrieb er ihm: »*Nun will ich mir ein kleines Wörterbuch für Könige anlegen. ›Mein Freund‹ bedeutet ›Mein Sklave‹. ›Mein lieber Freund‹ heißt ›Sie sind mir mehr als gleichgültig‹. Unter der Phrase ›Ich werde sie glücklich machen‹ ist zu verstehen: ›Ich werde Sie bei mir dulden, so lange ich Sie brauchen kann‹. ›Soupieren Sie heute Abend mit mir?‹ bedeutet nur: ›Ich will Sie heut Abend verhöhnen!‹.*« Nach Aufenthalten im Elsass und in der Schweiz ließ sich Voltaire 1760 auf dem repräsentativen Schloss Ferney bei Genf nieder, um sich ganz seiner literarischen Tätigkeit und der Verwaltung seines Anwesens zu widmen. Voltaire starb im Alter von 83 Jahren.

Voltaire war der Meinung, dass die Menschen genug echte Probleme hätten, als dass sie es sich leisten könnten, sich wegen Glaubensfragen gegenseitig das Leben schwer zu machen: »Da ihr schwach seid, helft euch; da ihr unwissend seid, klärt euch auf und habt Nachsicht untereinander.« Unermüdlich setzte er sich für die Justizopfer religiöser Prozesse ein, wie im Fall des Hugenotten Jean Calas, dem von der katholischen Mehrheit in Toulouse zu Unrecht vorgeworfen wurde, seinen eigenen Sohn getötet zu haben. Mittels öffentlichen Drucks erreichte Voltaire die Wiederaufnahme des Verfahrens und den nachträglichen Freispruch des schon Hingerichteten, damit seine Hinterbliebenen wenigstens eine finanzielle Entschädigung erhielten. Nach Voltaire ist es sinnvoller seine Arbeit zu tun, als über den Sinn oder Unsinn von Naturkatastrophen zu spekulieren. Im Laufe seines Lebens hat er mehr als 40 Dramen und Opernlibretti, rund zwei Dutzend Romane und Erzählungen, viele historische Darstellungen und Biografien, schließlich Hunderte von Abhandlungen, Artikeln und Polemiken zu wissenschaftlichen, religiösen und philosophischen Themen verfasst. Sein Einfluss auf den Zeitgeist des 18. Jahrhunderts kann gar nicht hoch genug eingeschätzt werden. Mit fast allen wichtigen Fürstentümern stand er in Kontakt. Seit 1755 arbeitete Voltaire an der von Denis Diderot und Jean le Rond d'Alembert geleiteten »Encyclopédie ou Dictionnnaire raisonné des sciences, des arts et des métiers« mit. Bei diesem Prestigeprojekt der französischen Aufklärung handelte es sich um ein wissenschaftliches Konversationslexikon, in dem das Wissen der damaligen Zeit zusammengefasst werden sollte.

Dass es sich lohnt seinen Garten zu bestellen, das heißt, am Fortschritt der Wissenschaften, der Kultur und der Gesellschaft zu arbeiten, war der Grund für Voltaires Streit mit Jean-Jacques Rousseau. Rousseau vertrat nämlich die These vom »edlen Wilden«, und dass die Zivilisation nicht zum Fortschritt geführt, sondern die Sitten verdorben habe. Neid, Missgunst und Geldgier seien die Insignien der von Voltaire so hoch gelobten Kultur. Zu dieser Zivilisationskritik schrieb ihm Voltaire: »Das Lesen Ihres Buches erweckt in einem das Bedürfnis, auf allen vieren herumzulaufen. Da ich jedoch diese Beschäftigung vor einigen 60 Jahren aufgegeben habe, fühle ich mich unglücklicherweise nicht in der Lage, sie wieder aufzunehmen.« Bei der Reaktion auf das Erdbeben von Lissabon wurden ihre unterschiedlichen Ansichten besonders deutlich. Das Erdbeben ereignete sich im Winter an Allerheiligen, als viele Menschen in der Messe waren oder in ihren Häusern. Für Rousseau war dies ein Beleg für die Nachteile der Zivilisation und die Berechtigung seiner Forderung »Zurück zur Natur!« In einem Brief an Voltaire heißt es: »Sie werden zugestehen, dass es nicht die Natur war, die dort 20000 sechs bis sieben Stock hohe Häuser aufgestellt hat, und dass der Schaden viel geringer gewesen wäre, wenn die Einwohner dieser großen Stadt besser verteilt und in leichteren Häusern gewohnt hätten.« Eine Bemerkung von Voltaire selbst passt vielleicht ganz gut, um den lebenslangen Streit zwischen den beiden wichtigsten Vertretern der französischen Aufklärungsphilosophie zu bewerten: »Ein langer Streit beweist, dass beide Seiten Unrecht haben.«

Voltaires weiterer Satz »Der Aberglaube setzt die ganze Welt in Brand; die Philosophie erstickt die Flammen« hat in der heutigen Zeit, in der sich Menschen immer noch aus Glaubensgründen terrorisieren, nichts an Brisanz verloren. Mit Voltaire lässt sich gegen religiöse Fanatiker jedweder Couleur sagen: »Bald wird er aus Liebe zu Gott zum Mörder werden.« Auf der anderen Seite kann auch ein übertriebener Glaube an die Vernunft zum Fanatismus führen. Auch im Namen der Vernunft wurden Verbrechen begangen, wie die Jakobinerherrschaft während der Französischen Revolution belegt. Es gibt auch einen an Fanatismus grenzenden Glauben an die Segnungen der westlichen Zivilisation und ihren »way of life«! Demgegenüber ist mit Voltaire hervorzuheben, dass jeder an sich selbst arbeiten soll. Goethe hat im zweiten Teil des Faust ganz im Sinne des von ihm verehrten Voltaire gedichtet:

»Das ist der Weisheit letzter Schluss:
Nur der verdient sich Freiheit wie das Leben,
Der täglich sie erobern muss.«

23.

»Der Mensch ist eine Maschine.«

JULIEN OFFRAY DE LA METTRIE, 1709–1751

Der französische Arzt und Philosoph Julien Offray de La Mettrie wurde nur 42 Jahre alt. Er starb an einer getrüffelten Fasanenpastete, die offenkundig verdorben war. Sein Tod wurde von seinen philosophischen Gegnern zur Legendenbildung herangezogen, da La Mettrie ein Vertreter des Materialismus war, und da sei es ihm gerade recht geschehen, an so etwas Profanem wie einer Pastete gestorben zu sein. Die Gerüchte um seinen Tod – vielleicht sei er ja auch vergiftet worden – sind bezeichnend für die vielen Konfusionen und Anfeindungen, denen La Mettrie ausgesetzt war. La Mettrie verstand es, seine Zeitgenossen mit gewagten Thesen zu provozieren. In seiner im holländischen Leiden verfassten Schrift »L'homme machine« (»Der Mensch, eine Maschine«) aus dem Jahr 1747 verglich er den Menschen mit einer Maschine, eine These, die selbst im freiheitlichen Holland als unerhört galt. La Mettrie meinte, dass die seelischen und geistigen Zustände eines Menschen aus den organischen Funktionen seines Körpers erklärt werden könnten, ganz so, wie sich die Funktionen und Leistungen einer Maschine aus dem Material und der Anordnung ihrer Teile herleiten ließen: »Ich täusche mich sicher nicht, der menschliche Körper ist eine Uhr, aber eine erstaunliche …«

La Mettrie wurde 1709 als Sohn eines Textilhändlers in Saint-Malo in Frankreich geboren. 1725 trat er in das von Jesuiten geführte *Collège de Caen* ein. Danach wurde er auf das *Collège de Plessis* geschickt, wo er Philosophie und Theologie studierte. Nachdem er seinen Vater davon überzeugen konnte, dass ein mittelmäßiger Arzt immer noch mehr verdient als ein guter Priester, durfte er in Paris Medizin studieren. 1733 erhielt er den Doktortitel in Reims. Später setzte La Mettrie seine Studien im holländischen Leiden bei Hermann Boerhaave, dem Begründer der klinischen Medizin, fort und arbeitete ab 1735 als Arzt in Saint-Malo und Umgebung. 1742 bedeutete für La Mettrie ein Jahr des Umbruchs. Plötzlich verließ er aus unbekannten Gründen seine Familie und zog nach Paris, um sich dort als Leibarzt in die Dienste eines Offiziers zu begeben. Im Jahre 1746 quittierte er auch diese Stelle und zog nach Holland weiter. 1748 folgte La Mettrie einem Ruf Friedrichs II. nach Berlin, wo er königlicher Arzt und Vorleser des Preußenkönigs wurde. Am 21. November 1751 starb La Mettrie in Berlin an der schon erwähnten Trüffelpastete. Friedrich II. schrieb persönlich die Eloge auf ihn: »All diejenigen, denen die frommen Verwünschungen der Theologen nicht imponieren, beklagen mit La Mettrie den Verlust eines rechtschaffenen Menschen und eines gelehrten Arztes.«

Während seiner Zeit in Preußen veröffentlichte la Mettrie zwei weitere – heute weniger bekannte – Schriften. »L'homme plante«, (»Der Mensch, eine Pflanze«) und »Discours sur le bonheur« (»Abhandlung über das Glück«). In »L'homme plante« führt er das menschliche Leben auf die Fähigkeit zur Sensibilität und Aktivität zurück, Qualitäten, die auch den Pflanzen innewohnten. Im »Discours sur le bonheur« behauptet La Mettrie, dass der Mensch das Glück in sich selbst finden könne. In gewisser Weise sei jeder Mensch eine eigene Welt für sich. Am Beispiel eines Polypen erläuterte er die Regenerationsfähigkeit des Körpers. Zerschneide man die Arme eines Polypen, dann entwickelten sich seine Glieder aufs Neue. Damit betonte La Mettrie schon im 18. Jahrhundert die Kraft der Autopoiese (vom griech. »autos« und »poiein«, Selbstgestaltung), das heißt der Selbstorganisation des Körpers. Seine Philosophie des Glücks basiert auf den Funktionen des Körpers. Er sei der sicherste Begleiter unseres Daseins. »Glücklich also, wer sein Wohlbefinden in seinem Körper findet.« Selbst der tolerante Friedrich II. ließ dieses Buch sofort nach seinem Erscheinen verbieten.

La Mettrie begründete eine Richtung in der Naturwissenschaft, die wir heute unter dem Begriff des Naturalismus kennen. Ein Naturalist geht davon aus, dass geistige Prozesse beim Menschen durch organische Ursachen erklärt werden können. Der Mensch sei wie die anderen Lebewesen auch ein Teil der Natur und müsse als solches ebenso untersucht und erklärt werden. Er sei wie die Tiere abhängig von seinen körperlichen Reaktionen, mit dem einzigen Unterschied, dass sein Nervensystem und sein Gehirn komplexer organisiert seien. Menschen, Pflanzen und Tiere sind nach La Mettrie aus dem gleichen Stoff gemacht, nur dass der Mensch eben sehr viel differenzierter funktioniert. Auch der Geist und das Bewusstsein seien naturwissenschaftlich zu erklären. Das war für die damalige Zeit revolutionär. Durch die moderne Neurobiologie, biologische Psychologie oder Neuroinformatik wird La Mettries Ansatz weitergeführt. Seine Maschinenanalogie – wird sie methodologisch verstanden – hat sich mittlerweile als der Königsweg zur Erforschung von Seele und Geist erwiesen.

In der zweiten Hälfte des 20. Jahrhunderts wurden La Mettries Überlegungen zum Maschinenmenschen vor dem Hintergrund der Entwicklung von Computern erneut aufgegriffen. Vertreter des sogenannten Funktionalismus vertraten die These, dass sich das Verhältnis von Körper und Geist mit dem Verhältnis von Hardware und Software eines Computers vergleichen ließe. Analog dazu, wie sich Programme auf unterschiedlicher Hardware realisieren ließen, sei das Programm des Geistes auf der chemisch-organischen Basis des Gehirns implementiert. Allerdings stößt die Analogie zwischen einer Maschine und dem Menschen auch an ihre Grenzen. Im Unterschied zu Maschinen verfügen Menschen über Subjektivität – subjektive Erlebnisse, Absichten und Gefühle –, von der man bei der Erforschung des Geistes nicht abstrahieren darf. Eine Maschine funktioniert als Produkt eines Input-Output-Mechanismus, während der menschliche Geist vor dem Hintergrund einer persönlichen und soziokulturellen Geschichte verstanden werden muss. Wenn auch die Neuroforscher seit La Mettrie große Fortschritte gemacht haben und mittlerweile durch elektronische Gehirnreizungen bestimmte geistige Vorstellungen erzeugen können, so ist auf eine Grenze von La Mettries Maschinenanalogie aufmerksam zu machen. Maschinen kann man per Knopfdruck manipulieren, doch wie wollte man mittels elektronischer Impulse einem Menschen aus einem anderen Kulturkreis, z.B. einem Eskimo, den Gedanken an ein Glas koreanischen Weins eingeben können?

Stellen wir uns vor, dass es dennoch gelingt, eine »Erlebnismaschine« zu konstruieren, die in uns per Knopfdruck jedes gewünschte Erlebnis – sei es ein Badeurlaub in der Karibik, das Gefühl ein Star zu sein usw. – hervorrufen könnte. Wenn man nun die Wahl hätte, sich an eine solche Maschine für eine längere Zeit – sagen wir für zwei Jahre – anschließen zu lassen, würden wir es tun oder nicht? Für den zeitgenössischen Philosophen Robert Nozick sprechen einige Gründe dagegen. Er meint, dass man als Mensch eine individuelle Persönlichkeit sein wolle, während eine Person, die sich an eine Erlebnismaschine anschlösse, damit ein Niemand sei. Ist sie freundlich, ist sie nett, ist sie intelligent? Wir wissen es nicht, denn sie ist nur ein Produkt der von ihr eingegebenen Illusionen. Der an eine Erlebnismaschine angeschlossene Mensch befindet sich in keinem tieferen Kontakt mit dem Sein und der Wirklichkeit.

24.

»Der Mensch ist frei geboren
und liegt doch überall in Ketten.«

JEAN-JACQUES ROUSSEAU, 1712–1778

Jean-Jacques Rousseau war einer der bedeutendsten Vertreter der Aufklärung und deren schärfster Kritiker zugleich. Der Fortschritt bedeutete für ihn auch einen Verlust an Natürlichkeit und Güte. Der Mensch sei von Natur aus gut, doch die Zivilisation habe seine Sitten verdorben. Ursprünglich habe der Mensch nach seinen ureigenen Bedürfnissen und Instinkten gelebt. Doch in den zivilisierten Gesellschaften dominierten Konventionen, Reflexionen und Verstellungen: »Der Mensch ist frei geboren und liegt doch überall in Ketten«, wie es in seiner Schrift »Vom Gesellschaftsvertrag« aus dem Jahr 1762 heißt. Rousseau kritisierte nicht nur die Privilegien des Adels, sondern die allgemeine Tendenz der westlichen Zivilisation, falsche Bedürfnisse zu wecken. Sein Satz »Zurück zur Natur« hallte wie eine Fanfare durch ganz Europa. In Königsberg hing bei Kant als einziges Gemälde ein Porträt von Rousseau an der Wand. Kant sagte, Rousseau habe ihn von seiner intellektuellen Überheblichkeit geheilt, sein reines Vernunftdenken »zurechtgerückt«.

Das Leben Rousseaus glich einer Odyssee. Geboren wurde er am 28. Juni 1712 in der Genfer Altstadt als Sohn eines Uhrmachers. Seine Mutter starb bei seiner Geburt, was ihm ein Leben lang Schuldgefühle bereiten sollte. Bis zum elften Lebensjahr wurde Rousseau von seinem Vater großgezogen, der ihn in nächtelangen Lektürestunden mit den Werken der Weltliteratur vertraut machte. Die Genfer Uhrmacher waren berühmt für ihr außerordentliches Bildungsinteresse.

Nachdem sein Vater wegen eines Ehrenhandels – es ging um ein Duell mit einem Adligen – Genf verlassen musste, geriet Rousseau unter den Einfluss einer verarmten Aristokratin, Frau von Warens, auf deren Geheiß er nach Turin zog, um sich zum Katholizismus bekehren zu lassen. Als junger Mann war Rousseau ständig zwischen Italien, der Schweiz und Frankreich unterwegs und übte alle möglichen Betätigungen aus: Handwerker, Priesterzögling, Musiklehrer, Kammerdiener, Botschaftssekretär, Erzieher, Dramenverfasser, Opernkomponist. In Paris lernte er seine spätere Ehefrau Thérèse Levasseur kennen. Mit ihr hatte er fünf Kinder, die er jedoch alle in ein Waisenhaus brachte. Ab 1762 sah sich Rousseau aufgrund einiger kirchenkritischer Äußerungen in seinem Erziehungsroman »Émile« immer größeren Anfeindungen ausgesetzt. Er verließ deshalb die immer gefährlicher werdende Umgebung von Paris, um über Stationen in Neuenburg, Basel und Straßburg schließlich als Gast bei dem Philosophen David Hume für einige Zeit in England zu leben. Rousseau, der unter Verfolgungswahn zu leiden begann, zerstritt sich auch mit Hume und kehrte 1767 nach Frankreich zurück. Seine letzten Jahre verbrachte er in Ermenonville im Norden von Paris. Kurz nach dem Abschluss seiner Autobiographie »Les Confessions« (»Geständnisse«) starb er am 2. Juli 1778 vermutlich an den Folgen eines Schlaganfalles. Während der Revolution wurde sein Sarg in das Pariser Panthéon neben die Gebeine von Voltaire überführt.

Prägend für Rousseaus schriftstellerische Laufbahn wurde eine Vision, die ihn an einem Oktobertag des Jahres 1749 überkam. Er wollte gerade seinem inhaftierten Freund Diderot in Vincennes einen Besuch abstatten, als er im »Mercure de France« eine Frage las, die von der Akademie der Wissenschaften und schönen Literatur zum Wettbewerb ausgeschrieben worden war: »Hat der Fortschritt in den Wissenschaften und den Künsten zur Korrumpierung oder zur Verfeinerung der Sitten beigetragen?« Rousseau wurde schlagartig klar, welche Antwort er auf diese Frage geben musste: »Beim Anblick dieses Satzes erlebe ich ein anderes Universum und werde ein anderer Mensch.« Bei Diderot trifft er in großem emotionalem Aufruhr ein. Die Eingebungen auf der Straße nach Vincennes sollten Rousseau zu einem der berühmtesten Denker in ganz Europa werden lassen.

Rousseau beantwortete die Frage der Akademie überraschender Weise so, dass die Zivilisation die Sitten keinesfalls geläutert, sondern verdorben habe. Anstatt dass die sozialen Beziehungen zum gegenseitigen Wohl gereichten, unterdrückten sie die Freiheit und Spontaneität des Einzelnen. Neid, Misstrauen und asoziale Eigenliebe (»amour-propre«) bestimmten das gesellschaftliche Klima, weil keiner es mehr wage, ehrlich seine Meinung zu sagen. Demgegenüber sei der Mensch im Naturzustand – ausgestattet mit einer gesunden Selbstliebe (»amour de soi«) – glücklich und frei gewesen. Der natürliche Mensch lebte gerne allein und habe nur selten die Gesellschaft mit anderen gesucht.

Rousseau selbst vertrieb sich am liebsten die Zeit mit Träumereien, während er auf einem Kahn lag, am Bieler See: »Sitze ich im schattigen Hain, fühle ich mich vergessen, frei und ruhig.« Aus einer solchen Gefühlswelt entstand sein Briefroman »Die neue Héloise« als Vorbild für die Romantik. In seinem Roman erzählt er die Liebesgeschichte eines bürgerlichen Hauslehrers zu dem adligen Hoffräulein Julie, die an den Standesunterschieden scheitert. In seinem bis heute viel gelesenen Erziehungsroman »Émile« spricht Rousseau von der Natur als der wahren Lehrmeisterin des Menschen. Ziel der Erziehung sollte ein Mensch sein, der sich in jeder Situation selbst zu helfen wisse. Als Erster beschreibt Rousseau sehr detailliert die Entwicklungsstadien des Kindes und seine besonderen Bedürfnisse. Zuvor sah man in Kindern kleine Erwachsene, die man schnellstmöglich groß und selbstständig machen wollte. Rousseau hingegen forderte, die individuellen Entwicklungsstadien der Kinder zu beachten. Der Erzieher solle sich weitestgehend zurückhalten und das Kind selbst lernen und die Welt entdecken lassen.

Bei Rousseau erstaunt die Aktualität seiner Philosophie. Fast alle seine Fragestellungen – seien es seine politischen, erzieherischen oder existenziellen – werden heute noch kontrovers diskutiert. Rousseaus Leitsatz »Der Mensch ist frei geboren und liegt doch überall in Ketten« ist nach wie vor aktuell. Überall werden wir konfrontiert mit Erwartungen, Normen und Anpassungszwängen. Manche zivilisationsmüden Europäer wandern in ferne Länder aus, weil sie glauben, dort freier leben zu können. Nicht nur der aufgeblähte Staatsapparat engt die Gestaltungsmöglichkeiten der Menschen durch einen undurchdringlichen Paragraphen- und Gesetzesdschungel ein, auch die Menschen selbst verstärken in ihrer »amour propre« die Tendenz, sich ständig untereinander zu vergleichen. Wie Rousseau bereits für seine Zeit konstatierte, ruht der moderne Mensch nicht mehr in sich selbst, definiert sich nicht mehr aus sich selbst heraus, sondern strebt danach, sich durch Leistung und Status vom anderen zu unterscheiden. Der Mitmensch ist zum Konkurrenten geworden, es herrschen Missgunst und Rivalität untereinander. In »Diskurs über die Ungleichheit« führt Rousseau aus: »Der wilde Mensch lebt aus sich selbst; der gesellige hingegen lebt immer außerhalb seines Selbst, kennt kein anderes Leben als das in der Meinung anderer, und nur aus ihrem Urteil gewinnt er das Gefühl der eigenen Existenz.«

Heutige Pädagogen diskutieren Fragen wie »Wie früh soll der Computer im Unterricht eingesetzt werden?« oder »Sollen schon für Dreijährige Lehrpläne im Kindergarten entwickelt werden?« Diese aktive Wissensvermittlung ist nicht im Sinne Rousseaus »negativer Erziehung«, wonach es unzulässig ist, in die Erfahrungswelt des Kindes zu zielorientiert einzugreifen. Nach Rousseau hat jedes Alter ein Recht auf die ihm angemessene Erziehung. Kinder dürfen nicht an dem gemessen werden, was sie später einmal sein sollen. Ganz gegen den Mainstream gegenwärtiger Pädagogik, in der die Lernleistungen des Gehirns durch gezielte Programme und Übungen fortwährend gesteigert werden sollen, empfahl Rousseau, nicht einseitig die kognitiven Fähigkeiten des Kindes zu fördern, sondern dem Kind praktische und spielerische Betätigungen zu ermöglichen. Rousseau meinte, dass aus der Erfahrung mit der Natur und der körperlichen Bewegung in Spiel, Nachahmung und Tanz die geistige Entwicklung und Geschicklichkeit gefördert wird. Im Leben komme es weniger auf Erkenntnisse als auf Tugenden und gute Charaktereigenschaften an. Man dürfe die Kinder nicht zu früh mit zu viel Wissen belasten. »Émile« wächst in natürlicher Umgebung auf, sein Erzieher wirkt nur indirekt auf ihn ein, indem er bestimmte Situationen arrangiert, die für das Kind lehrreich sind.

25.

Aufklärung ist der Ausgang des Menschen aus seiner selbst verschuldeten Unmündigkeit.

IMMANUEL KANT, 1724–1804

Das Zeitalter der Aufklärung wurde primär von englischen und französischen Denkern bestimmt, und doch stammt die berühmteste Definition aus der Feder von Immanuel Kant: »Aufklärung ist der Ausgang des Menschen aus seiner selbst verschuldeten Unmündigkeit.« Unter »Unmündigkeit« verstand Kant das »Unvermögen, sich seines Verstandes ohne die Leitung eines anderen zu bedienen«. In seinem Aufsatz »Was ist Aufklärung?«, den er als Antwort auf die entsprechende Frage des Berliner Pfarrers Johann Friedrich Zöllner schrieb, führt Kant aus, dass man Menschen durchaus zutrauen muss, sich ihres eigenen Verstandes zu bedienen. Zöllner hatte in einem Beitrag in der »Berliner Monatsschrift« gegen die Zivilehe polemisiert und im Interesse des Staates für die kirchliche Eheschließung plädiert. In diesem Zusammenhang beklagte er die Verwirrung, die »unter dem Namen der Aufklärung« in den Köpfen und Herzen der Menschen angerichtet werde. In einer Fußnote fügte er hinzu, dass er noch nirgendwo eine brauchbare Definition des Begriffes »Aufklärung« gefunden habe. Um dem abzuhelfen, verfasste Kant seinen Aufsatz: »Beantwortung der Frage: Was ist Aufklärung?«, der in der Dezemberausgabe der Monatsschrift im Jahre 1783 erschien.

Kant definiert die Aufklärung nicht als Gegensatz zum Aberglauben, sondern fasst sie als Gegenpol zur Bevormundung, genauer noch als Antithese zur selbst verschuldeten Unmündigkeit auf. Die meisten Menschen hätten Angst davor, sich auf ihren eigenen Verstand zu berufen, und folgten eher den Urteilen von anderen oder unreflektiert der Tradition. Für Kant lautet deshalb der Wahlspruch der Aufklärung »Sapere aude!«, was so viel bedeutet wie »Wage zu wissen!« Warum, so fragt Kant, blieben so viele Menschen – obwohl sie längst für sich selbst denken könnten – unmündig und in Abhängigkeit von Autoritäten? Der Grund: Sie seien zu faul und zu träge! Es sei unbequem, das »verdrießliche Geschäft« des eigenständigen Denkens auf sich zu nehmen, weshalb sich viele Menschen anderen Instanzen anvertrauten. Kant hatte nichts dagegen, wenn man sich von einem Arzt, einem Seelsorger oder Experten einen Rat einholte. Was ihm Sorgen bereitete, war die Naivität, mit der viele Menschen andern vertrauen.

Kant wurde 1724 in Königsberg als Sohn einer einfachen Handwerksfamilie schottischer Herkunft geboren. Sein Vater war Sattler, seine Mutter eine sehr fromme Frau, die ihn im Geiste des Pietismus erzog. Der Pietismus ist eine aus dem Protestantismus hervorgegangene Geisteshaltung, die das Hauptgewicht auf die innere Frömmigkeit legt. Vielleicht ist es dieser Erziehung zu verdanken, dass für Kant eine feste innere Grundhaltung – der gute Wille – noch wichtiger ist als alle Vernunft. Maßstab des Handelns war für Kant stets der ethische und selbstverantwortliche Mensch. Mit 16 Jahren immatrikulierte sich Kant an der Universität in Königsberg, um Philosophie, Mathematik, Naturwissenschaften und Theologie zu studieren. Nach Jahren als Hauslehrer und Privatdozent wurde er im Jahr 1770 Professor für Metaphysik und Logik. In seiner Hauptschrift »Kritik der reinen Vernunft« (1781) widersprach Kant empiristischen Erkenntnistheorien, indem er darlegte, dass das Bild, das wir uns von der Realität machen, auf spezifischen Voraussetzungen unseres Geistes beruht. 1797 zog er sich aus seiner Professorentätigkeit zurück und starb im Februar 1804.

Kant vergleicht unaufgeklärte Menschen drastisch mit »Hausvieh«, das dumm gemacht worden sei, indem es sich von »Vormündern« in einen »Gängelwagen« – ein Korbgestell auf Rädern, mit dem Kinder das Laufen lernten – einspannen ließ. Um sich ihre »Schutzbefohlenen« weiterhin gefügig zu machen, zeigten die Vormünder stets die Gefahren auf, falls sie sich unabhängig von ihnen machen würden. Kant bestritt nicht, dass sich im Einzelfall Menschen selbstständig aus der Unmündigkeit herausarbeiten könnten. Doch den meisten falle das sehr schwer, weil sie zwischenzeitig die Abhängigkeit »lieb gewonnen« hätten. Wer sich unter solchen Voraussetzungen zu eilig von den Fesseln der Tradition befreie, laufe Gefahr, den Boden unter den Füßen zu verlieren und orientierungslos zu werden. Deshalb sei es nur sehr wenigen Personen gelungen, sich ohne Gleichgesinnte aus der Unmündigkeit emporzuarbeiten. Als ein Beispiel dafür hatte Kant vermutlich an Jean-Jacques Rousseau gedacht, dessen Porträt als einziges Bild sein Haus zierte.

Etwas anderes sei es, wenn sich ein größeres »Publikum«, also eine bürgerliche Öffentlichkeit, auf den Weg der Aufklärung begebe. Wenn der Staat nämlich einen öffentlichen Gedankenaustausch in einer Zivilgesellschaft zuließe, bliebe die Aufklärung fast unausweichlich. Denn unter der Vielzahl der unmündigen Bürger fänden sich immer auch ein paar »Selbstdenkende«, die wichtige Anstöße vermitteln könnten. Der Austausch der Meinungen könne zu einer allgemeinen Aufklärung des Publikums führen. Heute würden wir zusammenfassend vielleicht sagen, dass es Kant bei der Aufklärung um die Zivilcourage ging, seine Meinung in Diskussionen auch einzubringen. Gewalttätige Revolutionen lehnte er mit dem Argument ab, dass sie keine »wahre Reform der Denkungsart« ermöglichten, sondern nur neue Vorurteile schürten. Unter Mündigkeit verstand Kant Autonomie und Eigenständigkeit, sich selbst Ziele zu setzen und zwischen Möglichkeiten wählen zu können. Gerade vor dem Hintergrund des Wissensfortschritts hat Kant auf die größere Verantwortung des Menschen und die Bedeutung der Ethik hingewiesen. Denn nun erst entstehe die wichtige Frage, ob überhaupt oder wie wir all das technische Wissen zum Beispiel über Genmanipulationen, Organtransplantationen, Klontechniken usf. anwenden wollen.

Noch etwas anderes schwingt in Kants Begriff der Mündigkeit bzw. Autonomie (vom griechischen »auto«, selbst und »nomos«, Gesetz) mit: sich nämlich im Zweifelsfall auch gegen die eigenen Interessen und Neigungen und für das moralische Gesetz entscheiden zu können. Es gibt Situationen, in denen man sich zwischen einem persönlichen Vorteil und der inneren Stimme des Gewissens entscheiden muss. Hier den moralisch richtigen Weg zu wählen, obwohl man sich durch kleinere und größere »Unsauberkeiten« Vorteile verschaffen könnte, fällt nicht immer leicht. Kant nennt das Beispiel, wonach sich jemand Geld leiht, obwohl er schon im voraus weiß, dass er es nicht zurückzahlen kann. Kant glaubte, dass es in jedem Menschen eine Instanz – das Gewissen – gibt, die ihm sagt, was moralisch richtig und was falsch ist. Zusammengefasst gibt es also zwei Möglichkeiten, wie sich der Mensch unmündig verhalten kann: einmal sich Führern, Idolen oder anderen Instanzen unkritisch anzudienen und zum anderen seinen persönlichen Vorteil über die Moral zu stellen.

Unter aufgeklärtem Verhalten verstand Kant einen achtungsvollen Umgang mit anderen Menschen, die wir niemals nur als Mittel für unsere Zwecke, sondern immer mit Würde und Respekt behandeln sollten. Trotz aller Rollen, in denen wir agieren – als Lehrer gegenüber Schülern, als Käufer gegenüber Verkäufern, als Politiker gegenüber Bürgern – sei es wichtig, dass wir uns stets als Menschen begegneten. Jeder Mensch verdient allein schon deshalb Achtung, weil er seinen eigenen Wert in sich selbst hat. Der Mensch ist für Kant Zweck an sich, was so viel heißt wie: Er besitzt einen Eigenwert, eine innere Würde, die ihm niemand nehmen kann. Dies ist Kants wichtigster Aspekt einer aufgeklärten Denkhaltung, ausgedrückt in seinen Worten: »Handle so, dass du die Menschheit sowohl in deiner Person, als in der Person eines jeden andern, jederzeit zugleich als Zweck, niemals bloß als Mittel brauchest.«

Kants Maxime, seinen eigenen Verstand zu benutzen, ist von ungeminderter Bedeutung. Obwohl wir in einem freien Staat leben, herrscht dennoch unter der Oberfläche des Rechtsstaates in den Institutionen und in der Politik Anpassungszwang. Hier mit Zivilcourage zu agieren und seine Meinung offen zu sagen, ist und bleibt ein mutiges Unterfangen. Kritik zu üben nach dem Wahlspruch »Ich bin derjenige, der dieses und jenes denkt, auch wenn ich dadurch Nachteile riskiere«, kann auch unter den Bedingungen der Demokratie und des Rechtsstaats kaum als Selbstverständlichkeit angesehen werden. Die Tugend, selbst zu denken, darf jedoch nicht mit Willkür und Eigensinn verwechselt werden. Mündigkeit und Aufgeklärtheit bemessen sich daran, wie weit man bereit ist, andere Meinungen und Positionen zu respektieren. Auch heute nutzen z.B. Sektenführer und Scharlatane jedweder Couleur die Leichtgläubigkeit von schwachen Menschen aus. Kants Maxime »Wage zu wissen!« hat in heutiger scheinbar aufgeklärter Zeit durchaus Berechtigung oder ist vielleicht sogar aktueller denn je!

26.

»Nichts Großes in der Welt geschieht ohne Leidenschaft.«

GEORG WILHELM FRIEDRICH HEGEL, 1770–1831

Als wichtigster Vertreter der Philosophie des Deutschen Idealismus hob Georg Wilhelm Friedrich Hegel die große Bedeutung der Vernunft für die Menschheit hervor. Die Vernunft sei nicht irgendeine Fähigkeit, die einem einzelnen Menschen zukomme, sondern sei als allgemeines Weltprinzip die Summe aller Realität. Die Wirklichkeit sei voller Vernunft und lasse sich als vernünftig erklären. Hegels Betonung der Vernunft schließt die Leidenschaft nicht aus. Im Gegenteil: Ohne Leidenschaft sei nichts Großes in der Welt zu erreichen, wie es in Hegels »Vorlesungen über die Philosophie der Geschichte« heißt. Bei einem Projekt komme nur dann etwas Gutes heraus, wenn man sich voll dafür einsetze. Für die moderne Zeit befürchtete Hegel, dass sich niemand mehr so richtig für etwas begeistern könne. Höhere Ziele und Ideale seien in Misskredit geraten, was allein noch zähle, sei das Einzelinteresse. In der Kunst, der Religion und der Philosophie sah Hegel jedoch Verbündete im Kampf gegen eine leidenschaftslose, nur noch am Gelderwerb interessierte Welt.

Hegel nahm für die Weltgeschichte an, dass sich letztlich der Fortschritt durchsetzen werde. Hinter allen historischen Kämpfen und Konflikten sah er eine geheime »List der Vernunft« am Werk, die dafür sorge, dass sich die politischen Kämpfe für die Menschheit insgesamt positiv auswirkten. Während einzelne Herrscher und Machthaber glaubten, ihren eigenen Interessen zu folgen, stünden sie in Wirklichkeit nur als Werkzeuge im Dienst einer höheren Vernunft. Alexander der Große, Cäsar, Napoleon seien »welthistorische Individuen« gewesen, die zwar alle ihren persönlichen Interessen und Leidenschaften gefolgt seien, darüber hinaus aber einem ihnen unbekannten Ziel der Geschichte gedient hätten. So habe z. B. Cäsar Gallien vielleicht nur deswegen erobert, um reich und mächtig zu werden. Doch darüber hinaus schuf er damit das römische Weltreich als eine höhere Stufe der Menschheitsentwicklung. Auch Napoleon habe vielleicht persönlich nur Karriere machen und seine Ruhmsucht befriedigen wollen. Weltgeschichtlich betrachtet habe er jedoch dazu beigetragen, dass die Ideen der Französischen Revolution in ganz Europa verbreitet wurden.

Hegel war der Sohn eines Stuttgarter Beamten und trat 1788 ins Tübinger Stift ein, an dem er Philosophie und Theologie studierte. Gemeinsam mit seinen Zimmergenossen Hölderlin und Schelling war er ein begeisterter Anhänger der Französischen Revolution. Nach seinem Studium wurde Hegel nicht Pfarrer, sondern arbeitete zunächst als Hauslehrer in Bern und Frankfurt am Main, bis er eine Dozentur an der Universität von Jena bekam. Dort wurde er 1805 zum außerordentlichen Professor ernannt. Im Jahre 1806 schloss Hegel sein frühes Hauptwerk »Phänomenologie des Geistes« ab, in dem er die – mitunter schmerzhafte – Entwicklung des Geistes durch viele Stufen der Erfahrung nachzeichnete. Als Napoleon Jena besetzte, zog Hegel nach Bamberg weiter, wo er zunächst als Journalist arbeitete. Als Schulleiter in Nürnberg lernte er seine Frau, die Senatorentochter Marie von Tucher kennen. 1816 wurde Hegel Philosophieprofessor in Heidelberg und wechselte im Jahre 1818 an die Berliner Humboldt-Universität, deren Direktor er im Jahre 1828 wurde. 1831 starb Hegel überraschend nach nur einem Tag Krankheit an der Cholera.

Hegel betont, dass die Wahrheit oder die Weisheit nicht ohne Leiden bzw. Leidenschaften zu haben sind: »pathein/mathein« (»leiden und lernen«), wie der alte Sinnspruch heißt. Unsere mitunter harten Erfahrungen haben uns nach Hegel reifer, bewusster und vernünftiger gemacht. Wir verstehen ein Gedicht, eine Musik, einen Gedanken im Laufe unseres Lebens immer besser. Und so sei es auch mit der Menschheitsgeschichte insgesamt. Keine Stufe in ihrer Entwicklung hätte übersprungen werden können. Mit diesen Gedanken einer notwendig organischen Entwicklung der Menschheit zu mehr Freiheit und Vernunft kritisierte Hegel einige Ansichten der Aufklärungsphilosophie, wonach gegenüber der aktuellen Wissenschaft der alte Glaube einfach nur ein Irrtum war. So einfach könne man es sich mit dem Wissen der Generationen jedoch nicht machen. Das Ringen der Früheren war nicht vergeblich, sondern hatte seinen Sinn. Ohne ihren Beitrag, so Hegel, stünden wir nicht an der Stelle, an der wir jetzt sind. Dass unser gegenwärtiges Wissen letztlich höherwertig sei als das der Alten, stand für Hegel jedoch außer Frage. Und auch die Philosophie ist seiner Meinung nach eine einzige Erfolgsstory immer besserer sich folgender Systeme.

Im Gegensatz zu Kant, für den die Moral und die Natur das Wichtigste waren, interessierte sich Hegel mehr für die Geschichte und die Kulturentwicklung. Wie kein anderer Philosoph hat Hegel die Macht der Vernunft und des Freiheitsgedankens beschworen. Der wichtigste Gedanke der Philosophie sei der Gedanke, dass es in der Welt insgesamt vernünftig zugehe. Dabei wollte Hegel keinesfalls die Augen vor den gesellschaftlichen Widersprüchen der aufkommenden Industriegesellschaft verschließen, weshalb seine Philosophie als eine dialektische bezeichnet wird. Charakteristisch für die Moderne sei – so Hegels Formulierung – die Entzweiung zwischen der Poesie des Herzens und der Prosa der Verhältnisse. Wir begrüßen zwar den Fortschritt in den Wissenschaften und in der Technik, die Arbeitsteilung und die Marktwirtschaft, den Rechtsstaat und die Demokratie. Doch so richtig leidenschaftlich dafür einsetzen will sich auch niemand. In der Arbeitswelt herrscht Zerstückelung und Leistungsdruck, sodass unsere Individualität kaum noch zur Geltung kommt. In dem Briefroman »Hyperion« hat Hegels Jugendfreund Friedrich Hölderlin diese Entfremdung kritisiert: »Handwerker siehst du, aber keine Menschen. (...) Ein jeder treibe das Seine« und sei »fühllos (...) für alles schöne Leben.« Hegel wollte jedoch die Moderne nicht nur kritisieren, sondern entsprechend seinem dialektischen Ansatz auch ihre Vorteile und Potenziale aufzeigen. In keiner Epoche sei der Mensch freier gewesen. Von den Entwicklungen in den Wissenschaften und der Philosophie erhoffte sich Hegel längerfristig eine bessere Welt.

Für Hegel ist die Weltgeschichte eine Art Odyssee der Freiheit. In den frühen Kulturen – zum Beispiel im Vorderen Orient – sei den Menschen lediglich zu Bewusstsein gekommen, dass einer, nämlich der Despot, frei sei. In der griechischen und römischen Antike habe es dann immerhin das Bewusstsein gegeben, dass einige – die Vollbürger – frei seien, während erst das moderne Europa Wissen darüber erlangt habe, dass alle Menschen frei geboren sind. Mit dieser letztgenannten Erkenntnis sei überhaupt das vorläufige Ende der Geschichte erreicht, weil sich diese Einsicht im Staatsaufbau (Familie, bürgerliche Gesellschaft, Staat), den Grundrechten (Meinungsfreiheit, Eigentum) und damit den Prinzipien des modernen Rechtsstaates niedergeschlagen hätte. Die Menschheit habe zukünftig lediglich die Aufgabe, diese Prinzipien mit Leben zu erfüllen. Für Hegel war es offensichtlich, dass es den Fortschritt gibt. Uns geht es heute besser als den Menschen in früheren Epochen, kaum einer möchte zurück in die alte Zeit. Mehr noch, der Fortschritt in der Geschichte sei sogar unumkehrbar. Für Hegel waren die Ideale der Französischen Revolution »Freiheit, Gleichheit und Brüderlichkeit« unüberbietbare Prinzipien der politischen Philosophie, die irgendwann einmal die Grundlagen für alle Völker der Welt abgeben würden.

Hegels Glaube an die Vernunft hat nichts mit Romantik zu tun. Im Gegenteil kritisiert er die Fantasien der »schönen Seele«, wie er ein Bewusstsein nennt, das sich von der Wirklichkeit abhebt und sich fortwährend über die Schlechtigkeit der Welt beklagt. Auch heute gibt es viele Leute, die sich darin gefallen, sich im Weltschmerz zu üben. Dazu meinte Hegel: »Dies subjektive Tadeln (...) ist leicht und kann, indem es (…) sich den Schein des guten Herzens gibt, gewaltig groß tun und sich aufspreizen.« Anstatt sich über den Lauf der Dinge zu beklagen, fordert Hegel dazu auf, sich mit der Welt auseinanderzusetzen. Die Welt kann gar nicht so schlecht sein, wie sie von manchen gemacht wird. Hegels berühmte Formulierung »Das Wahre ist das Ganze!« besagt, dass jede Wirklichkeit immer auch den Keim zum Guten in sich trägt. Bei genauerem Hinsehen lassen sich überall auch positive Seiten an einer Sache oder bei Problemen erkennen. Es kommt für den Menschen darauf an, die vorwärtsweisenden Ansätze zu erkennen und sich mit Leidenschaft dafür einzusetzen. In jeder schmerzlichen Erfahrung steckt auch der Stachel, sich selbst und die Dinge verbessern zu wollen. Als Philosoph der Erfahrung hat Hegel erkannt, wie wichtig die lebendige Auseinandersetzung mit der Wirklichkeit gerade auch beim Erkennen ist. Die Wahrheit erschließt sich uns nicht im Lehnstuhl – in der teilnahmslosen Betrachtung –, sondern wir müssen schon in eine Sache involviert sein, um etwas wirklich zu verstehen oder andere von etwas überzeugen zu wollen.

27.

»Die Philosophen haben die Welt nur verschieden interpretiert, es kömmt drauf an, sie zu verändern.«

KARL MARX, 1818–1883

Mit seiner berühmten elften Feuerbachthese »Die Philosophen haben die Welt nur verschieden interpretiert, es kömmt drauf an, sie zu verändern!«, wollte Marx darauf aufmerksam machen, dass es der Philosophie an Radikalität in der Ursachenforschung und in der Umsetzung im Praktischen mangele. Zwar hätte sie einzelne Aspekte an falschen Theorien, Lebenseinstellungen und Weltanschauungen kritisiert oder korrigiert, doch zu den eigentlichen Ursachen verfehlter Denkweisen sei sie nicht vorgedrungen. Marx war der Auffassung, dass es einen engen Zusammenhang zwischen materieller Not und der Hoffnung auf ein besseres Leben im Jenseits gäbe. »Religion ist das Opium des Volkes!«, wie seine berühmte Formulierung heißt. Erst wenn man ihre tatsächlichen materiellen Lebensverhältnisse verbessere, könnten sich die Menschen von der Illusion jenseitiger Paradiese lösen. Marx' Zeitgenosse Heinrich Heine hat diesen Gedanken in seinem Werk »Deutschland, ein Wintermärchen« einprägsam auf den Punkt gebracht:

»Ein neues Lied, ein besseres Lied
O Freunde, will ich euch dichten!
Wir wollen hier auf Erden schon
das Himmelreich errichten ...«

Geboren wurde Karl Marx im Jahre 1818 in Trier. Nach zwei Semestern in Bonn wechselte er 1836 nach Berlin, um dort Philosophie zu studieren. Als er nach seinem Studium kritische Artikel schrieb, musste er nach Frankreich emigrieren. Im Pariser Exil lernte er seinen Freund und Gönner, den Fabrikantensohn Friedrich Engels, kennen. Beide fühlten sich sofort seelenverwandt und einig in der Kritik an den unmenschlichen Verhältnissen zur Zeit des Frühkapitalismus. 1845 siedelte Marx aufgrund einer Intervention der preußischen Regierung von Frankreich nach Belgien über, wo er die internationale kommunistische Bewegung zu organisieren begann. 1849 zog er mit seiner Familie nach London weiter. Schwer belastet von Geldsorgen und der wissenschaftlichen Arbeit an seinem Hauptwerk »Das Kapital«, starb Marx im Jahre 1883 in London.

Marx wollte, wie es im »Kommunistischen Manifest« heißt, »alle Verhältnisse umwerfen, in denen der Mensch ein erniedrigtes, ein geknechtetes, ein verlassenes, ein verächtliches Wesen ist«. Er wurde nicht müde zu betonen, dass seine Vision einer gerechteren Welt nicht utopisch, sondern »wissenschaftlich-historisch« sei, das heißt, nicht fromme Wünsche, sondern objektive Gesetze der Geschichte würden zum Kommunismus führen. Dabei spielte nach Marx die gesellschaftliche Entwicklung des Kapitalismus eine besonders wichtige Rolle. Wie kaum ein anderer Denker seiner Zeit hatte er erfasst, welche große Dynamik die Französische Revolution, die Industrialisierung und die Entwicklung der Wissenschaften entfacht hatten. Der Kapitalismus habe »alle feudalen, patriarchalischen, idyllischen Verhältnisse zerstört.« Seine Entwicklung führe dazu, dass alles »Ständische und Stehende verdampft. Alle festen eingerosteten Verhältnisse (...) werden aufgelöst«. Im »Kommunistischen Manifest«, das eine internationale Plattform für die im 19. Jahrhundert entstehenden Arbeiterparteien abgeben sollte, hatten Marx und Engels sogar schon die Globalisierung vorausgesehen. Doch trotz seiner Prosperität werde auch der Kapitalismus dereinst an seinen eigenen Widersprüchen zugrunde gehen.

Wie Darwin die biologischen, so glaubte Marx, die historischen Entwicklungsgesetze der Gesellschaft entdeckt zu haben. In seiner Geschichtsphilosophie des historischen Materialismus begriff er die Menschheitsgeschichte als gesetzmäßigen Prozess, in dem die ökonomischen Faktoren die treibenden Kräfte seien. Marx behauptete, dass die sozialen, politischen und rechtlichen Vorstellungen in einer Gesellschaft von ihrer materiellen Basis, das heißt ihren ökonomischen Bedingungen abhängig seien: »Nicht das Bewusstsein bestimmt das Leben, sondern das Leben bestimmt das Bewusstsein.« Was treibt die Geschichte an? Nach Marx ist es der technische Fortschritt, der die Gesellschaft derart verändere, dass politische Revolutionen unumgänglich würden. Die Dampfmaschine sprenge die Fesseln der alten Grafschaften und Fürstentümer, während die Lokomotive dem dörflichen Leben ein Ende bereite. Dereinst werde die technische Entwicklung so weit fortgeschritten sein, dass das Proletariat die wenigen Kapitalisten enteignen und eine klassenlose Gesellschaft verwirklichen könnte.

Während in der Übergangszeit des Sozialismus die Menschen noch nach dem Prinzip »Jedem nach seinen Fähigkeiten« bezahlt werden müssten, könne man im Kommunismus zum Prinzip »Jedem nach seinen Bedürfnissen« übergehen. Den Kommunismus stellte sich Marx als Überflussgesellschaft vor, in der die »Springquellen des Reichtums« aufgrund technischer Errungenschaften nur so fließen würden. Selbst das Geld könne dann abgeschafft werden, weil sich die Menschen die im Übermaß vorhandenen Produkte in den gefüllten Magazinen abholen könnten. Auf die Frage, warum man dann überhaupt noch arbeiten sollte, entgegnete Marx, dass sich auch das Bewusstsein der Menschen verändert haben würde und sie sich über die Arbeit selbst verwirklichen könnten. Marx' Zukunftsvision klingt wie eine Utopie! Dass sie ganz so unrealistisch nicht ist, zeigt die Entwicklung in den letzten Jahrzehnten. Manche Waren wie Armbanduhren oder Flugreisen sind heute wesentlich billiger geworden. Und auch in Bezug auf die Arbeit zeigt es sich, dass sie für viele Menschen nicht nur aus materiellen Gründen, sondern auch für ein stärkeres Selbstwertgefühl wichtig ist.

Schon bald zeigte es sich, dass die Prognosen von Marx – z. B. dass die Arbeiterschaft verelenden und der Kapitalismus an seinen eigenen Widersprüchen zugrunde gehen würde – nicht eintrafen. Weil sie sich in der Demokratie höhere Löhne und soziale Leistungen erkämpften, entstand eine sogenannte »Arbeiteraristokratie«. Dies wiederum hatte zur Folge, dass immer mehr Arbeiter spürten, dass sie bei einer Revolution weit mehr zu verlieren hätten als bloß ihre Ketten, wie Marx und Engels am Schluss des »Kommunistischen Manifests« behaupteten. Bis heute ist der Kapitalismus ein offenes, risikofreudiges und vitales System. Selbst wenn aus seinem »Schoß« dereinst die kommunistische Gesellschaft hervorginge, erscheint es mehr als fraglich, dass die Welt dann wirklich besser würde. Rangeleien um Posten, Kämpfe um Macht und Anerkennung würde es vermutlich auch in einer Gesellschaft geben, in der die Produktionsmittel in den Händen des Staates oder von Genossenschaften sind. Außerdem wäre eine Welt, in der Milch und Honig fließen und alle Menschen immer zufrieden sind, womöglich vor lauter Langeweile kaum zu ertragen. Marx unterschätzte den Drang unter Menschen sich gegenseitig messen zu wollen, ebenso die Befriedigung, wenn man Ziele gegen starke Hindernisse erreicht. Marx selbst ging gerne ruppig mit seinen Kritikern und philosophischen Gegnern um. Wer heute in den blauen Bänden der Marx/Engels-Werke liest, kann sich des Eindrucks nicht erwehren, dass er alles andere als ein Friedensapostel war.

Rund anderthalb Jahrhunderte nach Marx wissen wir, dass der Marxismus entgegen seiner Religionskritik selbst starke Züge einer Eschatologie, also einer messianischen Heilslehre, trägt. In Ländern wie Russland und China, in denen der Kommunismus eingeführt wurde, kam es nicht zu einem Untergang der Religion. Zudem nahm der Marxismus selbst die Züge einer Ersatzreligion an. Stalin und Mao ließen sich wie Heilige verehren und Abweichler wurden wie im Mittelalter als Ketzer bestraft. Und dennoch enthält Marx' These, dass das Sein das Bewusstsein bestimmt, einen richtigen Kern. Gesellschaftliche Probleme wie Drogenkonsum, Jugendgewalt, Ausländerfeindlichkeit usw. lassen sich nicht lösen, ohne zu den Ursachen solcher Entfremdungsphänomene vorzudringen. Ideologien wie zum Beispiel der fundamentalistische Islamismus appellieren an die Gefühle von Menschen, die sich ausgebeutet bzw. nicht genügend beachtet fühlen. Es genügt nicht, den Hetzrednern und Manipulatoren die Widersprüche und Unwahrheiten ihrer Gedanken und Reden nachzuweisen, sondern man muss auch an den materiellen Wurzeln ansetzen, die ihnen weltweit die Anhänger in die Arme treiben.

28.

»Es ist besser, ein unzufriedener Mensch zu sein als ein zufriedengestelltes Schwein.«

JOHN STUART MILL, 1806–1873

Mit seinem stets Erheiterung auslösenden Satz »Es ist besser, ein unzufriedener Mensch zu sein als ein zufriedengestelltes Schwein« wollte John Stuart Mill auf einige Probleme der ethischen Theorie des englischen Utilitarismus (vom lateinischen »utilitas«, Nützlichkeit) aufmerksam machen, die Jeremy Bentham entwickelt hatte. Gemäß utilitaristischer Lehre sind all jene Handlungen ethisch wertvoll, die den Menschen mehr Glück und Nutzen bringen, und all jene verwerflich, die ihnen zum Schaden gereichen. »Handle so, dass das Wohlergehen aller von der Handlung Betroffenen so viel wie möglich gesteigert wird« lautet der Leitgedanke des Utilitarismus. Im Unterschied zu Epikurs Ethik der Lust ist der Utilitarismus nicht auf das einzelne Individuum bezogen, sondern ein Sozialhedonismus, es geht also nicht nur um das persönliche Glück eines Einzelnen, sondern um das größtmögliche Glück der größtmöglichen Anzahl von Personen (englisch: »Greatest happiness of the greatest number«). Mill, der selbst ein Vertreter des Utilitarismus war, kritisierte an Bentham, dass er die Frage, um welche Art von Freude es sich im Utilitarismus handelt, nicht beantwortete. Denn es kann nicht das Ziel der Gesellschaft sein, die niederen Instinkte einer großen Menge – zum Beispiel hemmungslose Trinkgelage – zu befriedigen. Deshalb erweiterte John Stuart Mill Benthams Utilitarismus um qualitative Aspekte.

Mill schlägt vor, bei der Kategorisierung des Glücks zwischen höheren geistigen und niederen sinnlichen Arten von Freuden zu unterscheiden. Über die Glücksbilanz in einer Gesellschaft könnten eigentlich nur höher begabte Menschen entscheiden, da nur letztere mehrere Qualitäten des Glücks – die sinnlichen und die intellektuellen – beurteilen könnten. Zwar seien Höherbegabte psychisch gefährdeter als die anderen Menschen, trotzdem würden sie niemals mit einem weniger intelligenten Wesen tauschen wollen: »Ein höher begabtes Wesen verlangt mehr zu seinem Glück, ist wohl auch größeren Leidens fähig und ihm sicherlich in höherem Maße ausgesetzt als ein niedereres Wesen: aber trotz dieser Gefährdungen wird es niemals in jene Daseinsweise absinken wollen, die es als niedriger empfindet.«

John Stuart Mill wurde von seinem Vater James Mill – einem hohen Funktionär der *East India Company* – fernab von der Schule und der Universität nach einem rigiden Unterrichtsplan erzogen. Bereits mit acht Jahren sollte er Latein und die Differenzialrechnung beherrschen. Außerdem musste er sechs oder sieben Fremdsprachen gleichzeitig lernen. Ohne Kontakte zu Gleichaltrigen fühlte sich Mill schon bald für ein Erziehungsexperiment missbraucht und – wie es in seiner Autobiografie heißt – zu einer »geistigen Maschine« erzogen. Durch die Beschäftigung mit romantischer Dichtung und der Lektüre der Klassiker der Literatur versuchte sich Mill später von seinem einseitigen Rationalismus zu lösen, wozu ihn auch seine Beziehung zu der wohlhabenden Frau eines Londoner Kaufmanns, Harriet Taylor, inspirierte. Letztere konnte Mill als Mitstreiter für soziale Reformen gewinnen; sie war es auch, die Mill dazu brachte, sich in seiner Zeit als Abgeordneter im Unterhaus zwischen 1855 bis 1868 für die Verbesserung der Rechte der Frauen einzusetzen.

Obwohl seine Beziehung zu Harriet Taylor zunächst rein freundschaftlich-platonisch war, löste sie im viktorianischen England einen Skandal aus, sodass sich die beiden für eine gewisse Zeit von der Gesellschaft zurückziehen mussten. Erst nach dem Tod des Mannes von Harriet Taylor konnten sie im Jahre 1851 heiraten. Die Erfahrung, von der Gesellschaft derart unter Druck gesetzt worden zu sein, veranlasste Mill, sich über das Problem der Freiheit tiefer gehende philosophische Gedanken zu machen. Seine diesbezüglichen Überlegungen fasste er in der Schrift »Über die Freiheit« (1859) und in dem 1863 veröffentlichten Werk »Utilitarismus«, aus dem obiges Zitat stammt, zusammen. Beide Bücher zusammen ließen Mill zu einem der wichtigsten Vertreter des Liberalismus werden. In »Über die Freiheit« definiert Mill Freiheit damit, das zu tun, »was uns beliebt, ohne Rücksicht auf die Folgen und ohne uns von unseren Zeitgenossen stören zu lassen, solange wir ihnen nichts zuleide tun – selbst, wenn sie unser Benehmen für verrückt, verderbt oder falsch halten«. Freiheit ist also für Mill – wie eine berühmte Definition von Rosa Luxemburg lautet – immer die Freiheit der Andersdenkenden.

Wie kaum ein anderer Philosoph hat sich Mill für das Ideal einer vielseitig gebildeten Persönlichkeit eingesetzt. Für die Freiheit sah er zwei Hauptgefahren. Erstens, dass sich die staatliche Fürsorge zu sehr in das Privatleben der Bürger einmischt, und zweitens, dass es in der modernen Massengesellschaft zu einer Tyrannei der Mehrheit über die Minderheit kommen könnte. Auch in einer Demokratie könne es Zwang und Unterdrückung geben, wenn die Rechte des Einzelnen und der Minderheiten nicht genügend geschützt werden. Die Macht der Mehrheit gegenüber Andersdenkenden könne nämlich nicht nur durch Gesetze, sondern auch durch sozialen Anpassungsdruck erfolgen. Nach Mill gibt es nur einen Grund, dass sich der Staat in das Privatleben eines Menschen einmischen darf, falls nämlich von diesem Bürger eine Gefahr für andere ausgehe. Ansonsten müsste größtmögliche Freiheit und Toleranz garantiert werden. Denn eine Gesellschaft entwickele sich aufgrund der Impulse von unangepassten, unbequemen oder exzentrischen Typen. Mill zufolge sind es stets die Menschen selbst und nicht der Staat, die am besten wüssten, was für sie gut ist. »Gerade weil die Tyrannei der öffentlichen Meinung so stark ist, (...) ist es erwünscht, dass man exzentrisch ist, um diese Tyrannei zu durchbrechen.«

Im Spannungsverhältnis zwischen Individuum und Gesellschaft entschied sich Mill klar für die Stärkung der Position des Individuums. In seiner Schrift »Die Hörigkeit der Frau« aus dem Jahre 1869 plädierte er für die vollständige Gleichstellung von Mann und Frau. Mit Mill lässt sich gegen zunehmende Interventionen des Staates – seien es nun die Überlegungen zur Einführung eines Elternführerscheins, der Helmpflicht beim Fahrradfahren etc. – argumentieren. Wie Kant setzte er auf den mündigen Bürger. Bei der Wahrheitssuche gebe es keine bessere Instanz als eine kritische Öffentlichkeit, in der die Argumente für oder gegen eine Sache ausgetauscht werden können. In Mills Sinne wäre es, wenn vom Volk gewählte Politikerinnen und Politiker gegen bestehende Fraktionszwänge nach ihrem Gewissen entschieden. Seine Befürchtung, dass in einer demokratischen Massengesellschaft das Niveau sinkt und die gröberen Menschen die feinsinnigeren an den Rand drängen könnten, hat sich weitgehend bewahrheitet. Sein Zeitgenosse Friedrich Nietzsche hat diese Entwicklung mit dem Begriff des »letzten Menschen« versinnbildlicht. Der letzte Mensch ist der zufriedengestellte Mensch des modernen Wohlfahrtstaates: »Wir haben das Glück erfunden« sagen die letzten Menschen und blinzeln. Sie erinnern an Huxleys Zukunftsvision »Schöne neue Welt«, in der die Menschen mittels Drogen und Entertainment zufrieden vor sich hinleben.

29.

»Alles Leben ist Leiden.«

ARTHUR SCHOPENHAUER, 1788–1860

Im Gegensatz zum Fortschrittsglauben der Aufklärung ist Arthur Schopenhauer ein Philosoph des Pessimismus. Er sah die Menschen nicht von ihrer Vernunft, sondern von Trieben geleitet. Am Anfang seines Buches »Die Welt als Wille und Vorstellung« steht die These, dass es das größte Übel sei, überhaupt geboren zu werden. Alles Leben, so Schopenhauer in seinem Hauptwerk, sei Leiden, welches von einem irrationalen Weltwillen verursacht werde. Dieser sinnlose Wille treibe uns an, er sei die Ursache dafür, dass immer wieder neues Begehren und leidvolles Leben entsteht. Schopenhauer kennt nur zwei Mittel, um sich vom ständigen Antrieb durch den Willen, wenn auch nur für kurze Zeit, zu erlösen: Kunst und Askese. In der ästhetischen Anschauung – beim Betrachten eines Gemäldes oder dem Hören von Musik – sei vorübergehend »der Zuchthausarbeit des Wollens« zu entkommen. Der Mensch glaube, dass er sich seine Ziele selbst setzen könne, doch in Wirklichkeit sei er von Bedürfnissen und oft niederen Interessen getrieben. Speziell der Geschlechtstrieb – als »Brennpunkt des Willens zum Leben« – sei kaum zu beherrschen.

Schopenhauer wurde 1788 als Sohn eines Danziger Kaufmanns geboren. Als Preußen 1793 Danzig einnahm, verließ seine Familie die Stadt und siedelte nach Hamburg über. Im Jahre 1805 kam es zu einem tödlichen Unfall des Vaters (Fenstersturz), wobei es sich auch um einen Selbstmord wegen geschäftlicher Schwierigkeiten gehandelt haben könnte. Nach dem Tod des Vaters zog seine Mutter nach Weimar, um dort als bekannte Schriftstellerin ein Leben in der Gesellschaft zu führen. Zu ihr fand Schopenhauer nie ein gutes Verhältnis und verließ sie, als er mit dem Erbe seines Vaters ein unabhängiges Gelehrtendasein führen konnte. Zunächst besuchte Schopenhauer nachträglich ein Gymnasium, studierte dann ab 1810 in Göttingen und Berlin Philosophie. Seine Bemühungen, an der Berliner Universität Fuß zu fassen, blieben erfolglos. 1833 siedelte er nach Frankfurt am Main über. Dort lebte er bis zu seinem Tod im Jahre 1860 ein zurückgezogenes Leben. Bei seinen Spaziergängen begleitete ihn lediglich sein Pudel.

Wenn nun alles Leben Leiden ist, warum sollte man dann nicht gleich Selbstmord begehen? Schopenhauer verwarf den Freitod, weil er nur das Resultat eines übersteigerten Willens zum Leben sei. Weit davon entfernt, des Lebens überdrüssig zu sein, sei der Suizid als die letzte Konsequenz einer übersteigerten Lebensgier zu sehen. Der Selbstmörder sage sich: »Wenn ich dies oder jenes im Leben nicht bekomme, dann vernichte ich mich.« Schopenhauer war ein Kritiker der abendländischen Kultur. Im Vergleich zum Mensch der Moderne seien die alten indischen Brahmanen und die christlichen Asketen, die ihre Bedürfnisse unterdrückten anstatt sie auszuleben, schon viel weiter gewesen. Jesus Christus habe durch seinen Kreuzestod demonstriert, dass das Leiden unmittelbar zum Leben dazugehört, sogar sein eigentliches Wesen sei. Nicht nur das menschliche, auch das tierische Leben sei Leiden. Allerdings sei das Leiden der Tiere nicht ganz so grausam wie das der Menschen, weil die Tiere nur in der Gegenwart lebten und sich deshalb nicht die Leiden der Vergangenheit oder der Zukunft vorstellen könnten. Je intelligenter ein Mensch sei, umso mehr müsse er leiden, da viele Probleme aus seiner übersteigerten Fantasie hervorgingen.

Für Schopenhauer ist der Leib der wichtigste Ausgangspunkt für seine Philosophie. Durch den Körper könnten wir erfahren, dass eine Kraft in uns ist, die über eine Vorstellung weit hinausgeht. Wir spüren in uns eine Lebensenergie als erste Voraussetzung allen Daseins. Ein unpersönlicher kosmischer Wille liegt laut Schopenhauer allen Erscheinungen bzw. Vorstellungen zugrunde. Wille ist die Kraft in einer Pflanze, die Energie in einem Stein, die Macht, durch die sich der Magnet zum Nordpol dreht. Der Wille an sich sei blind. Nur beim Menschen äußere er sich gelegentlich als von Motiven geleitet. In Wirklichkeit sei er jedoch auch hier determiniert; auch das Handeln des Menschen sei lediglich notwendige Wirkung. Jedes Objekt – ob organisch oder nicht – unterliege seiner Kraft. Dieser Wille, der hinter allen Dingen stehe, sei unteilbar. In dem kleinsten Element finde sich der gleiche Wille. Der Wille sei nicht zielgerichtet, sondern ein Streben, das nie befriedigt werden könne.

Dem Willen ist keine Entwicklung zu eigen, womit Schopenhauer der Hegel'schen Geschichtsphilosophie eine eindeutige Abfuhr erteilt. Es sei stets der gleiche Wille, der überall zu allen Zeiten wirksam werde und den Menschen an die Befriedigung von Bedürfnissen, Wünschen und Interessen kette. Nach Schopenhauer kann keine Macht den Teufelskreis des Begehrens brechen. Wie erwähnt, nimmt in seiner Philosophie die Kunst eine herausragende Stellung ein. Denn die Betrachtung von Kunstwerken erlaube uns für Augenblicke, dem Sklavendienst des Willens zu entrinnen. In solchen Momenten erheben wir uns über unseren Willen. Indem wir uns in ein Gemälde oder Musik versenkten, vergäßen wir für kurze Zeit unsere partikularen Bestrebungen. Die höchste Kunstform war für Schopenhauer die Musik. Gute Musik lasse uns den ganzen Weltschmerz fühlen. Musik sei eine »unbewusste Übung in der Metaphysik, bei der der Geist nicht weiß, dass er philosophiert«. Neben der Kunst räumt Schopenhauer dem Mitleid eine wichtige Rolle bei der Beherrschung des Egoismus ein. Denn das Mitleid hebe die Unterschiede unter den Menschen auf, es identifiziert das eigene Schicksal mit dem Leid des anderen. »Es ist das alltägliche Phänomen des Mitleids, d.h. der (...) Teilhabe (...) am Leiden eines anderen, (...) als worin zuletzt alle Befriedigung und alles Wohlsein und Glück besteht.«

In der gegenwärtigen Erlebnis- und Konsumgesellschaft erscheinen Schopenhauers Überlegungen interessanter denn je. Er war einer der ersten westlichen Philosophen, die ein tiefes Interesse für buddhistische und hinduistische Lehren zeigten. Es gibt in der westlichen Zivilisation eine unstillbare Gier nach immer mehr (schneller, höher, weiter) und exzessiver Lustbefriedigung, wie sie zum Beispiel in dem Film »Das Große Fressen« von Marco Ferreri gezeigt worden ist. Wenn sich heute Jugendliche betrinken, bis sie ins Koma fallen, dann hat das womöglich auch damit etwas zu tun, dass sie nicht gelernt haben, mit ihren Bedürfnissen maßvoll umzugehen. Früher haben Religionen und Sitten Einhalt geboten, während die Medien in der heutigen Zeit extreme Phänomene noch anstacheln.

Doch es gibt auch Anzeichen für einen Bewusstseinswandel in der westlichen Gesellschaft. Immer mehr Menschen beginnen, sich mit fernöstlichen Religionen und Lebenslehren zu beschäftigen und versuchen, meditative Techniken wie Yoga oder autogenes Training in ihr Alltagsleben zu integrieren. Wer vor einigen Jahren bei der MoMA-Ausstellung in Berlin dabei war, konnte beobachten, wie Besucher – darunter zahlreiche Jugendliche – andachtsvoll vor den Gemälden der großen Künstler verharrten. Schopenhauer hatte Recht, wenn er bei der Kunst nicht nur den Aspekt der Produktion, sondern auch der Rezeption und ihre therapeutische Wirkung betonte. Beim Betrachten eines Gemäldes kann sich der Mensch für einige Zeit von seinen alltäglichen Sorgen lösen. In den Kunstwerken, in der Schönheit der Natur, in fast jedem Gegenstand sind reine Formen erkennbar. Sich in sie zu versenken, kann uns, so Schopenhauer, in eine andere Stimmung versetzen: »Es ist der schmerzenlose Zustand, den Epikuros als das höchste Gut und als den Zustand der Götter pries: denn wir sind für den Augenblick des schnöden Willensdranges entledigt, wir feiern den Sabbath der Zuchthausarbeit des Wollens, das Rad des Ixion steht still.« Der thessalische König Ixion begehrte Hera und wurde zur Strafe von Zeus an ein glühendes Rad gefesselt.

30.

»Die größte Gefahr, jene, sich selbst zu verlieren,
kann in der Welt so geräuschlos sein,
als wäre es gar nichts.«

SØREN KIERKEGAARD, 1813–1855

Für den dänischen Philosophen Søren Kierkegaard ist die Frage nach dem Selbst die wichtigste Frage im Leben eines Menschen. Und die Gefahr sei groß, wie Kierkegaard in seiner 1849 erschienenen Schrift »Die Krankheit zum Tode« ausführt, dass man in der heutigen Welt gerade das eigene Selbst aus den Augen verliere. An der gesamten bisherigen Philosophie kritisierte Kierkegaard, dass sie nicht in der Lage gewesen sei, zu den wirklichen Problemen menschlicher Existenz vorzudringen. »Es ist zum Lachen wie zum Weinen,… wenn man sieht, dass all dieses Wissen und Verstehen nicht die geringste Macht über das Leben der Menschen ausübt…« Jeder Mensch müsse sich entscheiden, welchen Sinn er seinem Leben geben wolle, und hierzu habe die bisherige Philosophie mit ihren Fragen nach der Substanz, der Materie, dem Ich usw. viel zu wenig gesagt. Kierkegaard spricht von einer »existenziellen Wahl«, die jeder Mensch zu treffen habe. In ihr entscheide sich, was für ein Mensch man sein bzw. werden wolle. Um die existenziellen Fragen der Menschen besser erfassen zu können, führte Kierkegaard neue Grundbegriffe wie »Sprung«, »Augenblick« und »Angst« in das philosophische Denken ein.

Geboren wurde Kierkegaard 1813 in Kopenhagen als jüngster Sohn eines reichen Kaufmanns. Fast sein ganzes Leben spielte sich in der königlichen Residenz- und Hauptstadt ab. Hier traf er seine große Liebe Regine Olsen und wurde als Gegner dogmatischer Systeme in den sogenannten Kirchenkampf mit der Volkskirche verwickelt. Streng im christlichen Glauben erzogen, begann er 1830 das Studium der Theologie an der Universität von Kopenhagen. Als sein bigotter Vater ihm gestand, dass er als armer Hirtenjunge einmal Gott verflucht hatte, erschütterte dies Kierkegaard derart, dass er seine gesamte Lebensart und -einstellung veränderte. Von nun an flanierte er als Dandy durch die Straßen Kopenhagens, gab viel Geld für Kleidung und Restaurants aus und ließ sich gerne im Theater und in der Oper sehen. Auch entschied er sich zur Auflösung seines ein Jahr lang währenden Verlöbnisses mit Regine Olsen. Kierkegaard waren Zweifel gekommen, ob er wegen seiner inneren Zerrissenheit zu einer Ehe überhaupt fähig sei. Im Jahr 1842 begab er sich für einige Monate nach Berlin, um an der Humboldt-Universität Vorlesungen des deutschen Philosophen Friedrich Wilhelm Joseph Schelling zu hören. Anfangs begeistert, wandte er sich schon bald von der Philosophie des Deutschen Idealismus ab – »Schelling faselt ganz unerträglich« –, um sich mehr mit den existenziellen Problemen der Menschen auseinandersetzen zu können. Am 11. November 1855, nachdem er zuvor auf offener Straße zusammengebrochen war, starb Kierkegaard in einem Kopenhagener Krankenhaus.

Kierkegaard unterscheidet in seiner Schrift »Entweder – Oder« (1843) drei verschiedene Lebensweisen, die ein Mensch für sich wählen könne: 1. die ästhetische, 2. die ethische und 3. die religiöse. Der Ästhetiker strebe danach, ein interessantes, abwechslungsreiches Leben voller Lust und Freude zu führen. Als Beispiel ließe sich Don Giovanni in Mozarts gleichnamiger Oper anführen. Don Giovanni lebt ganz für den unmittelbaren Augenblick. Er sei – wie Kierkegaard in seiner Schrift »Tagebuch des Verführers« erläutert –, jemand, der, nachdem er sein Ziel erreicht habe, schnell auch wieder sein Interesse daran verliere, um sich neuen Verführungen zuzuwenden. Diese Existenzform laufe, so Kierkegaard, jedoch früher oder später ins Leere, da der Genuss- und Aktionsmensch, erschöpft von seinen vielen Aktivitäten, irgendwann in eine tiefe Sinnkrise stürze.

Aus der Erfahrung dieser Sinnkrise entstehe für ihn die Chance, sein Leben zu ändern und die »ethische Selbstwahl« zu treffen. »Sich selbst wählen« bedeutet für Kierkegaard, dass der Mensch sein Handeln an den Geboten der Menschlichkeit orientiert. Das erinnert an Kants »kategorischen Imperativ«, aber im Unterschied zu Kant rückt bei Kierkegaard die Frage nach der Motivation zur Moral in den Vordergrund. Um sich dauerhaft als moralisches Wesen zu konstituieren, bedürfe es einer tiefen inneren Überzeugung, eben einer existenziellen »Wahl« oder eines »Sprunges«, wie Kierkegaard seinen Gedankengang erläutert: »Das ethische Individuum erkennt sich selbst, aber dies Erkennen ist keine bloße Kontemplation, (...) darum habe ich statt des Ausdrucks ›sich selbst erkennen‹ mit Fleiß den Ausdruck ›sich selbst wählen‹ gebraucht.« Kierkegaards Beispiel für die ethische Existenz ist Sokrates, der keineswegs auf das Sinnliche verzichtete, es jedoch zu relativieren verstand.

Erst in der »religiösen Wahl« könne sich der Mensch wahrhaft wiederfinden. In ihr finde die größte existenzielle Spannung zwischen der Loslösung vom Endlichen und der Hinwendung zu ihm statt. Die religiöse Erfahrung bedeutete für Kierkegaard eine leidenschaftliche Konfrontation mit den Problemen menschlicher Existenz. Insofern sei sie mit keiner theologischen oder wissenschaftlichen Deduktion zu verwechseln. In seinem Werk »Furcht und Zittern« führt Kierkegaard aus, wie der biblische Abraham sich und die Welt gerade dadurch gewinnt, dass er vollkommen auf Gott vertraut. Kierkegaard versenkt sich ganz in die dramatische Situation, in der sich Abraham befand. Gott hatte ihm seinen Sohn Isaak geschenkt und eigentlich hätte Abraham nun alles daran setzen müssen, seinem Kind ein guter Vater zu sein. Doch Gott verlangt von ihm, seinen eigenen Sohn zu opfern. Abraham gehorcht, weil er fest an Gott und seine Forderungen glaubt, auch wenn sie seiner Vernunft und allen ethischen Maßstäben widersprechen. Er entscheidet sich, die an sich widersinnige Anweisung zu befolgen und wird gerade deshalb gerettet. Ein Glaube, der es nur dann erlaubt, sein Kind behalten zu können, wenn man es opfert, ist in sich absurd. Doch für Kierkegaard ist dieser Glaube ein Sinnbild dafür, auf welche Weise man sich selbst und die Welt gewinnen kann: indem man bereit ist, alles zu opfern – wie es auch Jesus Christus am Kreuze tat.

Trotz aller Absurdität des Daseins sei es die eigentliche Aufgabe des Menschen, Freude zu empfinden, wozu auch das Schweigen gehöre. Nicht die Sprache führe den Menschen zu sich selbst, sondern das »Im-tiefsten-Sinne-schweigsam-Werden«, schweigsam gegenüber Gott. Sein Leben trotz aller Krisen und Probleme klaglos anzunehmen, ist für Kierkegaard das Signum des Menschseins. Erst mit der Erfahrung des Schweigens könne man sich der Welt und der Gegenwart öffnen. Es bedürfe einer wachen Aufmerksamkeit, um wirklich gegenwärtig zu leben. Den Augenblick »vernehmen« bedeutet für Kierkegaard, das Zeitliche und das Ewige »zusammenzusetzen«. Er war der Meinung, dass der Mensch das ihm von Gott auferlegte Schicksal annehmen müsse. Umgekehrt resultiere alles Leid daraus, dass man sein eigenes Leben nicht richtig bejahe und eigentlich ein anderer sein möchte. Erst wenn man sich nicht mehr mit anderen vergleiche und messe, sondern sich selbst als Geschenk Gottes begreife, könne man glücklich sein: »Was ist Freud, was ist froh sein? Es ist, dass man in Wahrheit sich selbst gegenwärtig ist…«

Kierkegaard hatte sich selbst durch den »Sprung« zur Religion aus dem Sumpf seines Glaubenszweifels gezogen. Der Glaube an sich, an das Gute, der Glaube an Gott ist durch nichts zu beweisen; durch keine Argumentation zu belegen. Und dennoch sehen wir, dass es Menschen gibt, die ihr Leben bejahen und Gutes tun. Sie geben dadurch ein wichtiges Beispiel für andere ab, die sich an ihnen und ihren guten Taten orientieren können. Für das Individuum komme es darauf an, einen »Sprung« zu wagen und ein Mensch zu werden. Jeder könne sein Leben ändern und völlig rein mit sich werden, was nichts anderes heiße, als wieder zu sich selbst zu stehen. Mit dieser Überzeugung wurde Kierkegaard zum Vater des Existenzialismus. Immerzu kommt es in unserem Tun darauf an, wer wir sind und was wir sein wollen: ein Mitwisser, ein Mitmacher, ein Rädchen im Rad des Getriebes von Funktionen oder ein aufrechter Mensch.

Im Geiste Kierkegaards wird Jean-Paul Sartre später formulieren: »Der Mensch ist das, was er aus sich macht.« Der aufrechte Mensch ist für Kierkegaard auch ein glücklicher Mensch. Denn er akzeptiert es, so, wie er ist, von Gott geschaffen worden zu sein: »Wenn man es recht verstehen will, so hat eigentlich ein jeder Mensch, der sich in Wahrheit zu Gott verhalten und mit ihm verkehren will, nur eine einzige Aufgabe, und zwar die, immer froh zu sein.« Es war vielleicht gerade dieser Gedanke von Kierkegaard, der Ludwig Wittgenstein kurz vor seinem Tod sagen ließ, er habe ein »wundervolles Leben« gehabt.

31.

»Bleibt der Erde treu!«

FRIEDRICH NIETZSCHE, 1844–1900

»An der Erde zu freveln, am Sinn der Erde« war für Friedrich Nietzsche eines der größten Vergehen, das sich die Menschheit zuschulden kommen lassen kann. Am meisten kritisierte Nietzsche Phänomene der Weltflucht, sei es nun der Glaube an zukünftige oder die Flucht in künstliche Welten durch Alkohol-, Medikamenten- oder Drogenmissbrauch. Seine Maxime »Bleibt der Erde treu« aus dem Werk »Also sprach Zarathustra« wollte Nietzsche wie ein Heilmittel gegen den drohenden Werteverfall in Europa verstanden wissen. Wie ein Arzt mit seinem Reflexhämmerchen die körperlichen – das ist gemeint mit der Formulierung »mit dem Hammer philosophieren« –, so versuchte Nietzsche die Ursachen für die geistigen Leiden in unserer Kultur aufzuspüren. Nietzsche sah in den alten Griechen das Vorbild für seine Philosophie der Erdentreue. Denn sie hätten es verstanden, ohne Illusionen über den Sinn des Daseins das Leben dennoch zu bejahen und der Welt einen Glanz zu verleihen.

Als Sohn eines Pfarrers im sächsischen Röcken geboren, besuchte Nietzsche von 1858 bis 1864 das Gymnasium Schulpforta bei Naumburg. 1864 nahm er das Studium der Theologie und klassischen Philologie in Bonn auf, im darauf folgenden Jahr wechselte er nach Leipzig. In Leipzig lernte er Richard Wagner kennen, von dessen Persönlichkeit und Musik er schnell eingenommen war. Nietzsche war erst 25 Jahre alt, als er Professor für Philologie in Basel wurde. Nach nur wenigen Dienstjahren aus gesundheitlichen Gründen vom

Dienst freigestellt, führte Nietzsche ein Wanderleben, das ihn im Sommer meist nach Sils-Maria im Oberengadin und in den anderen Monaten nach Oberitalien und an die Riviera führte. Im Alter von 45 Jahren erlitt er in Turin einen paralytischen Anfall. Der Zusammenbruch ereignete sich auf der Piazza Carlo Alberto. Als Nietzsche mitansah, wie ein brutaler Droschkenkutscher ein Pferd misshandelte, warf er sich dem Tier unter Tränen und Wehklagen um den Hals. Zunächst wurde er von seiner Mutter Franziska in Naumburg gepflegt. Nach ihrem Tod im Jahre 1897 kam er zu seiner Schwester nach Weimar, wo er am 25. August 1900 starb.

Trotz seiner gesundheitlichen Probleme wollte Nietzsche das Leben bejahen: »Es ist ein Abenteuer zu leben!«, heißt es in einem Aphorismus aus der Schrift »Morgenröte«. Der Ausspruch »Bleibt der Erde treu!« aus seinem Werk »Also sprach Zarathustra« will zum Ausdruck bringen, dass wir uns über die natürlichen Bedingungen unseres Daseins nicht hinwegsetzen dürfen. Nietzsche war ein Philosoph, der sich darüber im Klaren war, wie zufällig, unsicher und sinnlos das Leben sei. Eigentlich müssten die Menschen über dieser Wahrheit verzweifeln, doch um genau dies nicht zu tun, entwickelte Nietzsche seine Philosophie der »Großen Gesundheit« und der Erdentreue. Sein Leitsatz »Seines Todes ist man gewiss, warum sollte man nicht heiter sein?« wurde für viele zum Motto. Am Christentum kritisierte Nietzsche die Leibfeindlichkeit und die Lehre von der Wiederauferstehung. Nietzsche sprach von der großen Vernunft des Leibes, der mehr Weisheit besitze als jedes Bewusstsein. Damit wollte er sagen, dass wir zu wenig Vertrauen in die Selbstheilungskräfte und in das Wissen unseres Körpers hätten. Der Körper wisse sehr wohl, was für ihn gut sei, man müsse nur auf ihn hören und seine Lebensgewohnheiten danach einrichten.

Folglich ist auch ein Großteil seiner Überlegungen Gesundheitsfragen gewidmet. Nietzsche war ein Verächter des Alkohols, während er gleichwohl gelegentlich zum Opium griff. Das Wort gesund war für Nietzsche eine anderes Wort für Produktivität und Schaffensfreude. Was für den einen gesund ist, muss es noch lange nicht für den anderen sein. Die individuelle Gesundheit, so Nietzsche in der Schrift »Die fröhliche Wissenschaft«, definiere sich nach mehreren Kriterien und sei Folge eines Beziehungsgeflechts: »Es kommt auf dein Ziel, deinen Horizont, deine Kräfte, deine Antriebe (...) an, um zu bestimmen, was selbst für deinen Leib Gesundheit zu bedeuten habe.« In Bezug auf die Krankheit oder Gesundheit eines Menschen komme es darauf an, in welchem Licht er sie sieht. Nietzsche schlägt vor, in Gesundheitsfragen gut auf sich selbst aufzupassen und stets auf seine innere Stimme zu hören.

Wer der Erde treu bleiben will, durchlaufe in der Regel drei Stadien, die Nietzsche im Gleichnis »Von den drei Verwandlungen des Geistes« aus dem »Zarathustra« erläutert: »Drei Verwandlungen nenne ich euch des Geistes: wie der Geist zum Kamele wird, und zum Löwen das Kamel, und zum Kinde zuletzt der Löwe.« Der Geist als Kamel fühle sich am wohlsten, wenn er leide und schwer zu tragen habe. Hier sei es das moralische Gesetz des »Du sollst«, das ihn niederdrücke. Wenn das Leben am schwersten werde – so glaubt er fälschlicherweise –, sei es gerade am wahrsten. Dieser Geist der Schwere knie nieder und belade sich mit dem Elend der Welt. Er schlucke jede Wahrheit, so demütig sei der durch das Kamel verkörperte Geist, dass er freiwillig in die Wüste ziehe.

Doch dort geschehe mit ihm eine erste große Verwandlung. Der sich unterdrückt fühlende Geist werde zum Kämpfer, zum Löwen, zum »Ich will«. Der Löwengeist will frei sein und Macht ausüben. Doch auch im Löwen-Stadium sei der Geist nicht frei. Denn er definiere seine Freiheit zu negativ in einem stereotypen »Dagegen«. Stets kämpfe der Löwe mit dem »Drachen« des »Du sollst«, dem er sein trotziges »Ich will« entgegenschleudere. Diese Freiheit sei von verkrampfter Art und keineswegs das, was Nietzsche will. Und deshalb müsse auch das Geiststadium des Löwen überwunden werden. Neue Werte schaffen könne der Löwe nicht, wenn er sich stets an den alten Werten messe. Erst wenn der Löwe zum Kind werde, sei die Stufe des »Übermenschen« erreicht.

Das Kind finde im Spiel einen Anlass, um seine Kreativität zu steigern: »Unschuld ist das Kind und Vergessen, ein Neubeginn, ein Spiel, (...) ein heiliges Ja-Sagen.« Wieder wie ein Kind zu werden, heißt für Nietzsche, wieder seine Welt zurückzugewinnen und dazu müsse viel an Verhärtung, an Bewusstsein, an »Ich« wieder aufgegeben werden. Das heilige Ja-Sagen des Kindes ähnele dem »dionysischen Ja-Sagen«. Der Geist des Kindes setze sich über die Last der Vergangenheit (Kamel) ebenso wie über die Hoffung auf die Zukunft (Löwe) hinweg. Denn Kinder lebten selbstvergessen in ihrer Gegenwart. »Seine Welt gewinnt sich der Weltverlorene«. Ohne Vergessen kann es für Nietzsche keine »Heiterkeit, keine Hoffnung, keinen Stolz, keine Gegenwart« geben. Folglich ist das Vergessen für Nietzsche »eine Kraft, eine Form der starken Gesundheit«.

Nietzsches Gleichnis erinnert an das Wort von Jesus Christus, dass den Kindern das Himmelreich gehöre. Und in der Tat empfand Nietzsche – seiner Kritik am Christentum zum Trotz – für den historischen Jesus eine tiefe Verehrung, da Jesus wie Buddha der Menschheit alleine durch sein Leben eine wirklich frohe Botschaft gebracht hätte. Er habe gelehrt, dass das Himmelreich ein Zustand des Herzens sei, also etwas durch und durch Irdisches. So betrachtet habe schon Jesus das Gebot: »Bleibt der Erde treu« gelehrt. Jesus habe ein anderes Sein, Tun und Nicht-Tun verkörpert. Er sei gestorben, wie er gelebt habe. In der Schrift »Der Antichrist« notiert Nietzsche: »Dieser ›frohe Botschafter‹ starb, wie er lebte, wie er lehrte – nicht, um ›die Menschen zu erlösen, sondern um zu zeigen, wie man zu leben hat‹.« Jesus habe gelehrt, niemandem zu zürnen, niemanden gering zu achten. Sein Spruch, dass den Kindern das Himmelreich gehört, sei so zu verstehen, dass das Himmelreich ein ganz bestimmter Zustand der Herzen im Diesseits sei, nichts, was »über der Erde ist«. Die Seligkeit sei schon da, wenn man wie Jesus lebt und fühlt. Jesus habe gelehrt, wie man leben muss, um sich als »vergöttlicht« zu fühlen.

Nietzsche ist einer der aktuellsten Philosophen. Er fordert uns dazu auf, unser Leben in jedem Moment und in jeder Einzelhandlung wertzuschätzen. Das Leben ist lebenswert, besonders in solchen Momenten, in denen man die Energie in sich spürt, gerade den nächsten Augenblick bzw. die nächste Zeit erleben zu wollen, ein Lebensgefühl, das Nietzsche nirgends besser als im apollinischen Kunstgenuss verkörpert sah. Keinesfalls vertritt Nietzsche einen Hedonismus, in dem es vorrangig um Genuss, Glück und angenehme Gefühle geht. Im Gegenteil, das Leben soll in allen seinen Höhen und Tiefen bejaht werden. Nach Nietzsche sind alle Ereignisse, alles Glück und alles Leid unauflöslich miteinander verkettet. Im »Zarathustra« heißt es: »Die Welt ist tief, und tiefer als der Tag gedacht. Tief ist ihr Weh.« Man könne nicht nur schöne Stunden haben. Alle schönen Stunden seien mit den leidvollen, traurigen fest verknüpft.

»Der Erde treu zu bleiben« hat auch die aktuelle Bedeutung, dass der Mensch nicht die Grundlage des Lebens – die Erde – durch Kriege oder seine Profitsucht zerstören darf.

Fast schon prophetisch hatte Nietzsche für das 20. Jahrhundert eine Periode großer Kriege vorausgesehen, weil die europäischen Staaten von der Gier nach Macht und Geld ergriffen seien und deshalb übereinander herfallen würden. Nach Nietzsche ist die westliche Welt einem heillosen Materialismus und der Geldsucht verfallen. Die Folge davon sei, dass niemand etwas über den anderen – ja, noch nicht einmal über sich selbst – wissen wolle. »Der Erde treu zu bleiben« bedeutet deshalb für Nietzsche auch eine Umkehr im Denken. Eine zukünftige Generation solle darüber nachdenken, wie man zur Überwindung von negativen Affekten wie Hass und Furcht gelangen könne.

32.

»Gemeinsame Erfahrung ist das größte unter allen menschlichen Gütern.«

JOHN DEWEY, 1859–1952

Der amerikanische Philosoph John Dewey sah in der Kommunikation nicht nur die Übermittlung von Informationen, sondern ein wichtiges soziales Bindemittel unter den Menschen. Im Idealfall sei eine Kommunikation geradezu von sakralem Charakter und mit einer Kommunion im religiösen Sinne zu vergleichen. Für Dewey ist es vor allem die Fähigkeit des Perspektivenwechsels und sich in andere Personen hineinversetzen zu können, was den Menschen vom Tier unterscheidet. Dabei spielt die Kunst eine wesentliche Rolle. In ihr schulen wir unsere Einbildungskraft und lernen die Lebensumstände in anderen Epochen und Kulturen kennen. Dewey fasst sein Verständnis vom moralischen

Nutzen der Kunst in »Kunst als Erfahrung« so zusammen: »Kunstwerke sind Mittel, durch die wir mit der von ihnen erweckten Imagination und Gefühlen in andere Formen der Beziehungen und Teilhabe eintreten als unsere eigenen«. An gleicher Stelle führt er weiter aus, dass die Imagination das wichtigste Instrument des Guten sei. Empathie – also die Fähigkeit, mit anderen Menschen mitzufühlen – ist nach Dewey die wichtigste Voraussetzung für moralisches Handeln.

Geboren wurde Dewey 1859 in Burlington, Vermont. Nach einem Studium an der Universität von Vermont war er zunächst für zwei Jahre in Pennsylvania tätig, bevor er seine Studien an der Johns Hopkins Universität in Baltimore fortsetzte. 1916 veröffentlichte Dewey sein Werk »Demokratie und Erziehung: Eine Einführung in die Philosophie der Erziehung«. Die Hauptthese des Buches ist, dass das Ziel der Erziehung darin liegen müsse, den Menschen beizubringen, wie wichtig gemeinsame Erlebnisse und Erfahrungen sind. Zusammen an einer besseren Welt zu bauen und das Lebensgefühl zu steigern, waren Deweys Hauptziele. Nach zehnjähriger Tätigkeit an der Universität von Michigan wurde er 1894 an der neu gegründeten Universität von Chicago Leiter des Fachbereiches für Philosophie, Psychologie und Pädagogik. In der Industriestadt Chicago boten sich für Dewey zahlreiche Möglichkeiten, seinen sozialreformerischen Eifer umzusetzen. Er gründete die *Dewey-School* und war bemüht, die Ausbildungschancen insbesondere der Kinder aus niedrigen sozialen Schichten zu fördern.

Dewey fragte, wie in einer lebendigen Demokratie in der Begegnung mit anderen Menschen intensive und weiterführende Erfahrungen gewonnen werden können. Besonders in Gesprächen sah er eine Möglichkeit, den eigenen Horizont zu erweitern und eine gemeinsame Ebene zwischen den Menschen zu finden. Demokratie und Kommunikation boten für Dewey Möglichkeiten, sich für soziale Zwecke zu engagieren. Für ihn war die Kommunikation der Ort, wo man sein eigenes partikulares Ich in einen größeren Zusammenhang einbringen kann. In guten Gesprächen lernen wir andere Weltsichten, Werte, Meinungen und Auffassungen kennen. Wenn wir uns öffnen und einlassen, kann uns ein interessantes Gespräch eine ganz neue Erfahrung bieten. Ein gutes Gespräch kann dazu führen, dass man eine neue Sichtweise einnimmt und womöglich sein Leben verändert. Dazu müssen die Gesprächsteilnehmer bereit sein, offen ihre Meinung zu sagen. Die Frucht der Kommunikation ist es, am Leben des anderen Menschen teilzuhaben. Das gehe nur, wenn man sich nicht verschließt und bereit ist, auch etwas Persönliches preiszugeben.

Dewey bezieht sich ausdrücklich nicht auf den berühmten Small Talk bei Partys oder gesellschaftlichen Anlässen. Ihm geht es um ein mögliches »sakrales« Element, das in der Kommunikation mitschwingen kann. Dass man sich verstehen kann, verglich Dewey mit einem Wunder. »Kommunikation«, sagt er an einer Stelle seines Werkes »Erfahrung und Natur«, aus dem der vorangestellte Ausspruch stammt, sei »verwirklichte Kommunion.« Im Gespräch öffneten sich die Menschen gegenseitig, sodass es zu einer Aufsprengung der Selbstzentriertheit komme. Dewey begriff Kommunikation als Steigerung des Lebens und gemeinsame Erfahrungen als wichtigsten Baustein im menschlichen Beziehungssystem.

Expliziter ging Dewey auf die Bedeutung von Kunsterfahrungen ein, die Sensibilisierungen für ein besseres Verständnis für andere Menschen, Kulturen und die Vielfalt der Welt schafften und das unmittelbare Daseinsgefühl erhöhten. In der Kunst seiner Zeit, in den Einflüssen aus anderen Ländern und Kulturen – man denke zum Beispiel an den Einfluss der afrikanischen Kultur auf den Kubismus Picassos oder die Südseebilder des französischen Malers Paul Gauguin – sah Dewey nicht nur eine Spielerei und kurzfristige Mode, sondern den ernst gemeinten Versuch der Künstler, sich den Sichtweisen der anderen Kulturen annähern zu wollen.

Deweys Bedeutung für die Gegenwart liegt auf der Hand. Er macht uns klar, dass Menschen keine isolierten Einzelgänger sind, sondern der Sinn der Sprache und der Kunst gerade darin besteht, Räume des gemeinsamen Zusammenlebens zu schaffen. Die Sprache und die Kunst lösen uns für eine Weile von unserem »verkrampften Ich« und lassen uns die Dinge von einem anderen Standpunkt aus beurteilen. Dewey wollte der Philosophie ihren strengen Charakter nehmen und keinesfalls mittels Philosophie anderen etwas vorschreiben, etwa wie sie zu leben hätten. Kants »kategorischen Imperativ« und rigorosen Pflichtbegriff lehnte Dewey ab, weil er den Menschen zu wenig Spielraum für eigene Beurteilungen und Erfahrungen einräume. Für Dewey war die Erfahrung der konkreten demokratischen Praxis wichtiger als die Erkenntnisse der Philosophie. Ein Erlebnis der echten Solidarität hätte er jeder philosophischen Erkenntnis vorgezogen. Damit wollte Dewey nicht die Freude abwerten, die im reinen Nachdenken liegt. Ihm ging es vielmehr darum, zu betonen, wie verfehlt eine Philosophie sei, die in die Einsamkeit führte, und wie wichtig der soziale und kommunikative Aspekt der Philosophie für die Menschen sei.

Dewey lebte zu einer Zeit, als sich die Demokratie in Amerika noch durch einen lebendigen Austausch von der Basis konstituierte. Die Menschen versammelten sich, um ihre Standpunkte und Erfahrungen untereinander zu diskutieren. Erwähnt sei nur die aus der Gründerzeit stammende

Tradition der »townships«, das sind Gemeinde- und Städteversammlungen, in denen die Bürger gemeinsam über die politischen Angelegenheiten beratschlagten. Die Entwicklung der neuen Medien hat jedoch diese und viele andere Formen der Face-to-face-Kommunikation in den Hintergrund gedrängt. Heute unterhält man sich in Chatrooms oder telefoniert mit dem Handy. Es ist eher unwahrscheinlich, dass unter solchen Bedingungen das von Dewey angesprochene Gefühl gemeinsamer Erfahrung entsteht. Viele Menschen halten sich vorwiegend in ihren Wohnungen auf, wo sie im Internet surfen, fernsehen oder Videospiele spielen. Sie suchen die Oberflächlichkeit der künstlichen Bilder, anstatt sich mit realen Problemen und Menschen auseinanderzusetzen. Die Folge dieser Vereinsamungsphänomene ist häufig ein zunehmender Wirklichkeitsverlust. Für Dewey waren gute Gespräche unabdingbare Voraussetzungen, um die eigene Selbstzentriertheit zu überwinden. Gemeinsame Erfahrungen im realen Leben seien durch nichts zu kompensieren. Nur durch sie vermögen wir unsere Existenz sinnvoll zu gestalten.

33.

»Philosophie heißt: auf dem Wege sein.«

KARL JASPERS, 1883–1969

Existenzielle »Grenzsituationen« wie z.B. Krankheiten, Schuld und der nahende Tod sind für den Philosophen Karl Jaspers der Ursprung aller Philosophie: »Ich muss sterben, ich muss leiden, ich muss kämpfen, ich bin dem Zufall unterworfen, ich verstricke mich unausweichlich in Schuld«.

Erst in Lebenskrisen werde deutlich, welcher Mensch man eigentlich sei, da es keine fertigen Konzepte gebe, wie man diese Grenzerfahrung bewältigen könne. Jaspers versteht folglich die Philosophie nicht als Wissensinhalte, die zu vermitteln seien, sondern das wahre Philosophieren resultiere aus existenziellen Erfahrungen heraus. Wie man Lebensfragen nie allgemeingültig und abschließend definieren könne, so befinde sich auch die Philosophie nie an ihrem Ziel. Philosophie heißt, wie Jaspers in seinem bis heute lesenwerten Buch »Einführung in die Philosophie« schreibt: »auf dem Wege sein« – zu einer Wahrheit, zu einer erhellenden Einsicht, zu sich selbst. Unter dem Begriff »Existenz« versteht er das tiefere Sein eines Menschen, sein wahres inneres Selbst. Diesem könne man sich entweder zuwenden oder sich davon abwenden. Wenn es um existenzielle Fragen gehe, entsteht für den Menschen ein völlig anderes Lebensprinzip als im gewöhnlichen Leben, zum Beispiel im Berufsleben.

Im Allgemeinen strebe jeder Mensch nach Erfolg, unter existenziellen Gesichtspunkten jedoch seien gerade die Niederlagen und Krisen die interessanteren Erfahrungen. Speziell im Scheitern spürten wir nämlich etwas von unserem wahren Selbst. Man kann durch eine Krankheit entweder neuen Mut schöpfen oder verzweifeln. In einer Grenzsituation hat der Mensch die Chance, zum Innern seiner Existenz und Freiheit vorzustoßen und in einem existenziellen Entschluss sein Leben zu verändern: Ein solcher »Aufschwung« zum Selbst ist nach Jaspers nur möglich, wenn man seine Existenz als ein Geschenk versteht. In Grenzsituationen entstehe häufig noch eine weitere Einsicht, nämlich dass es außerhalb dieser empirischen Welt noch eine andere Welt geben muss. Zwar könne man die Transzendenz nur erahnen, nie genau beschreiben, doch dass diese Dimension besteht, gehörte zu Jaspers festem »philosophischen Glauben«.

Jaspers wurde im Jahre 1883 als Sohn eines Bankdirektors in Oldenburg an der Nordsee geboren; gesundheitlich hatte er zu kämpfen. Zunächst studierte er Rechtswissenschaften. Während eines Kuraufenthaltes in Sils-Maria – er litt an einer Lungenkrankheit – entschloss er sich jedoch, zur Medizin mit dem Schwerpunkt Psychologie überzuwechseln. Nach einem Studium in Heidelberg, München und Berlin wurde er 1909 als Arzt zugelassen. 1916 trat er in Heidelberg eine Professorenstelle an, zunächst im Fach Psychologie, später – im Jahr 1922 – erhielt er einen Lehrstuhl der Philosophie. Unter dem Nationalsozialismus wurde er 1937 von der Universität entlassen und mit einem Publikationsverbot belegt. Kurz vor ihrer drohenden Verhaftung wurden Jaspers und seine jüdische Frau Gertrud durch den Einmarsch der Amerikaner gerettet. Nach dem Krieg wechselte Jaspers von Heidelberg an die Universität in Basel. 1958 erhielt er den Friedenspreis des Deutschen Buchhandels; die Laudatio hielt damals Hannah Arendt. Karl Jaspers starb 1969 in Basel im Alter von 86 Jahren.

Aufgrund seines »philosophischen Glaubens« wurde Jaspers häufig vorgeworfen, eher ein Mystiker als ein Philosoph zu sein. Zu Unrecht, denn immer wieder betonte er, dass er seine Philosophie im Unterschied zur Mystik oder Religion auf rationalen Grundlagen aufbauen wollte. Für Jaspers war es auch eine Frage der Vernunft, über die Grenzen des Verstandes und der Wissenschaften hinaus die andere Dimension in uns zu berücksichtigen. Jaspers' Philosophie ist auf die Überschreitung und die Kommunikation angelegt: Kommunikation mit dem Selbst, Kommunikation mit den Menschen, Kommunikation mit Gott. Im »liebenden Kampf«, wie er sagte, und zusammen mit anderen sehe er den eigentlichen Sinn im Leben. Ganz allein auf sich gestellt, könne man sich nicht entdecken, frei werde man nur durch den anderen. Jaspers hatte sich intensiv mit der Geschichte der Philosophie beschäftigt.

In seiner von der üblichen Geschichtsschreibung stark abweichenden Einteilung unterschied Jaspers zwischen den maßgeblichen Philosophen Konfuzius, Buddha, Sokrates und Jesus und dem Gros der Bewahrer und Fortentwickler der Philosophie. Die maßgeblichen Philosophen hätten die Philosophie nicht nur durch Theorien, sondern auch durch ihr Beispiel und Leben geprägt. Jaspers meinte, dass alle großen Philosophen einer zeitlosen Republik des Geistes angehörten. Besonders verehrte er Nikolaus von Kues, Kant, Hegel, Schelling, Nietzsche und Kierkegaard, die in ihren Lehren existenzielle Krisen nicht verleugnet hätten. Jeder dieser Denker sei auf seine Weise und durch seine Originalität der Wahrheit gerade dadurch nahe gekommen, weil er nicht behauptete, sie gefunden zu haben, getreu dem Motto: »Philosophie heißt: auf dem Wege sein«.

Obwohl er kein Gegner der Wissenschaft war, hat Jaspers den aufkommenden Optimismus, dass die Wissenschaft die existenziellen Probleme der Menschen lösen könne, kritisiert. Zum Beispiel glaubt der amerikanische Unternehmer Ray Kurzweil, mithilfe der modernen Medizin ewig leben zu können. Um dieses Ziel zu erreichen, nimmt er jeden Tag 250 Pillen ein und behauptet, mit seinen 60 Jahren biologisch die Körperwerte eines 40-Jährigen vorweisen zu können. Für Jaspers wären Kurzweils Visionen und die Verheißungen der Scientology Church, die in eine ähnliche Richtung gehen, typische Beispiele für die Hybris des modernen Menschen gewesen. In existenziellen Krisen, wenn uns der Boden unter den Füssen weggezogen wird, könne keine Wissenschaft, sondern nur eine tiefer gehende »Existenzerhellung« helfen. Existenzerhellung habe immer auch etwas mit Transzendenz, die Jaspers auch das »Umgreifende« nennt, zu tun. Das Umgreifende sei nicht unmittelbar, sondern eher für ein »schwebendes« Denken zugänglich. Zwar bestehe die Welt zunächst aus wissenschaftlich definierbaren Gegenständen. Doch die Wissenschaft beschreibe nur eine der Seinsebenen. Dahinter erhebe sich die große Dimension eines Jenseits, die mit wissenschaftlichen Mitteln nicht mehr zu erforschen sei. Über diese metaphysische Welt hätten sich die großen Philosophen in ihrer jeweiligen historischen Sprache Gedanken gemacht. Jaspers spricht in diesem Zusammenhang auch von »Chiffren der Transzendenz«, die es immer wieder neu zu entziffern gelte.

34.

»Worüber man nicht sprechen kann,
darüber muss man schweigen.«

LUDWIG WITTGENSTEIN, 1889–1951

So merkwürdig es klingen mag, aber vor dem Österreicher Ludwig Wittgenstein hat die Sprache bei den meisten Philosophen nur eine Nebenrolle gespielt. Dies sollte sich jedoch mit dem Begründer der modernen Sprachphilosophie ändern. Wittgenstein interessierten weniger die einzelnen Wörter einer Sprache als die Sätze, die er in sinnvolle und sinnlose einteilte. Sinnvolle Sätze seien solche, die sich auf die Welt beziehen und die man auf ihren Wahrheitsgehalt überprüfen kann, zum Beispiel ein Satz wie: »Die Katze sitzt auf dem Dach«. Ob dies der Fall ist oder nicht, lässt sich jederzeit überprüfen. Demgegenüber sei ein Satz wie: »Die Liebe schwimmt auf dem Fluss« sinnlos. Im unklaren Sprachgebrauch sah Wittgenstein eine Gefahr für die zwischenmenschlichen Beziehungen. Als sich einer seiner Freunde allgemein über die Eigenheiten der Engländer äußerte, reagierte er verärgert, weil solche Begriffe viel zu vage seien, um eine Aussage über ein ganzes Volk zu machen. Hier wie in allen Fällen, in denen man sich nicht sicher ist, riet Wittgenstein in seinem Hauptwerk »Tractatus logico-philosophicus« eher zur Zurückhaltung: »Worüber man nicht sprechen kann, darüber muss man schweigen.«

Wittgenstein war nicht nur ein wichtiger Erneuerer der Philosophie, sondern auch eine der interessantesten Persönlichkeiten des 20. Jahrhunderts. 1889 als Sohn eines der reichsten Industriellen der k. u. k. Monarchie geboren, schlug er seinen Anteil am väterlichen Erbe aus, um sich als Ingenieur, Architekt, Sanitäter, Gärtnergehilfe und Philosophieprofessor zu betätigen. Als junger Mensch zeigte er sich neben der Philosophie vor allem an der Musik sowie an technischen Fragen interessiert. Bis zum 14. Lebensjahr wurde er zu Hause unterrichtet, bis er dann auf eine Realschule in Linz kam, wo auch der gleichaltrige Adolf Hitler Schüler war. Nach einem Ingenieursstudium an der Technischen Hochschule in Berlin Charlottenburg nahm er 1912 in Cambridge das Studium der Philosophie auf. Als der Erste Weltkrieg ausbrach, meldete sich Wittgenstein freiwillig, um an der galizischen Front zu kämpfen. Vom Christentum Leo Tolstois beeinflusst, beschloss Wittgenstein nach dem Krieg, ein einfacher Volksschullehrer in einem kleinen abgelegenen österreichischen Dorf zu werden. Zuvor hatte er im Jahre 1918 den »Tractatus logico-philosophicus« (»Logisch-philosophische Abhandlung«) veröffentlicht. Erst 1929 besann sich Wittgenstein wieder auf die Philosophie und kehrte nach Cambridge zurück, um dort Seminare über Sprache, Logik und Mathematik zu halten. Wegen einer Nierenkrankheit musste Wittgenstein 1947 seine Professur niederlegen. Mit den Worten, er habe ein »wundervolles Leben« gehabt, erlag er am 28. April 1951 seinem Krebsleiden. Zu seinen Lebzeiten veröffentlichte er nur den »Tractatus«, posthum erschienen einige weitere Schriften, darunter im Jahr 1953 die von ihm zur Veröffentlichung bestimmten »Philosophischen Untersuchungen«.

Unter dem Begriff »Welt« verstand Wittgenstein alles, was sich sinnvoll ausdrücken lässt, also alle Sachverhalte und Tatsachen gemäß seiner berühmten Definition: »Die Welt ist alles, was der Fall ist« (aus dem »Tractatus logico-philosophicus«). Nur über die Welt ließen sich überprüfbare Aussagen machen, nicht jedoch über das, was über sie hinausgeht, also über die Transzendenz bzw. Gott. Wittgenstein leugnete keineswegs die Existenz einer übersinnlichen Welt, er vertrat lediglich die Auffassung, dass sich über sie nichts Sinnvolles sagen ließe. Es sei besser, über das Geheimnisvolle zu schweigen, als nur Oberflächliches zu sagen. Für Wittgenstein gibt es etwas Mysteriöses an unserem Leben, an den Dingen, an den Menschen, an Kunstwerken, das sich mittels Sprache nicht abbilden, sondern nur gefühlsmäßig erahnen lässt: »In der Kunst ist es schwer etwas zu sagen, was so gut ist wie: nichts zu sagen« (aus »Vermischte Bemerkungen«). Man könne zwar die Welt beschreiben, doch restlos erklären lasse sie sich nicht: »Nicht wie die Welt ist, ist das Mystische, sondern dass sie ist.« (aus dem »Tractatus logico-philosophicus«) Das heißt nicht, dass sich Wittgenstein über religiöse Fragen keine Gedanken gemacht hätte. Im Gegenteil! Wittgenstein forderte nur, dass man nicht die falschen Fragen stellt, zum Beispiel, ob Gott für das Leiden in der Welt verantwortlich ist oder nicht. Denn dann »fuchtele man mit den Worten«. Solches Reden sei sinnlos, während es unbedingt sinnvoll sei, an sich zu arbeiten, um ein besserer Mensch zu werden.

Was veranlasst uns, immer wieder über das Sein, das Nichts, die Transzendenz zu spekulieren, wenn sich Wittgenstein zufolge darüber überhaupt nicht sinnvoll reden lässt? Schuld daran sei eine Art Verhexung des Verstandes durch die Sprache. Formulierungen, die im Alltagsleben einen Sinn machten, würden in metaphysische Bereiche übertragen. Dieser Gedanke Wittgensteins sei an dem folgenden Beispiel erläutert: Auf die Frage »Wie bist Du hierhergekommen?« kann man antworten: »Mit der Bahn!«, »Mit der Taxe« usf. Fehler entstehen jedoch, wenn man diese Fragestruktur auf existenzielle Fragen wie z. B. »Woher kommst Du?« in einem metaphysischen Sinn überträgt. Metaphysische Fragen sind nach Wittgenstein aus prinzipiellen Gründen nicht sinnvoll zu beantworten, weil sie sich auf außerweltliche Bereiche beziehen. Die Aufgabe der Philosophie definiert Wittgenstein deshalb so, dass sie darüber aufklärt, worüber sich klar und eindeutig sprechen lässt und worüber man besser schweigen sollte. Philosophie ist folglich für Wittgenstein im Wesentlichen Sprachkritik. Sprachkritik begreift Wittgenstein somit als eine Therapie, die Menschen davon abzuhalten, die falschen Fragen zu stellen: »Die Erklärungen haben irgendwo ein Ende«.

Wittgenstein begriff die Sprachkritik wie eine ethische Übung. Man solle möglichst klar zwischen Sachaussagen und Wertungen trennen und Sprechblasen vermeiden. Er selbst empfand einen tiefen Respekt vor dem Mysterium des Lebens: »Wir fühlen, dass, selbst wenn alle möglichen wissenschaftlichen Fragen beantwortet sind, unsere Lebensprobleme noch gar nicht berührt sind« (aus dem »Tractatus logico-philosophicus«). Ihn störte es, wenn Menschen ohne nachzudenken das Wort ergriffen und Unsinn redeten. Es gibt eine Tendenz in unserer Kultur, unreflektiert Stellung zu beziehen und alles und jedes zu zerreden. Um wichtige Gedanken zu erfassen und Probleme durchdenken zu können, sind Konzentration und Ausdauer im Geiste notwendig. Doch Geduld und Reifezeit für Gedanken lässt das moderne Leben, in dem es auf Geschwindigkeit ankommt, kaum mehr zu. Friedrich Nietzsche fand dafür in »Also sprach Zarathustra« die Formulierung: »Alles gackert, aber wer will noch still auf dem Neste sitzen und Eier brüten?«

Wittgenstein sprach sich für eine Kultur des Schweigens aus. In vielen Situationen kann es weit sinnvoller sein zu schweigen, als Oberflächliches zu sagen. Wenn man sein Leben wirklich verändern möchte, dann soll man es tun und nicht nur darüber reden. Das sei der Gedanke von Jesus gewesen, wie Wittgenstein in »Vermischte Bemerkungen« schreibt. Heute werden Leute, die sich überall zu Wort melden, als engagiert, motiviert und leistungsstark beurteilt, während ruhige, nachdenkliche Menschen kaum noch wahrgenommen werden. Zur christlichen und fernöstlichen Weisheitslehre gehört das Schweigen dazu. Im Mittelalter mussten die Mönche neben vielen anderen Übungen auch das Schweigen lernen. Erst der moderne Mensch wird von den unterschiedlichsten Instanzen (Familie, Staat, Psychoanalyse) ständig dazu angehalten, über alles und jedes und nicht zuletzt über sich selbst zu erzählen. Schon die Einführung der Beichte im Mittelalter zielte in diese Richtung. So betrachtet, kann Wittgensteins Empfehlung gegenüber dem Sprechzwang als ein Akt des Widerstands gegen die allgemeine Dummheit gesehen werden.

35.

»Die Sprache ist das Haus des Seins.«

MARTIN HEIDEGGER, 1889–1976

Der deutsche Philosoph Martin Heidegger sah in der wissenschaftlich-technischen Sprache eine Denkweise aufkommen, die er für zunehmend gefährlich für unser ganzes Leben hielt. Wenn nämlich fast alles nur noch in einer Sprache der Quantifizierung oder als Gebrauchsanweisung ausgedrückt werde, drohe das Leben seinen Zauber zu verlieren. Heidegger wurde nicht müde zu betonen, dass das Überhandnehmen von Tabellen und Statistiken nicht folgenlos bleibt. In Heideggers Philosophie spielt die Sprache eine wichtige Rolle. »Die Sprache ist das Haus des Seins«, wie es in Heideggers Schrift »Über den Humanismus« heißt. Die Sprache sei nicht nur ein Mittel der Kommunikation, sondern ein Erfahrungsraum, in dem sich Mensch und Welt erst begegneten. In der Schrift »Unterwegs zur Sprache« arbeitete er heraus, dass Wörter Geheimnisse in sich bergen. In ihnen seien uralte Seinsdimensionen verwahrt, die wir erst wieder entdecken müssten. Heidegger stellte über Wörter wie »Wesen«, »Lichtung«, »Grund«, »Ding«, »Sein« usw. ausführliche philosophische Betrachtungen an, wobei die Herkunft dieser Wörter – ihre Etymologie – stets von ihm mitberücksichtigt wurde. Besonders schätzte er das Wort der Dichter, durch welches im Gegensatz zum Denken der Technik die Phänomene erst wieder unverstellt in den Blick genommen werden könnten. Laut Heidegger ist die gegenwärtige Sprache zu kopflastig, zu gewollt, zu machtorientiert. Er plädierte für eine neue behutsamere Seinshaltung zu den Dingen, die er mit Begriffen wie »Offenheit«, »Vernehmen«,

»Andenken«, »Gelassenheit«, »Fügung« usw. nur vage umschreiben wollte.

Heidegger wurde 1889 in Meßkirch in Baden geboren. Nachdem er 1913 mit einer Arbeit zur Logik promoviert wurde, galt seine Habilitationsschrift der Bedeutungslehre des mittelalterlichen Philosophen Duns Scotus, wie überhaupt in Heideggers Denken die Philosophie des Mittelalters eine große Rolle spielte. Berühmt wurde seine Philosophen-Hütte in Todtnauberg (Schwarzwald), wo er die nötige Ruhe zum Nachdenken fand und Gäste wie den jüdischen Dichter Paul Celan oder den Spiegel-Herausgeber Rudolf Augstein empfing. Nachdem Heidegger 1923 als Professor der Philosophie nach Marburg berufen wurde, festigte sich – wie seine Schülerin Hannah Arendt berichtete – dort schon bald sein Ruf als »heimlicher Philosophiekönig«. Heidegger habe es wie niemand sonst verstanden, in seinen Vorträgen die klassischen Fragen der Philosophie in einem neuen lebendigen Licht erscheinen zu lassen. 1928 kehrte Heidegger an die Freiburger Universität zurück, zu deren Rektor er 1933 im Jahr der nationalsozialistischen Machtergreifung gewählt wurde. In seiner skandalumwitterten Antrittsrede »Die Selbstbehauptung der deutschen Universität« erhoffte sich Heidegger ausgerechnet vom Hitlerregime eine Erneuerung des deutschen Geisteslebens. Doch schon 1934 legte er, von der Politik enttäuscht, sein Rektorat nieder und begann eine grundlegende Kritik des neuzeitlichen Macht- und Verfügungsdenkens zu formulieren. Die Nazis waren weniger Heimat- und Seinsverbunden, als er dachte, sondern verkörperten gerade das neuzeitliche Technik- und Machtdenken. Nach dem Krieg für kurze Zeit mit einem Lehrverbot belegt, widmete sich Heidegger bis zu seinem Tod im Jahre 1976 der Verbreitung seiner Philosophie der Gelassenheit und des besinnlichen Denkens.

Heidegger unterschied zwischen zwei verschiedenen Zugangsweisen zur Natur: derjenigen, die auf technische Verfügbarkeit aus ist, und derjenigen, der an der Erscheinung des Seins gelegen sei. Der moderne Mensch, so Heidegger, stehe ganz im Banne einer ökonomisch-technischen Vernunft, die lediglich danach fragt, welchen Nutzen etwas hat. Auch die Sprache tendiere immer mehr dazu, nur noch Mittel für den Austausch von Informationen zu werden. Unsere gesamte westliche Kultur sei »behext durch das rechnende Denken«. Wenn jedoch alles primär unter dem Aspekt seiner Verwertbarkeit gesehen wird, dann drohe etwas Wesentliches an den Dingen – ihre Aura – verloren zu gehen. Demgegenüber rät Heidegger zu mehr Gelassenheit gegenüber sich selbst und der Umwelt. Den Westen sah Heidegger vor eine Weggabelung gestellt. Entweder man mache so weiter wie bisher: »Die Sprache auf der Rennbahn in die Information«, wie Heidegger in der Sammlung »Denkerfahrungen« notiert, oder es käme zu einer Wiederaneignung des Seins, wozu neben der Sprache der Dichter auch die Gedanken der mittelalterlichen Mystik wegweisend sein könnten. Mystiker wie Meister Eckhart oder Angelus Silesius betonten, dass sich der Mensch nicht zum Herrscher der Welt aufschwingen dürfe, sondern empfahlen Bescheidenheit und die Fähigkeit, Verzicht leisten zu können.

Heidegger wollte uns die Augen für den wahren Wert unserer Umgebung öffnen und uns mit seiner Philosophie für die Aura einer Waldeslichtung oder eines Feldweges sensibilisieren. Durch den Vormarsch der Globalisierung und Technik droht gerade das alltägliche Sein abhanden zu kommen. Wir bewundern die »Spaziergänge« von Astronauten im Weltraum, während uns der Sinn für die Spaziergänge in der Natur verloren zu gehen droht. Doch der Mensch, so Heidegger, sei heimatlos, »wenn er nicht dem Zuspruch des

Feldweges eingeordnet ist« (aus »Der Feldweg«). Heidegger zufolge ist die europäische Geschichte keine Erfolgsstory, sondern eher vom Verfall geprägt. Mit seinem Denken des Wartens und der Zurückhaltung – »der Mensch als Hüter des Seins« – wurde er anschlussfähig für das fernöstliche Denken. In Japan, einem Land, in dem Heidegger stark rezipiert wird, ist es Tradition, öfter am Tag innezuhalten und z.B. ein Haiku zu lesen oder zu dichten. Das Haiku versucht das Atmosphärische an den Dingen und im Leben hervorzuheben. Als Beispiel sei das Haiku »Einem fallenden Blütenblatt sehe ich nach – Welch eine Stille!« angeführt, das mit den Mitteln der Sprache etwas hervortreten lassen kann, was zuvor unbeachtet blieb.

Heidegger forderte zu einem besinnlicheren Denken auf. Auch in den kleinen Dingen wohne Göttliches, wie er in seiner Vorlesung über den griechischen Philosophen Heraklit aus Ephesus hervorhebt. Es wird berichtet, dass Fremde Heraklit besuchen wollten und enttäuscht darüber waren, dass sie ihn nicht beim Lesen, Diskutieren oder Ähnlichem vorfanden, sondern wie er sich an einem Backofen einfach nur die Hände wärmte. Als Heraklit die Fremden sah, sagte er zu ihnen: »Tretet ein, auch hier walten die Götter«. Nach Heidegger wollte Heraklit damit sagen, dass sich auch bei der gewöhnlichen Tätigkeit des Brotbackens an einem ganz alltäglichen Ort Göttliches offenbaren könne. Heidegger war ein wahrer Meister darin, den gewöhnlichen Dingen immer wieder ungeahnte geheimnisvolle, ja, fast schon mystische Aspekte abzugewinnen. Anhand eines Paares abgetragener alter Bauernschuhe auf einem berühmten Gemälde von van Gogh gelang es ihm, die vielen Dimensionen des bäuerlichen Lebens entstehen zu lassen.

Gerade in der globalisierten Welt stößt Heideggers heimatverbundenes Denken auf zunehmendes Interesse. Seine

Frage nach dem Sinn des Seins schärft den Blick für die Schönheit der Natur, das Mysterium der Pflanzen, die Stimmung in der Dämmerung. Dass die heutige Sprache immer technischer und von Anglizismen und Abkürzungen überschwemmt wird, hätte Heidegger beklagt. Er liebte die deutsche Sprache, die er wegen ihrer reichhaltigen grammatikalischen Möglichkeiten neben dem Griechischen für das Philosophieren am geeignetsten empfand. Es leuchtet ein, dass die Kurzsprache der Emails oder SMS eine defizitäre Ausdrucksweise bleibt. Man sollte sich nur einmal vorstellen, wie die Welt ohne Literatur aussehen würde, um zu begreifen, wie wichtig das Wort der Dichter ist. Es wäre eine kalte und tote Welt. Viele Menschen fühlen sich nach der Lektüre eines großen Werkes derart bereichert, dass sie von sich behaupten, durch die Lektüre ein anderer Mensch geworden sein. Wenn wir uns mittels Literatur in die Welt anderer Kulturen und Menschen versetzen, dann haben wir uns auch selbst verändert. Auch dies schwingt in Heideggers Wort von der Sprache als dem Haus des Seins mit.

36.

»Dass es ›so weiter‹ geht, ist die Katastrophe.«

WALTER BENJAMIN, 1892–1940

Der Literaturkritiker und Philosoph Walter Benjamin musste wohl schon als Kind eine Vorahnung von dem Unglück, das ihn später ereilen würde, gehabt haben. Denn wie sonst ließe es sich erklären, dass ihn aus der Gedichtsammlung »Des Knaben Wunderhorn« die Figur des buckligen Männleins am meisten beeindruckte? Das bucklige Männlein bringt Pech:

»Will ich in mein Keller gehn,
will mein Weinlein zapfen;
steht ein bucklicht Männlein da
thut mir'n Krug wegschnappen.«

Als Jude musste Benjamin ins Exil, seine Universitätspläne scheiterten ebenso wie seine Ehe. Benjamins Habilitationsschrift wurde wegen Unverständlichkeit von den Frankfurter Professoren abgelehnt. Heute ist dieses Werk eine der wichtigsten philosophischen Schriften zum Verständnis der Moderne am Beispiel des Barock. Verfolgt von den Nazis, nahm sich Benjamin 1940 an der französisch-spanischen Grenze in der Nähe von Port Bou das Leben. Für Benjamin war der Faschismus die größte mögliche Katastrophe in der bisherigen Geschichte der Menschheit.

Walter Benjamin war der Sohn eines jüdischen Kaufmanns in Berlin. Zwei Jahre seiner Kindheit verbrachte er in einem Landerziehungsheim in Thüringen, wo er mit den Ideen der Jugendbewegung in Berührung kam. Sein Studium der Philosophie, deutschen Literatur und der Psychologie führte ihn nach Freiburg, Berlin und München. Mehr noch als für die Philosophie interessierte sich Benjamin für ästhetisch-literarische Fragestellungen. Seine Dissertation galt der deutschen Romantik, seine Habilitation dem »Ursprung des deutschen Trauerspiels«. Da sie nicht angenommen wurde, musste er das Leben eines freien Schriftstellers – finanziell immer am Rande des Existenzminimums – führen. Benjamin schrieb eine Fülle von kritischen Artikeln und Essays, unter denen ein Aufsatz zu Goethes »Wahlverwandtschaften« besonders herausragt. In der Briefsammlung »Deutsche Menschen«, die er im Jahr 1936 in der Schweiz veröffentlichte, stellte er 25 Briefe berühmter Deutscher zusammen.

Wie kein anderer Philosoph interessierte sich Benjamin für das Leid und die Opfer der Geschichte. Vor allem in den großen Bauwerken wie Pyramiden, Schutzmauern, Arenen, Kirchen und Kathedralen nehmen nach Benjamin die Leiden, Entbehrungen und die Opfer von vielen Menschen Gestalt an. Von der konventionellen Geschichtsschreibung würden sie meist übersehen. In »Über den Begriff der Geschichte« schreibt Benjamin: »Es ist niemals ein Dokument der Kultur, ohne zugleich ein solches der Barbarei zu sein«. Berühmt ist Benjamins Interpretation eines Bildes von Paul Klee, das einen Engel zeigt – Benjamin nennt ihn den »Engel der Geschichte« –, der in den Sog einer unbekannten Kraft gerät. »Seine Augen sind aufgerissen, sein Mund steht offen und seine Flügel sind ausgespannt. Er hat das Antlitz der Vergangenheit zugewendet. Wo eine Kette von Begebenheiten vor uns erscheint, da sieht er eine einzige Katastrophe, die unablässig Trümmer auf Trümmer häuft.« Die schlimmsten Opfer jedoch – davon war Benjamin überzeugt – werde erst noch die Zeit des Nationalsozialismus fordern. Eine Diktatur wie der Nationalsozialismus dürfe niemals unterschätzt werden in seiner Tyrannei. Mit seinem Leitspruch »Dass es ›so weiter‹ geht, ist die Katastrophe«, wie es in einem Aufsatz Benjamins über den französischen Dichter Charles Beaudelaire heißt, kritisierte Benjamin das Taktieren der Arbeiterbewegung und anderer gesellschaftlicher Gruppen, die die von Hitler ausgehende Gefahr marginalisierten.

Benjamin hatte eine ungewöhnliche Sicht auf die Moderne. Einerseits erschien ihm die kapitalistische Wirtschaftsordnung mit der Überbetonung des Gelderwerbs als Gipfel der Entfremdung. Andererseits bedürfe es nur einer einzigen entschlossenen revolutionären Aktion, damit sich alles zum Guten wende. Es sei wie im Märchen, in dem der Prinz die schlafende Prinzessin durch einen einzigen Kuss erlösen kann. In der Moderne seien alle Elemente für eine bessere Gesellschaft angelegt, doch die Menschen erkennten diese Potenziale nicht. Sie befänden sich wie in einem Traumschlaf, obwohl die bessere Welt schon längst möglich wäre. Benjamin forderte die direkte politische Aktion und den Aufstand der Massen. Das war der springende Punkt, der die Studentenführer der 68er-Bewegung auf Benjamin zurückkommen ließ. Auch sie setzten auf die unmittelbare Aktion, um in Happenings oder Sit-ins gegen die Vietnampolitik der Amerikaner zu protestieren. Für Benjamin ist in jeder Epoche der Zeitpunkt zur Wende gleich möglich. In seinem Geschichtsbegriff ist die Gegenwart in die Vergangenheit und die Zukunft verschränkt: »Chaque époque rêve la suivante« (»Jede Epoche träumt die folgende«), wie er den französischen Historiker Jules Michelet (1798–1874) zitierte. Für Benjamin war der einst von Gott versprochene und jederzeit mögliche Gesichtspunkt der Erlösung ausschlaggebend. Er benutzte die Denkfigur des Erlösers, um darauf aufmerksam zu machen, dass ein Erwachen aus dem Alptraum des Kapitalismus augenblicklich möglich sei.

Seine geschichtsphilosophischen Thesen hat Benjamin in seinem kurzen Essay »Über den Begriff der Geschichte« niedergelegt. Dieser Aufsatz wurde erst 1940, sieben Monate vor seinem Tod, fertig. Benjamin gab das Manuskript Hannah Arendt, die es ins Exil nach Amerika mitnahm. Wahrscheinlich hatte Benjamin eine erweiterte Fassung bis zuletzt bei sich. Freunde berichteten, dass er bei seinem Fluchtversuch eine Aktentasche bei sich trug, an der er, wie er geäußert habe, mehr als an seinem Leben hing. In dem Essay behandelt Benjamin die Fragen, mit welcher Geschichtskonzeption am erfolgreichsten gegen den Faschismus anzukommen sei. Benjamin kritisierte die in der Arbeiterbewegung weitverbreitete Meinung, dass sich lediglich aufgrund der Industrialisierung und der ökonomischen Gesetze die Gesellschaft zum Sozialismus hin entwickelte. Diesem Bild widerspricht Benjamin auf das Schärfste. Denn wenn der Sozialismus zwangsläufig käme, wäre die politische Aktion überflüssig. Angesichts der Bedrohung durch den Faschismus habe sich der Fortschrittsglaube der Sozialdemokratie als fataler Irrtum erwiesen. Deshalb forderte Benjamin den sofortigen Widerstand: Die neue Gesellschaft sei jederzeit möglich.

Für Benjamin ist in der Geschichte jederzeit eine Umkehr möglich, kann die Menschheit vom Übel erlöst werden. Diese Haltung erinnert an religiöse Denkmuster. Doch Benjamin vertritt in dieser These nicht den jüdischen Glauben, wonach der Messias zu einem unbekannten Zeitpunkt die Welt erlöst. Benjamin benutzt die Denkfigur des Erlösers, um darauf aufmerksam zu machen, dass eine durchgreifende politische Revolution in jedem Augenblick möglich ist. Damit sich ein Umsturz ereignet, muss nach Benjamin die Gunst der Stunde genutzt werden. Dies kann aber nur geschehen, wenn die Zeichen der Zeit von den Menschen erkannt werden. Seine Hauptthese ist, dass die Gegenwart ohne die Vergangenheit nicht richtig verstanden werden kann. Die Vergangenheit darf nicht als simple Aufeinanderfolge von Daten, Zeiten, Königshäusern, Schlachten und Fakten aufgefasst werden. Viel wichtiger sei es, die Träume und Sehnsüchte der Vergangenheit aufzugreifen. Das hätten auch die Vertreter der Französischen Revolution gewusst, die sich in vielen Punkten auf die fortschrittlichen Potenziale der römischen und griechischen Antike (Rechtsbegriffe, Tugendlehren, Rationalität) bezogen hätten. Die Hoffnungen und Träume der Menschen seien aber nicht nur in der Kunst oder der Philosophie überliefert, sondern ließen sich auch an alltäglichen Gegenständen wie Spielzeugpuppen, Interieurs, Straßenbeleuchtungen usw. verifizieren.

Benjamin versuchte an eher unscheinbaren Gegenständen wie alten Kinderbüchern, Spielkarten und Interieurs die in ihnen objektivierten Hoffnungen einer vergangenen Generation abzulesen. Ihm schwebte vor, diese Energien aus der Vergangenheit für das konkrete Projekt der Erneuerung der Gesellschaft miteinzubeziehen.

Den Kapitalismus begriff Benjamin als Ersatzreligion. Und in der Tat ist es auffällig, wie viele sakrale Begriffe in die Wirtschafts- und Finanzwelt eingeflossen sind. Man geht zur Messe und meint damit nicht das Hochamt, sondern die Automobilmesse in Frankfurt oder die Elektronikmesse in Berlin. Man spricht von einem Erlös, was an Erlösung erinnert, es werden Kredite vergeben, worin das Wort Credo steckt, und es wird von Schuld und Gläubigern gesprochen. Wer bei der Bank einen Kredit aufnehmen will, fühlt sich im Gespräch mit dem Finanzberater an die Beichte erinnert, in der man alle »Sünden« – sprich laufende Verpflichtungen – »gestehen« muss. Kapital, Warenwelt und Stars werden wie neue Götter verehrt, die Bankhäuser in den Großstädten erscheinen als die eigentlichen modernen Kathedralen. An den Kaufhäusern und Weltausstellungen des 19. Jahrhunderts erkannte Benjamin, dass in der modernen Welt die Ware immer mehr zum alle Sinnbezüge beherrschenden Götzen wird.

Doch Götzen seien in der Regel innen hohl. Die Zweideutigkeit der Konsumgesellschaft versuchte Benjamin am Beispiel der Pariser Passagen aufzuweisen. Bei den Passagen handelte es sich um zu Beginn des 19. Jahrhunderts gebaute überdachte Glasbauten, die Straßenzüge miteinander verbanden, sodass die Flaneure trockenen Hauptes die glitzernde Warenwelt bestaunen konnten. Zunächst galten die Passagen als Publikumsattraktion, doch schon bald wurden sie von den großen Boulevards und Kaufhäusern des Städteplaners Georges-Eugène Haussmann (1809–1891) verdrängt. Die Passagen symbolisierten in besonderem Maße die schnelle Zerfallszeit im Kapitalismus. Als Benjamin sie in den 20er- und 30er-Jahren besuchte, waren sie schon heruntergekommene Orte, an denen sich abends meist nur einsame Männer und Prostituierte aufhielten. Die Hure als menschliche Ware und der Flaneur, der die Waren ansieht, die ihn zum Kauf verführen sollen, wurden für Benjamin zu repräsentativen Figuren des Warenkapitalismus.

Eine Abkehr vom Kapitalismus erscheint nach dem Zusammenbruch des Sozialismus so unwahrscheinlich wie noch nie. Im Gegenteil empfinden die meisten Menschen Kapitalismus und Demokratie keineswegs als katastrophal, sondern als eine Gesellschaftsform, von der Winston Churchill gesagt hat, dass sie die schlechteste Staatsform ausgenommen aller anderen sei. Benjamins Satz trifft deshalb wohl weniger auf unser Gesellschaftssystem als auf seine Dynamik und unseren ausbeuterischen Umgang mit der Natur und ihren Ressourcen zu. Hier liegen im »einfach so Weitermachen« in der Tat große Risiken. Zwar leben die Menschen in den Industrieländern in Wohlstand und Sicherheit, andererseits scheint die ökonomische Prosperität auf zahlreichen Widersprüchen zu basieren. Schon in den 70er-Jahren des 20. Jahrhunderts hat der Club of Rome auf die ökologischen Risiken und Grenzen eines extensiven Wirtschaftswachstums hingewiesen. Die Veränderungen der Umwelt aufgrund der Bevölkerungsexplosion und der industriellen Einflüsse auf die Natur (Klimawandel, Ausbeutung lebenswichtiger Ressourcen) sind immer noch ungelöste grenzüberschreitende Probleme. Wenn die Menschheit ihr Verhalten nicht ändert, kann das zu ihrem eigenen Untergang führen. Für Benjamin ist ein Bewusstseinswandel jederzeit möglich. Die Geschichte ist keine Einbahnstraße, wie der Fall der Mauer am 9. November 1989 beweist. Damals hatten sich die Ost-Berliner Bürger ohne

Absprache untereinander versammelt, um ihr Recht auf Freiheit einzufordern. Kein Zukunftsforscher, kein Politologe hat dieses Ereignis vorausgesehen.

37.

»Der Hauptunterschied zwischen Einstein und einer Amöbe ist der, dass Einstein bewusst auf Fehlerbeseitigung aus ist.«

KARL RAIMUND POPPER, 1902–1994

Für den österreichischen Denker Karl Raimund Popper gibt es weder eine Gewissheit im Erkennen noch ein fehlerfreies Fundament in den Wissenschaften. Jeder Wissenschaftler kann sich jederzeit irren. Stets gelte es die Möglichkeit zu bedenken, dass nicht ich, sondern der andere recht haben könnte. Der von Popper begründete Kritische Rationalismus besagt, dass es niemals ein absolut sicheres Wissen, sondern nur Annäherungen an die Wahrheit gibt. Nicht nur in der Philosophie, auch in der Soziologie und Biologie wurde Poppers Ansatz intensiv diskutiert. Wie für alles Leben gelte auch für den Menschen: Nur wer aus seinen Fehlern lernt, hat die besseren Chancen. In der Schrift »Objektive Erkenntnis« erläutert Popper: »Der Hauptunterschied zwischen Einstein und einer Amöbe ist der, dass Einstein bewusst auf Fehlerbeseitigung aus ist.« Im Vergleich zur Evolution habe jedoch die wissenschaftliche Fehlerbeseitigung einen entscheidenden Vorteil: In ihr werden nur Theorien, Hypothesen und Vermutungen verbessert, sodass »das, was als erfolglos ›ausstirbt‹, kein Lebewesen (ist), sondern eine Theorie, die wir schnell neu und besser erfinden können«.

Berühmt wurde Poppers Beispiel von den weißen Schwänen, mit dem er seine Behauptung von der begrenzten Reichweite von Theorien und sein Falsifikationsprinzip bildlich aufzuzeigen verstand. Nach Popper können nämlich noch so viele weiße Schwäne nicht beweisen, dass alle Schwäne weiß sind, da schon ein einziger schwarzer Schwan genüge, um die These zu widerlegen. Logisch betrachtet kann man Theorien nie zu 100 Prozent beweisen, wohl aber stichhaltig widerlegen. Wissenschaftlern, die mit einem absoluten Wahrheitsanspruch auftreten, misstraute Popper ebenso wie sogenannten holistischen (aus dem Lateinischen, das Ganze betreffend) Ansätzen in der Gesellschaftstheorie. Holisten gehen davon aus, dass man die Menschen und die Gesellschaft vor dem Hintergrund eines umfassenden Prinzips zu interpretieren habe. Im Gegensatz dazu war Popper Pluralist. Für ihn besteht die Gesellschaft aus vielen verschiedenen Elementen und Strukturen, die keine allumfassende Einheit aufweisen. Nicht in Revolutionen, sondern in der Wechselwirkung von Versuch und Irrtum sieht Popper die richtige Methode, um zu Fortschritten zu kommen: »Wir irren uns empor«, wie es bei Popper heißt.

Popper wurde 1902 als Sohn eines Rechtsanwalts in Wien geboren. Schon als Kind hatte er sich mit philosophischen Problemen, z. B der Frage nach der Endlichkeit oder Unendlichkeit des Universums, beschäftigt. Im Alter von 17 Jahren gelangte Popper zu der Überzeugung, dass man Ideologien gegenüber misstrauisch sein sollte. Theorien hätten sich für die Menschen und nicht umgekehrt die Menschen für die Theorien zu bewähren. Zunächst vom Marxismus beeinflusst, wandte er sich wegen eines Erlebnisses in der Wiener Hörlgasse wieder davon ab. Kommunistische Heißsporne hatten versucht, im Zuge einer Arbeiterdemonstration inhaftierte Gesinnungsgenossen aus dem

Gefängnis zu befreien. Die Polizei schoss und es gab zahlreiche Tote auch unter den Jugendlichen. Schuld an ihrem sinnlosen Tod hatte Popper zufolge auch eine These aus dem »Kommunistischen Manifest«, dass nämlich die Arbeiter im Kampf gegen das Kapital nichts als ihre Ketten zu verlieren hätten. Aber die jungen Leute hatten offenkundig mehr verloren als ihre Ketten: ihr Leben. Die kommunistischen Funktionäre taten den Tod der Genossen stattdessen als notwendiges Opfer für die baldige Weltrevolution ab. Popper kam zu dem Schluss, dass der »Versuch, den Himmel auf Erden einzurichten, (...) stets die Hölle (produziere)« und entwickelte von nun an ein tiefes Misstrauen gegenüber Ideologien. 1937 emigrierten Popper und seine Ehefrau nach Neuseeland. Nach dem Krieg wurde er Professor an der *London School of Economics*, an der er bis zu seiner Emeritierung im Jahr 1969 als Professor für Logik und wissenschaftliche Methodenlehre tätig war. 1965 wurde er von der britischen Queen aufgrund seiner wissenschaftlichen Leistungen in den Ritterstand erhoben. Bis zu seinem Tod 1994 in London widmete sich Popper ganz seinen philosophischen Studien.

In seinem Werk »Die offene Gesellschaft und ihre Feinde« untersuchte Popper die Wurzeln des Totalitarismus bis weit in die Anfänge der abendländischen Philosophie. Dabei unterschied er zwischen Philosophen, die ein freiheitliches Weltbild vertraten, wie Sokrates und Kant, und Denkern wie Platon, Hegel und Marx, die eine eher geschlossene Gesellschafts- und Staatsform befürworteten. Letztere hätten ein System propagiert, in dem jedes Individuum eine ganz bestimmte Funktion einzunehmen habe. Damit hätten sie nach Popper ein Gesellschaftsbild vertreten, das dem Prinzip der Freiheit und Pluralität nicht gerecht werden könnte. Poppers Falsifikationsprinzip führte insbesondere in den Gesellschaftswissenschaften zu wertvollen Erkenntnissen. Theorien verbesserten sich, indem Hypothesen an neu auftretenden Problemen verändert oder weiterentwickelt würden. Analog zu diesem Prinzip ließe sich auch die Gesellschaft am besten durch Problemlagen, die zu lösen seien, Schritt für Schritt reformieren. Popper schlägt bei Reformen also schrittweise Verbesserungen in überschaubaren Teilbereichen vor, um die prinzipiell unkalkulierbaren Folgen menschlichen Handelns wenigstens teilweise zu überblicken und kontrollieren zu können. Sein Konzept einer »stückweisen Sozialtechnologie« (»piecemeal social engineering«) fordert im Kontext von politischen Reformen, an aktuell auftauchenden Problemen anzusetzen und den Menschen in aktuellen Krisen zu helfen. Vor fanatischen Weltverbesserern warnt Popper, weil sie keine Opposition bzw. Kritik ertrügen und deshalb dem Fortschritt entgegenarbeiteten. Entscheidend für die demokratische Verfassung eines Landes sei die Art und Weise, wie das Parlament eine Absetzung ungeeigneter Politiker – Stichwort Fehlerkorrektur – ermögliche bzw. eine öffentliche Debatte über die Regierungspolitik geführt wird.

Sowohl in den Wissenschaften als auch in der Politik plädierte Popper für eine selbstkritische Einstellung. Gemeinsam kommt man der Wahrheit näher. Dazu muss man lernen, zwischen sachlicher und persönlicher Kritik zu unterscheiden. Ist man in einer Sachfrage anderer Meinung, heißt das nicht, dass man jemanden persönlich ablehnt. Diskussionen sollten in einer offenen und sachlichen Atmosphäre stattfinden. Manche Menschen fühlen sich schon beleidigt, wenn jemand anderer Meinung ist. Man müsse aber unbedingt zwischen dem Wahrheitsgehalt einer Behauptung und der persönlichen Sympathie bzw. Antipathie trennen. In einer geschlossenen Gesellschaft, in der Kritik als Majestätsbeleidigung verstanden wird, gibt es keinen Fortschritt. Solche Systeme und Verhaltensweisen sind nach Popper dem Untergang geweiht. Nur in einer offenen Atmosphäre lassen sich im Alltags- und Berufsleben kreativere oder bessere Lösungen finden.

38.

»Es gibt kein richtiges Leben im Falschen.«

THEODOR W. ADORNO, 1903–1969

Für Theodor W. Adorno breitete der Holocaust seinen Schatten nicht nur über die deutsche Geschichte, sondern darüber hinaus über die gesamte abendländische Kultur aus. Im Allgemeinen herrscht die Ansicht vor, dass man in Europa – trotz negativer Ereignisse wie den Kreuzzügen, der Hexenverfolgung, des Imperialismus – stolz auf Errungenschaften wie die Entwicklung von Demokratie, Wohlstand, Wissenschaft und Aufklärung sein könne. Leonardo da Vinci, Raffael, Mozart und Beethoven, Newton und Einstein stehen für die Blüte des okzidentalen Geistes. Mit Europa assoziieren wir in der Regel die Werte der Freiheit, des Individualismus, des Humanismus und der Toleranz. Aber, so fragt Adorno, wie konnte es dann ausgerechnet in einer Kulturnation wie Deutschland – dem Land der Dichter und Denker – zum Holocaust kommen? Wie kann man Beethoven, Goethe und Mozart lieben und trotzdem ein Nazi sein? Darauf gab Adorno die Antwort, dass Auschwitz für das Scheitern der westlichen Kultur stehe: »Auschwitz (hat) das Misslingen der Kultur unwiderleglich bewiesen. Alle Kultur nach Auschwitz, samt der dringlichen Kritik daran, ist Müll.«

Adorno wurde 1903 in Frankfurt am Main als Sohn eines jüdischen Weinhändlers und einer Opernsängerin geboren. Lange Zeit konnte er sich nicht zwischen einer Laufbahn als Komponist oder als Philosoph entscheiden. 1925 siedelte er nach Wien über, um bei dem Zwölftonmusiker Alban Berg Komposition zu studieren. 1937 heiratete er in England die Chemikerin Margarete (Gretel) Karplus. Aus der Ehe gingen keine Kinder hervor, wegen der unruhigen Zeiten, wie Adorno später bedauernd erklärte. Erst Ende der 30er-Jahre emigrierte Adorno in die USA, wo er Mitglied des berühmten Instituts für Sozialforschung wurde. Während seiner Zeit in Kalifornien kam es zur Zusammenarbeit mit Thomas Mann, da dieser an seinem Roman »Dr. Faustus« schrieb. Adorno steuerte Material für den musiktheoretischen Hintergrund des Romans bei. Nach dem Krieg kehrte Adorno nach Frankfurt zurück und trat dort eine Stelle am Institut für Sozialforschung an, dessen Leiter er später wurde. Er starb im Januar 1969 während eines Urlaubs in der Schweiz an einem Herzinfarkt.

Adorno war der führende Vertreter der Kritischen Theorie der Frankfurter Schule, die eine Kritik an der Gegenwart vom Standpunkt einer gerechteren und freieren Gesellschaft aus leisten wollte. Die moderne Gesellschaft bezeichnete Adorno als bis in ihre kleinsten Verästelungen vom Prinzip der Geldwirtschaft durchdrungen. Für die Menschen bedeute dies, dass sie sich entweder anpassen oder aus der Gesellschaft aussteigen müssten. Adorno wurde nicht müde zu betonen, dass unter den Bedingungen des kapitalistischen Wirtschaftssystems kein gutes Leben möglich sei. Sein Satz »Es gibt kein richtiges Leben im Falschen« stammt aus der »Minima moralia«, einem im amerikanischen Exil zusammengestellten Band kulturkritischer Aphorismen. In New York, der amerikanischen Metropole des Kapitalismus und seiner ersten Station im Exil, fühlte sich Adorno nie richtig wohl, weil ihm die zwischenmenschlichen Beziehungen in den USA viel zu oberflächlich vorkamen. In der Moderne werde alles von Verwertungszwängen beherrscht. Was man auch täte, es sei immer falsch. Halte man sich von der Politik fern, könne man nichts verändern, mische man sich in sie ein, werde man schon bald vom System vereinnahmt: »Der Distanzierte bleibt so verstrickt wie der Betriebsame. Es gibt aus der Verstrickung keinen Ausweg.« Das Einzige, was übrig bleibe, sei die Kenntnisnahme all dessen, was uns krank macht, die schonungslose Analyse von sich selbst und unserer Kultur.

In der gemeinsam mit Max Horkheimer verfassten Schrift »Die Dialektik der Aufklärung« versuchte Adorno aufzuzeigen, dass es in der abendländischen Kultur von Anfang an Faktoren gab, die auf die Katastrophe des Faschismus hingewiesen hätten. Der Faschismus sei kein Unfall der Geschichte gewesen, da es in der westlichen Kultur schon immer einen übertriebenen Willen zur Macht gegeben habe. Nichts habe der westliche Mensch mehr gefürchtet, als die Macht zu verlieren: über sich und über die Natur. Unsere Kultur sei geradezu von der Idee besessen, alles unter Kontrolle bringen zu wollen. Von einer partnerschaftlichen Beziehung zur Natur und den Mitmenschen sei in der abendländischen Kultur nie etwas zu spüren gewesen. Das faschistische Denken in Listen, Tabellen, Verordnungen sei nur der extreme Ausdruck einer »instrumentellen Vernunft« gewesen, die alles Denken in den Dienst der Wirtschaft und Technik stellt. Der Höhepunkt des Werkes ist eine brillante Interpretation eines der Abenteuer des Odysseus, dargestellt als Drama des modernen Menschen.

Im zwölften Gesang der »Odyssee« lässt sich Odysseus von seinen Gefährten an einen Mast ketten, damit er den verführerischen Gesängen der Sirenen zwar lauschen, ihrem tödlichen Lockruf jedoch widerstehen kann. Den Ruderern befiehlt er, ihre Ohren mit Wachs zu verstopfen, damit sie die verzaubernden Sirenenklänge erst gar nicht hören und sicher Kurs halten können. Der an den Mast gefesselte Odysseus ist für Adorno ein Sinnbild für die beginnenden Subjektzwänge in der antiken, aber darüber hinaus auch in der modernen Welt. Denn wie der listige Odysseus sei auch der moderne Mensch stets auf der Hut, niemals die Kontrolle über sich zu verlieren, weshalb er sich selbst an die Prinzipien der Arbeits- und Leistungsgesellschaft gekettet habe. Der Preis dafür sei der Verlust an Muße, Freude und Spontaneität und ein ständiges Misstrauen gegenüber sich selbst und den anderen. Es mag zwar »vernünftig« gewesen sein, dass sich Odysseus anketten ließ, aber er habe sich damit auch die Freiheit genommen, die eigenen Erfahrungsgrenzen zu überschreiten. Odysseus kann sich nur behaupten, indem er den Verlockungen der Sirenen entsagt. Für Adorno und Horkheimer zeigt seine Geschichte, dass sich unsere Kultur von Beginn an gegen die Natur und die Sinnlichkeit und für das Leistungsprinzip entschieden hat.

Die von Adorno ausgearbeitete Zeit- und Kulturkritik wurde von den 68ern aufgegriffen. Als die Studenten mit Parolen wie »Unter dem Pflaster liegt der Strand« oder »Fantasie an die Macht« das Institut besetzten, ließ Adorno jedoch den Campus von der Polizei räumen, um den normalen Lehrbetrieb wieder herzustellen, u. a. weil er der Bewegung keine Chance auf Erfolg einräumte. Adorno glaubte, dass das kapitalistische System die gegen es gerichtete Kritik aufgreifen und produktiv für seine Zwecke nutzen werde. Heute wissen wir: Politiker, die damals Straßenbarrikaden bauten, verändern sich unter den Bedingungen der Macht zu Designeranzüge tragenden Ministern. Che Guevaras Porträt findet sich mittlerweile auf zahllosen Modeartikeln vermarktet; nicht um zur Revolution aufzurufen, sondern weil es einfach chic ist und sich damit Geld verdienen lässt. Der Kapitalismus hat am Ende von jeder Kritik profitiert, er besitzt eine außerordentliche Selbsterneuerungskraft. Seine Kritiker schlägt er mit dessen ureigensten Waffen.

Gemäß seinem Satz »Es gibt kein richtiges Leben im Falschen« sah Adorno in allen Lebensbereichen die Gefahr, vom Kapitalismus korrumpiert zu werden. Kunst und Musik warf Adorno vor, die Leute nur unterhalten und zerstreuen und vom eigenständigen Denken ablenken zu wollen. Selbst die Jazz-Musik fiel unter Adornos Verdacht, auch nur das Establishment zu stärken. Die freien Improvisationen und Interpretationen im Jazz seien gar nicht so frei, wie viele meinten. Bei genauerer Analyse lasse sich nämlich nachweisen, dass sie einem ziemlich einfachen Schema folgten. Für Adorno galt: Eine leicht zugängliche Kunst ist Schund und somit geradezu das Ende der Kunst. Je schwieriger Musik oder ein Theaterstück zu verstehen sei – Adorno dachte an die atonale Musik Arnold Schönbergs oder Samuel Becketts absurdes Theater –, desto authentischer und wahrer sei es. Wahr sei nur noch, »was nicht in diese Welt passt«. Dieser Rigorismus erscheint vor dem Hintergrund des Holocaust verständlich, führte letztlich jedoch in eine Sackgasse. Aus heutiger Sicht erscheint es voreingenommen, die gesamte abendländische Kultur unter Generalverdacht zu stellen. Es gibt in ihr viele Möglichkeiten, kreativ zu sein. Es gibt eine Pluralität der Lebensformen und der Kunststile, die etwas Gutes und Schönes vermitteln können.

39.

»Der endgültig entfesselte Prometheus, dem die Wissenschaft nie gekannte Kräfte und die Wirtschaft den rastlosen Antrieb gibt, ruft nach einer Ethik, die durch freiwillige Zügel seine Macht davor zurückhält, dem Menschen zum Unheil zu werden.«

HANS JONAS, 1903–1993

Dem griechischen Mythos zufolge stahl der Halbgott Prometheus den Göttern Kleidung, Waffen und Feuer, um sie den Menschen zu schenken, damit sie sich im Kampf ums Überleben gegen die Natur behaupten konnten. Wegen dieses Diebstahls wurde er von Zeus an eine Felswand im Kaukasus gekettet, an der er von nun an sein Leben fristen musste. Seit dem 18. Jahrhundert steht Prometheus nicht zuletzt wegen Goethes gleichnamigem Gedicht für das Selbstbewusstsein und die Gefährdung des auf seine technischen Fertigkeiten setzenden Menschen. In seinem Buch »Das Prinzip Verantwortung« aus dem Jahr 1979, woraus unser Zitat stammt, warnt der Philosoph Hans Jonas davor, dass wie einst bei Prometheus und in Goethes Ballade vom »Zauberlehrling« die Technik zum verhängnisvollen Schicksal für den Menschen werden könnte. In Goethes Ballade hat der Zauberlehrling die Formel des alten Hexenmeisters vergessen, wie man den Wasser herbeischleppenden Besen wieder stoppen kann. Es kommt zu heillosen Überschwemmungen.

Im Allgemeinen wird die moderne Technik ähnlich wie gewöhnliche Werkzeuge als ethisch neutral bewertet. Zum Beispiel sei ein Messer ethisch betrachtet weder gut noch schlecht, es komme ganz auf seinen Gebrauch an. Mit einem Messer könne man zum Beispiel ein Brot schneiden, aber auch einen Menschen umbringen. Es komme also nur auf die Absicht an, wie die Technik angewandt wird. Jonas ist der Ansicht, dass eine solche Betrachtung zwar in früheren Zeiten ihre Berechtigung hatte, nicht jedoch auf die modernen technischen Möglichkeiten anzuwenden ist. Denn Letztere hätten in unserem Leben schon so viel Einfluss, dass sie dadurch selbst zum ethischen Problem würden, selbst dann, wenn ihre Anwendung auf zivile oder humanitäre Zwecke beschränkt würde. Jonas betont, dass man heutige wissenschaftlich-technologische Fortschritte nicht isoliert sehen dürfe. Wenn wir Pflanzen durch Genmanipulationen herstellen, die gegen Schädlinge resistent sind, wissen wir nicht, welche Auswirkungen dies auf den weiteren Verlauf der Nahrungskette haben kann. Selbst wenn wir die Atomtechnik nur zivil nutzen, dann entstehen dadurch Abfallprodukte, die noch viele Generationen nach uns belasten können.

Hans Jonas wurde 1903 in Mönchengladbach geboren. Sein Studium der Philosophie, Theologie und Kunstgeschichte begann er in Freiburg bei Edmund Husserl, um es in Berlin und Heidelberg fortzusetzen. Prägend wurde die Begegnung mit Martin Heidegger in Marburg, bei dem er mit einer Arbeit über den Begriff der Gnosis promovierte. 1933 emigrierte Jonas nach England, um von dort im Jahr 1935 nach Palästina zu gehen. 1938 folgte er einem Ruf an die Hebräische Universität von Jerusalem. Während des Zweiten Weltkrieges diente er in der britischen Armee als Propagandist für den Militärdienst bei den Alliierten. 1948–49 war er Artillerieoffizier bei der Hagana, der Untergrundorganisation der Israelis. 1949 siedelte Jonas nach Kanada über, wo er bis 1954 in Montreal und Ottawa lehrte. Im Jahre 1955 entschloss er sich, an die *New School for Social*

Research in New York zu wechseln, an der er bis zu seiner Emeritierung Professor war. Hans Jonas erhielt für sein philosophisches Werk im Jahr 1987 den Friedenspreis des Deutschen Buchhandels. Kurz vor der Vollendung seines 90. Lebensjahres starb er 1993 in New York.

In seinem 1979 erschienenen Hauptwerk »Das Prinzip Verantwortung« mit dem Untertitel »Versuch einer Ethik für das technologische Zeitalter« fragt Jonas, wie das Überleben auf der Erde auf längere Sicht möglich sei. Dafür sei es notwendig, dass die Menschheit eine neue – ökologische – Ethik entwickele. Jonas fordert eine neue Verantwortungsethik, welche die neu entstandene Sachlage, dass nämlich durch das Handeln unserer Generation die Grundlagen für das Leben zukünftiger Generationen zerstört werden kann, mitreflektiert. Für Jonas steht fest, dass die Maximen der traditionellen Ethiken, wie zum Beispiel die Gebote der Gerechtigkeit, der Barmherzigkeit, der Nächstenliebe, in heutiger Zeit nicht mehr ausreichen. Diese Gebote seien noch wichtig im gegenwärtigen Miteinander, sie genügen jedoch nicht mehr, wenn es um das Wohl der zukünftigen Generationen geht: »Keine frühere Ethik hatte die globale Bedingung des menschlichen Lebens und die ferne Zukunft, ja Existenz der Gattung zu berücksichtigen.«

Vor diesem Hintergrund entwickelte Jonas einen neuen kategorischen Imperativ: »Handle so, dass die Wirkungen deiner Handlungen nicht zerstörerisch sind für die künftige Möglichkeit solchen Lebens.« Jonas fordert in Bezug auf die Entwicklung neuer Technologien eine sogenannte »Heuristik der Furcht«: Man solle sich in Bezug auf die Technik stets vor Augen halten, welche schlimmstmöglichen Folgen durch sie denkbar wären. Welchen Risiken sind zukünftige Generationen möglicherweise ausgesetzt, wenn wir eine spezielle Technologie einsetzen? Aufgabe einer »Heuristik der

Furcht« sei es, durch wissenschaftliche und andere Methoden der Öffentlichkeit drastisch vor Augen zu führen, auf welch gefährlichem Terrain wir uns bewegen. Gegenwärtig gilt zumeist, das technisch Mögliche auch zu machen. Doch nach Jonas sollte man es sich gut überlegen, ob die kurzfristigen Vorteile, die wir uns von bestimmten Techniken versprechen, es wirklich wert sind, eventuell die Zukunft der Menschheit aufs Spiel zu setzen. Weil der Mensch bei möglichen negativen Folgen ein Verdrängungskünstler sei, wolle er die durch die Technik entstehenden Gefahren nicht wahrhaben. Deshalb sei es umso wichtiger, dass Wissenschaftler Dokumentationen erarbeiten, mit denen sie die Öffentlichkeit über die Risiken informieren. Vermutlich hätte Jonas den berühmten Dokumentarfilm von Al Gore »Eine unbequeme Wahrheit« aus dem Jahre 2006, in dem vor den Risiken der globalen Erderwärmung gewarnt wird, als wichtigen Beitrag für die umweltpolitische Diskussion beurteilt.

Seit Jonas sein Buch schrieb, haben die Erfahrungen mit Contergan, Asbest, Chemieunfällen in Seveso und Bhopal sowie der Reaktorkatastrophen in Harrisburg und Tschernobyl zu einer weitverbreiteten Technikskepsis geführt. Grüne Gentechnik, Stammzellenforschung, das Klonen von Lebewesen oder die Energiegewinnung durch Kernspaltung sind heute Techniken, die als gefährlich eingeschätzt werden. Oft heißt es, dass dies an den übertriebenen Katastrophenszenarios von selbst ernannten Umweltschützern liege, doch heute warnen sogar die Experten selbst vor Techniken, die in der Öffentlichkeit noch gar nicht als risikoreich wahrgenommen werden. Dies ist zum Beispiel bei der Nanotechnik – mittels ihr werden Strukturen und Objekte hervorgebracht, deren Abmessung weniger als ein Tausendstel des Durchmessers eines Haares beträgt – der Fall. Mit ihr lassen sich zwar einerseits bestimmte Krankheiten besser behandeln, die Computerindustrie revolutionieren und ein wirtschaftlicher Boom begründen, aber es könnte auch zu einem Verlust der Privatsphäre und Übergriffen durch sich selbst replizierende Roboter kommen. Es wird also immer gefährlicher, aus Machbarkeitsgründen neue Techniken zu kreieren. Zur Entwicklung der Gentechnik meldete Jonas bereits in den 60er-Jahren Bedenken an. Selbst wenn durch die Gentechnik bei der Bekämpfung des Welthungers und der Behandlung von Erbkrankheiten wie Krebs Erfolge möglich sein sollten, so steht Jonas, der auf die Versöhnung zwischen Mensch und Natur setzt, solchen tiefen Eingriffen in das Innerste der Natur skeptisch gegenüber.

40.

»Der Mensch ist zur Freiheit verurteilt.«

JEAN-PAUL SARTRE, 1905–1980

Als Jean-Paul Sartre am 19. April 1980 in Paris beerdigt wurde, folgten mehr als 50 000 Menschen dem Trauerzug zum Friedhof Montparnasse. Sartres Name war zu einem Symbol für die Freiheit und zum Inbegriff für das politische Engagement eines Intellektuellen geworden. Sartres Einfluss reichte weit über die Grenzen Frankreichs hinaus. Mit seiner Philosophie des nonkonformistischen Existenzialismus traf er den Nerv der Nachkriegszeit. Man hatte genug von den politischen Ideologien und dem Gerede von überindividuellen Instanzen wie Klasse, Rasse oder Nation. Sartres Gesellschaftskritik richtete sich gegen jede Art von Angepasstheit und Unterordnung und betonte radikal die Freiheit des Einzelnen. Als Individualist war er stets bestrebt, so unabhängig wie möglich zu sein. Zum Beispiel lehnte er den ihm angebotenen Nobelpreis für Literatur mit dem Argument ab, dass auch eine Ehrung verpflichten könne. Kein anderer Philosoph vertrat einen radikaleren Freiheitsbegriff als er: Der Mensch sei »verurteilt zur Freiheit«.

Nach dem Tod seines Vaters wuchs Sartre unter der Obhut seiner Mutter bei seinem Großvater, dem Deutschlehrer Charles Schweitzer – einem Onkel des Nobelpreisträgers Albert Schweitzer – auf. Schon in der Schule und im anschließenden Studium an der Eliteschule *École Normale Supérieure (ENS)* glänzte Sartre mit besonders guten Leistungen. An der ENS lernte er seine Lebensgefährtin Simone de Beauvoir kennen. Beide waren durch ihre »Ehe ohne Trauschein« für viele Menschen der Nachkriegszeit Vorreiter einer alternativen Lebensweise. Während des Zweiten Weltkrieges war Sartre Mitglied der Résistance. Nach dem Krieg wurde er zu einem weltweit bekannten Schriftsteller und Philosophen, dessen Name fast schon zum Synonym für den Existenzialismus wurde. Im Existenzialismus rückt die Existenz des Menschen, sein Dasein, sein Leben und seine Freiheit in den Mittelpunkt der Betrachtung. Für Aufsehen sorgte Sartre, als er im Jahr 1974 den Terroristen Andreas Baader im Gefängnis in Stuttgart/Stammheim besuchte. Es ging ihm damals jedoch keineswegs um die Unterstützung der Rote Armee Fraktion (RAF), sondern um den öffentlichen Protest gegen die seiner Meinung nach unmenschlichen Bedingungen der Isolationshaft.

Für Menschen, die sich mit vordergründigen Meinungen, Konventionen und Verhaltensschablonen zufriedengeben, hatte Sartre keinerlei Verständnis. Angepasstes Verhalten setzte er einer Flucht vor der Freiheit – einem Vertrauensbruch gegenüber dem Menschsein – gleich. Selbstbetrug machte Sartre bei allen von ihm so genannten »Ernsthaften« und »Lumpen« (französisch »salauds«) aus. Denn diese wollten nicht zugeben, dass sie selbst ein wesentliches Element in einer bestehenden Sozialordnung sind. Sie täten gerade so, als ob die Welt, in der wir lebten, eine feststehende Ordnung habe, und wollten nicht eingestehen, dass man durch sein Tun (genauso wie durch sein Nichttun) der eigentliche Ursprung dieser Ordnung sei. Am Beispiel eines Kellners versuchte Sartre zu zeigen, was es heißt, wenn jemand die Möglichkeiten seiner Existenz verleugnet: »Beobachten wir einen Kellner im Café (...) er kommt mit einem etwas zu lebhaften Schritt auf die Gäste zu, er verbeugt sich mit etwas zu viel Beflissenheit (...)«. Sartre kritisierte am Verhalten des Kellners, dass er sich mit seiner beruflichen Rolle vollkommen identifiziert. Der Mensch ist für Sartre mehr als sein Beruf. Man könne jederzeit Nein sagen oder seine Arbeit letztendlich auch kündigen, wenn man zum Beispiel die Unternehmenspolitik nicht mittragen wolle. Sartres Theorie der Spontaneität hat ihm viel Kritik von Seiten der Arbeiterparteien eingebracht. Die Kommunisten argumentieren, dass man als Proletarier nur wenig Spielraum hat und auf Arbeit angewiesen ist. Doch in diesem Punkt bleibt Sartre eindeutig. Niemand kann zu irgendetwas gezwungen werden. Keine biologische, soziale, politische Machtstruktur kann die Freiheit aufheben. Man bildet sich ein, aus guten Gründen so und nicht anders handeln und denken zu können, und verdrängt, dass es immer auch Alternativen gibt. Wenn man mit etwas nicht einverstanden ist, dann muss man nach Sartre den Mut haben, die Situation zu verändern.

In der Schrift »Ist der Existenzialismus ein Humanismus?«, woraus obiges Zitat stammt, führt Sartre aus, dass man in jeder Situation Handlungsfreiheit hat. Ständig kann man entweder mutig oder feige sein. Jede einzelne Entscheidung sei von größter Wichtigkeit, weil sie entweder die herrschenden Verhältnisse zementiere oder zu ihrer Veränderung beitrage. Jeder muss auf der Bühne des Lebens selbst entscheiden, welches Stück gespielt wird: »Es gibt keine Vorbestimmung (...) der Mensch ist frei, der Mensch ist Freiheit.« Man kann im Gefängnis sein, man kann zum Tode verurteilt werden und dennoch frei sein, wenn man für seine Taten einsteht und sich in seinen Taten wiedererkennt. Selbst vor dem Schafott oder dem Scheiterhaufen gibt es noch eine Wahl. Der Verurteilte kann um Gnade flehen oder wie Giordano Bruno seine Henker verachten. Stets sind es Taten bzw. Entscheidungen, die über das Schicksal bestimmen: »Der atheistische Existenzialismus, für den ich stehe (...) erklärt, (...) der Mensch ist nichts anderes, als wozu er sich macht.«

In wichtigen moralischen Fragen muss der Mensch die Kraft haben, ganz allein seine Entscheidungen zu treffen. Um dies zu erläutern, zog Sartre ein berühmt gewordenes Beispiel heran. Ein Schüler, dessen Bruder bei der deutschen Offensive von 1940 getötet wurde, fragte um Rat, ob er seine alleinstehende Mutter in dem von den Deutschen besetzten Gebiet verlassen sollte, um auf Seiten der französischen Armee zu kämpfen, oder ob er bei ihr bleiben und ihr helfen solle. In solchen Entscheidungskonflikten helfe keine christliche Lehre, keine kantsche Moralphilosophie, kein Utilitarismus, vielleicht noch nicht einmal die innere Stimme. Nach Sartre entscheiden in solchen Fällen allein die Situation und die Tat. Der junge Mann ist bei seiner Mutter geblieben, was seine Persönlichkeit letztlich auch ausmachte. Hätte er sich anders entschieden, wäre er ein anderer gewesen.

Von allem, was als determiniert, zwanghaft, unveränderbar, als rohe harte Realität in Erscheinung tritt, war Sartre –

so berichtet Simone de Beauvoir – angewidert. Im Restaurant bestellte er nur gekochte und nie gegrillte oder rohe Gerichte. Auf dem Land wollte er schon deshalb nicht leben, weil ihm eine urwüchsige Umgebung bedrohlich vorkam. In seinem Roman »Der Ekel« empfindet die Hauptperson Roquentin durch die organische Struktur einer Baumwurzel ein körperliches Unwohlsein. Die Wurzeln, der Baum, die Stadt, die engen Konventionen, das alles empfindet der Protagonist als starr und massiv. Erst beim Hören einer Jazz-Melodie überkommt ihn das angenehme Gefühl der Kreativität, worauf er beschließt, etwas Ähnliches zu schaffen. Nur in der Freiheit der Kunst oder der Großstadtwelt fühlte sich Sartre wohl.

Sartre wurde in den 70er-Jahren von einer neuen Generation in Frankreich lebender Philosophen kritisiert. Sind wir wirklich so frei, jederzeit unsere Identität und Bestimmung auf der Bühne des Lebens wechseln zu können? Sind es nicht vielmehr ökonomische Bedingungen, die unser Leben einschränken, oder Denkweisen, die darauf zurückzuführen sind, dass wir einer bestimmten Kultur angehören? Die sogenannten Strukturalisten wiesen auf grammatikalische und andere Sprachzwänge hin, die unser Denken beeinflussen. Außerdem wurde Anstoß an dem Persönlichkeitskult um Sartre genommen. Der neue Denker, so argumentierte Foucault, sei kein Allround-Intellektueller à la Sartre mehr, der zu jedem und allem etwas zu sagen habe, sondern verfüge über Expertenwissen, um konkreter auf die Machtverhältnisse reagieren zu können. Doch Sartres Persönlichkeit und Aura konnten sich auch die »neuen Denker« nicht entziehen. Gemeinsam mit ihm sieht man sie auf Fotos gegen Ungerechtigkeit und Unterdrückung in Paris demonstrieren.

41.

»Denken ohne Geländer.«

HANNAH ARENDT, 1906–1975

Kann man sein Leben so verändern, dass man sich wie neu geboren bzw. wie ein anderer oder neuer Mensch fühlt? Die Philosophin Hannah Arendt hätte diese Frage mit einem klaren Ja beantwortet. Für die Möglichkeit, jederzeit neu beginnen zu können, hat sie den Begriff der Natalität (Gebürtlichkeit) geprägt. Die Chance, neu starten zu können, sollten Arendt zufolge nicht nur Individuen, sondern auch ganze Gesellschaften für sich nutzen. Den Mauerfall in Berlin als Symbol für die Befreiung vom real existierenden Sozialismus im Jahre 1989 hätte Arendt vermutlich ebenso gefeiert wie die Amerikanische und die Französische Revolution gegen Ende des 18. Jahrhunderts, die sie als Aufbruch zu einer neuen Tradition der Freiheit begriff. Für Arendt liegt der Sinn von Politik in der Freiheit. Unter Freiheit verstand sie im Wesentlichen, spontan etwas Neues anfangen zu können. Am Beispiel von historischen Umbrüchen könne man lernen, dass grundlegende Veränderungen jederzeit möglich sind, wenn man nur offen und mutig genug dafür ist. »Denken ohne Geländer« hat Arendt in ihrer Schrift »Elemente und Ursprünge totaler Herschaft« die Bereitschaft und Fähigkeit genannt, die Welt ohne Scheuklappen zu betrachten und sich für noch nie da gewesene Lösungen zu engagieren.

Schon mit 14 Jahren begann die Tochter eines Königsberger Ingenieurs jüdischer Abstammung philosophische Werke zu lesen. Von dem Existenzphilosophen Karl Jaspers lernte sie, dass man gerade in schwierigen Lebenssituationen zeigen müsse, was für ein Mensch man eigentlich sei. Als Jüdin musste Arendt schon in der Schule zahlreiche Konflikte bestehen, wie sie in einem Gespräch mit Günter Gaus aus dem Jahre 1964 erzählt. Darin erinnert sie sich, wie sie von ihrer Mutter die Anweisung bekam, im Falle von antisemitischen Äußerungen von Lehrern sofort den Unterricht zu verlassen und Hilfe zu holen, während sie sich jedoch bei Provokationen von Gleichaltrigen selbst zur Wehr setzen sollte. Als Arendt nach ihrem Abitur 1924 in Marburg Philosophie zu studieren begann, lernte sie mit ihrem Lehrer Martin Heidegger einen der wichtigsten Philosophen des 20. Jahrhunderts kennen. Es entwickelte sich zwischen den beiden eine unglückliche Liebesbeziehung, die Heidegger nach kurzer Zeit beendete, weil er seine Ehe nicht aufs Spiel setzen wollte. Arendt verließ daraufhin Marburg, um in Heidelberg bei Karl Jaspers weiterzustudieren. Von Jaspers – so Arendt später – habe sie gelernt, »dass man im Freien leben und denken muss und nicht in einem noch so schön eingerichteten ›Gehäuse‹«. Als 1933 die Nazis an die Macht kamen, gelang es ihr nach einer Verhaftung durch die Gestapo zusammen mit ihrem Mann und ihrer Mutter über Portugal in die USA zu fliehen. Dort arbeitete sie an der deutsch-jüdischen Wochenzeitung »Aufbau« mit und wurde Cheflektorin im renommierten Schocken-Verlag in New York.

Besonders interessierte sich Hannah Arendt für Menschen, die wie z. B. die Schriftstellerin Rahel Varnhagen nicht so ohne Weiteres einer bestimmten Kategorie oder Gruppe zuzuordnen sind. In einer Biografie über Varnhagen – Heine bezeichnete sie als die »geistreichste Frau des Universums« – stellte Arendt heraus, wie schwierig es für eine Jüdin im 19. Jahrhundert war, in die deutsche Gesellschaft aufgenommen zu werden. Andererseits könnte es gerade die fehlende Integration gewesen sein, die ihr die Kraft gab, ihren eigenen künstlerischen Ausdruck zu finden und sie zu einer europäischen

Geistesgröße werden ließ. Obwohl Arendt zahlreiche Verfolgungen ertragen musste, war ihr Denken stets von Selbstbewusstsein, der Zuversicht und der Liebe zur Welt (»amor mundi«) geprägt. Um die Zukunft zu bestehen, müsse man die Lehren aus der Vergangenheit verstehen. Besonders hat sich Arendt um das Verständnis der Ursachen des Nationalsozialismus und des Stalinismus bemüht. Diese totalitären Systeme sind genau das Gegenteil von Freiheit und einem »Denken ohne Geländer«. Sie hassen die Differenz und wollen alles, die Politik, das Recht, die Unterhaltung, die Erziehung und Wissenschaft auf einen Nenner bringen. Der Nazismus und der Rassismus wurzeln Arendt zufolge in der Orientierungslosigkeit und Urteilslosigkeit des modernen Massenmenschen. Die moderne Masse sei für demagogische Kampagnen anfällig, sodass überall auf der Welt – auch in den westlichen Demokratien – jederzeit totalitäre Regime entstehen könnten. Als Kern der totalitären Herrschaft begriff Arendt den Terror und das Lager. Denn mit dem Terror in den Gefangenenlagern wollten die Machthaber den Beweis erbringen, dass der Mensch total beherrschbar und als Einzelner in der Massengesellschaft jederzeit ersetzbar bzw. überflüssig und wertlos sei.

1961 war Arendt für die Zeitschrift »New Yorker« nach Israel gereist, um über den Prozess gegen den ehemaligen SS-Obersturmbannführer Adolf Eichmann zu berichten. Eichmann war einer der höchsten Organisatoren des Massenmordes an Juden gewesen. Nach dem Krieg gelang es ihm, nach Argentinien zu fliehen, wo ihn der israelische Geheimdienst aufgespürt und nach Israel entführt hatte. Vor diesem Hintergrund entstand ihre umstrittene These von der »Banalität des Bösen«. Laut Arendt agierte Eichmann keineswegs mit teuflischer Schläue, sondern in ihm konnte sie nur den dumpfen Erfüllungsgehilfen der Macht erkennen.

Vor dem Gericht wollte er sich damit herausreden, dass er wie tausend andere auch nur seine Pflicht getan und höheren Befehlen Folge geleistet hätte. Hätte er sich geweigert, wäre seine »Arbeit« von anderen ausgeführt worden. Aus ihren Beobachtungen zog sie den Schluss, dass gerade diese Urteils-, Gedanken- und Verantwortungslosigkeit einer Demokratie gefährlich werden könnte. Mit ihrer These, dass das Böse banal sei, stieß Hannah Arendt viele Deutsche vor den Kopf, die ihr Gewissen mit der Standardformulierung erleichterten, dass sie lediglich ihren Dienst erfüllen mussten und alles andere nicht wussten. Doch auch in Israel machte sich Arendt unbeliebt, indem sie einige kritische Fragen an das Verhalten der sogenannten Judenräte in den Ghettos des Dritten Reiches stellte.

Wenn Arendt vom »Wagnis der Öffentlichkeit« spricht, meint sie, dass Mut dazu gehört, vor einem Publikum frank und frei seine eigene Meinung zu sagen. Hinzu kommt, dass Diskurse, wenn sie frei und gleichberechtigt geführt werden, prinzipiell offen sind. Niemand weiß im Voraus, welche Position sich durchsetzen wird. Manchmal sind es unerwartete Argumente, überzeugende Einwände, die eine öffentliche Debatte in eine andere Richtung kippen lassen. Arendt zufolge ist jedoch dieses »Risiko des Spontanen« kein Nachteil von Diskussionen. Im Gegenteil: solche überraschende Wendungen seien gerade das Salz in der Suppe einer freien Kommunikation. Zeitlebens fühlte sich Arendt dem Vorbild der Demokratie im alten Griechenland verpflichtet. Damals diskutierten auf dem Marktplatz zu Athen die Bürger auf Augenhöhe miteinander, um für ihren Stadtstaat die besten politischen Lösungen zu finden: In ihrer Schrift »Vita activa oder Vom tätigen Leben« führt Arendt aus: »Politisch zu sein, in einer Polis zu leben, das hieß, dass alle Angelegenheiten vermittels der Worte, die überzeugen können, geregelt werden und nicht durch Zwang und Gewalt.« Die Experten (Kriegsführer, Händler, Künstler) hatten dann die Aufgabe, diese Beschlüsse in die Praxis umzusetzen. Heute sei es gerade umgekehrt so, dass immer häufiger Experten und angebliche »Sachzwänge« die politische Willensbildung bestimmten.

In der modernen Welt fehle es unter den Bedingungen einer Massendemokratie oft an der Differenziertheit in der Beurteilung. Auch scheinen die Räume für die Öffentlichkeit, in der sich nach Arendt die mündigen Bürger erst herausbilden können, immer enger zu werden. Zwar entstehen durch Medien wie Internet und Handys neue Formen, in denen man sich mitteilen kann, doch diese Art der Kommunikation kann den unmittelbaren Austausch der Argumente in öffentlichen Foren wie Bürgertreffs oder Vorträgen nicht ersetzen. Es sei vielmehr zu befürchten, dass es sich immer mehr Menschen lieber zu Hause vor dem Fernsehapparat (oder dem Computer) bequem machten, anstatt in Diskussionen mit anderen Menschen mühsam um Einigung zu ringen. Doch das führt laut Arendt mit der Zeit zu einer sterilen Gesellschaft, in der sich auf der politischen Bühne immer die gleichen Akteure treffen, um immer die gleichen Floskeln auszutauschen.

Deshalb fordert Arendt dazu auf, sich persönlich in die Politik miteinzumischen, damit möglichst viele Interessen, Meinungen und Aspekte in der Öffentlichkeit zur Sprache kommen und berücksichtigt werden können. Nur durch den Austausch der Vielfalt der Perspektiven – im Pluralismus – könne überhaupt eine gemeinsame Welt entstehen. Sie selbst nahm zu den brennenden Fragen ihrer Zeit, dem Vietnam-Krieg, der Studentenbewegung, der Rassendiskriminierung in den USA, stets prononciert Stellung. Dabei zeichneten sich ihre Beiträge durch ein hohes Maß an Urteilskraft und Weitsicht aus. An der 68er-Studentenbewegung begrüßte sie zum Beispiel deren Kritik am deutschen Establishment, das zu nahtlos und selbstgerecht vom Naziregime zur Demokratie übergewechselt sei. Doch gleichzeitig kritisierte Arendt einige Überspanntheiten der Studentenführer, die den Anspruch erhoben, über die Köpfe der anderen hinweg wissen zu wollen, was für diese am besten sei.

Dass Pluralität keine Selbstverständlichkeit, sondern ständig bedroht ist, zeigt gerade das Anwachsen des Fundamentalismus überall auf der Welt. Doch auch von der Globalisierung gehen Gefahren für die Vielfalt und Vielfältigkeit des Lebens aus. Ein wesentlicher Aspekt der Globalisierung ist die kulturelle Homogenisierung, die von der weltweiten Konsum- und Unterhaltungsindustrie ausgeht und zu einer Angleichung der Alltagswelt führt. Eine Gesellschaft, in der es den Menschen nur noch um ihren persönlichen wirtschaftlichen Wohlstand und eine möglichst angenehme Gestaltung der Freizeit geht, erschien Arendt jedoch nicht als erstrebenswert. Sie setzte ganz auf das Ideal der griechischen Polis, in der es den Bürgern im Wesentlichen um die »res publica« (öffentliche Angelegenheit) und nicht nur um die Verfolgung von Privatinteressen gegangen sei.

42.

»Man wird nicht als Frau geboren,
man wird dazu gemacht.«

SIMONE DE BEAUVOIR, 1908–1986

»Man wird nicht als Frau geboren, man wird dazu gemacht«, mit diesem Satz beginnt das Buch »Das andere Geschlecht« von Simone de Beauvoir. In dem 1949 veröffentlichten Werk, das als das theoretische Schlüsselwerk der

Frauenbewegung gilt, ging Simone de Beauvoir der Frage nach, welche Konsequenzen es für Frauen hat, dass ihr Leben von der Beziehung zu ihren Männern und Vätern bestimmt wird. Das Buch wurde ein Welterfolg! Es seien vor allem zwei Schwächen der Frauen, die die Männer ausnutzten: Zum einen ihr Kinderwunsch und zum anderen der Bindungswille an den Mann und die Familie. Während sich der Mann über seinen Geist definiere, würden die Frauen über ihre körperlichen Merkmale bewertet. Frauen sollen sich um die Reproduktion (Kinder, Hausarbeit) kümmern. Eine aktive Rolle in der Gesellschaft sei ihnen dadurch weitgehend verwehrt. Nach ihrem Bucherfolg bereiste Simone de Beauvoir die ganze Welt und engagierte sich zusammen mit Jean-Paul Sartre gegen den Vietnam- und Algerienkrieg.

Simone de Beauvoir wurde 1908 im Pariser Viertel Montparnasse als Tochter aus gutem Hause geboren. Wie sie selbst sagte, hatte sie eine glückliche Kindheit. Ihr Vater war Anwalt am Pariser Appellationsgerichtshof, ihre Mutter eine streng gläubige Katholikin gewesen. Von 1913 bis 1926 besuchte sie das katholische Mädcheninstitut *Cours Désir* in Paris, das sie mit dem Abitur (»baccalauréat«) verließ. Im Alter von 14 Jahren erklärte sie ihrer Mutter, dass sie nicht an Gott glaube und nie mehr zur Messe gehen würde. Nach dem Abitur studierte sie an der Sorbonne Philosophie, ihre Diplomarbeit galt dem philosophischen Ansatz von Leibniz. Simone de Beauvoir war eine der ersten Philosophielehrerinnen in Frankreich. An der Eliteschule *École Normale Supérieure* lernte sie ihren Lebensgefährten Jean-Paul Sartre kennen. Bekannt ist ihre sogenannte »offene Beziehung«. Beide lebten in getrennten Wohnungen im selben Pariser Viertel (und lange Jahre in Hotels) und siezten sich ein Leben lang. Simone de Beauvoir steht für die Emanzipation der Frau in einer Zeit, als dies noch mit zahlreichen Anfeindungen und Beleidigungen von Seiten ihrer Zeitgenossen verbunden war. Es gibt, wie Alice Schwarzer schreibt, keine einzige Zeile in ihrem Werk, »die nicht durchdrungen wäre von der Tatsache, dass sie eine Frau in einer Männerwelt« war. Simone de Beauvoir starb 1986 und wurde in Paris neben Sartre beigesetzt.

In »Das andere Geschlecht« vertritt sie die These, dass die Männer die Frauen zum »anderen Geschlecht« gemacht hätten, das heißt, die Männer hätten sich selbst im Laufe der Geschichte den Status des Subjekts zugesprochen und die Frauen zu Objekten degradiert. Insbesondere die Mutterschaft sei eine geschickte Strategie, die Frauen in ihre Abhängigkeit zu bringen. Dabei hat sich Simone de Beauvoir nie gegen die Mutterschaft selbst ausgesprochen, sondern nur darauf bestanden, dass die Frauen frei wählen sollten, ob sie ein Kind haben wollen oder nicht. Für Frauen, die Mütter werden wollten, hatte sie lediglich zu bedenken gegeben, dass sie unter den Bedingungen der damaligen Gesellschaft ihre Freiheit opfern müssten, weil sie sich fast ausschließlich um die Erziehung ihrer Kinder zu kümmern hätten. Heute fordert die Familienministerin von der Leyen (CDU) ähnlich wie Simone de Beauvoir, dass der Kinderwunsch für Frauen nicht gleichzeitig bedeuten darf, dass man den Beruf dafür aufgeben müsse.

Simone de Beauvoirs Behauptung, dass man nicht als Frau geboren, sondern dazu gemacht wird, bedeutet nicht, dass man als Mann oder Frau seine Geschlechtsmerkmale negieren könnte. Sie bedeutet, dass man trotz seines Geschlechts nicht auf eine bestimmte Rolle festgelegt sein muss, sondern dies eine Frage der kulturellen Konditionierung sei. Es sei nicht determiniert, welches die Pflichten einer Frau oder die eines Mannes sind. Es seien in erster Linie gesellschaftliche Konventionen, die festlegen, was von einem Mann oder einer Frau erwartet wird. Viele Menschen sind nach wie vor der Meinung, dass es die oberste Pflicht und Bestimmung der Frau ist, Kinder zu bekommen, weil das von der Natur so vorgesehen sei. Gegen eine solche Argumentation wehrte sich Simone de Beauvoir. Die Frauen könnten in keiner Weise zur Mutterschaft verpflichtet werden. In ihrem Buch untersucht sie das Bild der Frau im Verlauf der Geschichte und setzt sich mit Mythen über das Wesen der Frau auseinander.

Sie selbst zog einen unabhängigen und unkonventionellen Lebensstil vor, heiratete nie und hatte keine Kinder. Wie ihr Lebensgefährte Sartre ging auch sie sexuelle Beziehungen mit anderen Partnern ein. Als eine der Ersten setzte sie sich für die Straffreiheit der Abtreibung ein. Von den Konservativen wurde Simone de Beauvoir als männermordende Emanze beschimpft. Innerhalb der Frauenbewegung geriet ihre Beziehung zu Sartre ins Visier. Es wurde ihr angekreidet, dass sie zu abhängig von Sartre gewesen sei. Außerdem wurde behauptet, dass ihr Konzept die Frauen vermännliche, d.h. dass die Frauen wie die Männer werden sollten. Dem wäre entgegenzuhalten, dass Simone de Beauvoir einerseits stets etwas im Schatten von Sartre stand, aber trotzdem ihren eigenen Entwurf einer intellektuellen Existenz als Frau zu leben vermochte. In ihren mehrbändigen Memoiren schildert sie das Leben mit Sartre. Vor allem ihr Roman »Die Mandarins von Paris« ist ein bis heute viel gelesener Schlüsseltext über die Pariser Intellektuellenszene der 50er-Jahre. Man erfährt darin, wie sich die Pariser Intelligenz in Kaffeehäusern traf und in Gesprächen bis tief in die Nacht über philosophische Fragen diskutierte. In Paris hatte sich am linken Seine-Ufer die Intellektuellenszene der Existenzialisten gebildet. Man kleidete sich schwarz wie Juliette Gréco, hörte den Zigeunerjazz von Django Reinhardt und diskutierte, wie man seine eigene unverwechselbare Existenz leben wollte. Auch Simone de Beauvoirs erster Roman »Sie kam und blieb« aus dem Jahre 1943 und ihr Buch »Für eine Moral der Doppelsinnigkeit« (1947) plädierten für das existenzialistische Ideal des freien Willens und der Selbstverantwortlichkeit.

In Frankreich spricht man derzeit von einem Comeback des Denkens von Simone de Beauvoir. Die These, dass Frauen uneingeschränkt die gleichen Chancen haben sollten wie die Männer – die gleichen Rechte, aber auch Pflichten –, dürfte über Frankreich hinaus zu einer weitverbreiteten Ansicht auch unter den Männern geworden sein. Im Januar 2008 wurde der »Simone-de-Beauvoir-Preis für die Freiheit der Frauen« von einer internationalen Jury an die Frauenrechtlerinnen Ayan Hirsi Ali und Taslima Nasrin vergeben. Hirsi Ali lebt in den Niederlanden und in den Vereinigten Staaten. Nasrin, geboren in Bangladesch, hält sich in Indien auf. Beide werden aufgrund ihrer Kritik am Islam von Fundamentalisten mit dem Tode bedroht. Zur Jury gehörten u. a. Julia Kristeva und Alice Schwarzer. Nicht nur diese Preisverleihung verdeutlicht, dass und wie Simone de Beauvoir die Welt verändert hat. Ohne ihren Einsatz hätten wir vielleicht heute noch keine Bundeskanzlerin oder eine amerikanische Präsidentschaftsbewerberin. Simone de Beauvoir kämpfte mutig dafür, dass Frauen ebenso wie Männer zu studieren, einen Beruf auszuüben und Führungspositionen einzunehmen in der Lage sind.

43.

»Jede Art von Hast, sogar zum Guten, offenbart irgendeine geistige Störung.«

ÉMILE MICHEL CIORAN, 1911–1995

Émile M. Cioran war ein Meister im Schreiben von Aphorismen, wie sie in seinen Büchern »Die verfehlte Schöpfung« und »Vom Nachteil, geboren zu sein« gesammelt sind. Gemeinsam mit Arthur Schopenhauer vertrat er den Pessimismus und Nihilismus in der Philosophie. Cioran wurde nicht müde zu betonen, dass es für den Menschen am besten sei, überhaupt nicht geboren zu sein. »Nicht geboren werden ist unbestreitbar die beste Lage. Leider steht sie niemandem zu Gebot.« Am modernen Leben beklagte Cioran die Hektik, den Lärm, die Geschwindigkeit und sinnlose Hetze. Cioran verabscheute die Einbuße an Freiheit, die ein normales Berufsleben mit sich bringt. Lieber wollte er wie der antike griechische Philosoph Diogenes von Sinope – er lebte bekanntlich in einer Tonne – arm sein, als sich in irgendeine persönliche Abhängigkeit oder gar administrative Befehlshierarchie zu begeben. Geregelte Arbeitsverhältnisse lehnte er ab und führte stattdessen ein bescheidenes Leben im Pariser Quartier Latin. 1988 wies er den hoch dotierten Paul-Morand-Preis der *Académie française* zurück, weil er es nicht nötig hätte, eine solche Ehrung anzunehmen.

Émile M. Cioran wurde 1911 als Sohn eines griechisch-orthodoxen Priesters und einer ungarischen Mutter bei Hermannstadt in Rumänien geboren. Bis zu seinem zehnten Lebensjahr lebte er in der Nähe von Hermannstadt in einer dörflichen Idylle. Doch dann schickte ihn sein Vater nach Hermannstadt (Sibiu, 60 000 Einwohner) in ein Gymnasium, wo er sofort fühlte, dass das einfache Leben mit den Bauern und Hirten unwiederbringlich verloren war: »Ich werde nie den Tag oder besser die Stunde vergessen, zu der mich mein Vater nach Sibiu brachte: ... während der ganzen Fahrt weinte ich, weinte ohne Unterlass, denn ich hatte eine Art Vorahnung, dass das Paradies verloren gegangen war.« Hermannstadt war eine wichtige Grenzstadt der k. u. k. Monarchie mit zahlreichen Soldaten aus vielen Nationen: Deutschen, Rumänen und Ungarn. Nur langsam fand sich Cioran zurecht, und als er irgendwann eine Bibliothek entdeckte, begann er die Stadt zu mögen. Seit seiner Zeit in Hermannstadt litt Cioran unter Schlaflosigkeit. Die Schlaflosigkeit, so Cioran, sei das schlimmste Übel, das einen Menschen ereilen könne, schlimmer noch als eine Gefängnisstrafe. Nach seinem Studium der Philosophie arbeitete Cioran für kurze Zeit in Kronstadt als Gymnasiallehrer, ein Beruf, den er wegen der Schlaflosigkeit nicht lange ausüben konnte. 1935 kündigte er und zog nach Paris.

Ciorans Hauptwerk »Lehre vom Zerfall« im Jahre 1949 wurde von dem Dichter Paul Celan ins Deutsche übersetzt. Zu seinen Bekannten auf dem Montmartre, wo er zunächst in Hotels lebte und später eine einfache Mansardenwohnung bezog, zählten Samuel Beckett und Eugène Ionesco, mit denen er das absurde Lebensgefühl des Existenzialismus teilte. Cioran starb im Jahre 1995 an Altersschwäche in einem Altersheim, wozu der Freiburger Philosoph Ludger Lückehaus etwas zynisch anmerkt: »Cioran und alle Möchtegernselbstmörder, die es schaffen, uralt zu werden«. Cioran wies jedoch selbst immer wieder darauf hin, dass sich der Gedanke an den Freitod und ein langes Leben keinesfalls widersprechen müssten. Gerade die Möglichkeit, sich im schlimmsten Fall das Leben nehmen zu können, gebe paradoxerweise die Kraft, momentane Probleme zu ertragen, sodass man sich letztendlich doch für das Weitermachen entscheiden könne.

Cioran behauptet, dass er durch die Schlaflosigkeit zu seiner pessimistischen Philosophie gekommen sei, denn sie habe ihn zu einem Gegner des Fortschritts gemacht. Wenn der Anbruch des Tages keinen Unterschied zum Abend bedeute, da man eben nicht geschlafen habe, werde man zwangsläufig zu einem Fatalisten. Im Zustand des nur Halbwachseins spüre der Mensch förmlich den Tod. Die Passivität, das Gefühl des Ausgeliefertseins löse im Menschen Verzweiflung aus. Viele Menschen versuchen, der Geschichte und der Zukunft einen Sinn zu geben. Doch nach Cioran ist das der falsche Weg, der sogar ins Verderben führen könne, dann neige man nämlich zu dem Fanatismus, andere Menschen einem bestimmten Ideal zu opfern. Die Geschichte ist laut Cioran genauso sinnlos wie das Leben, es gebe keinen Sinn in der Geschichte, sondern nur die vielen Opfer, die im Namen des Fortschritts zu beklagen seien. Der Mensch möchte zwar die Zufälligkeit seiner Existenz und die Sinnlosigkeit seines Daseins überwinden, doch mit der Erfindung von Sinn und Idealen werde häufig auch der Fanatismus geboren.

Der Nichtigkeit unserer Existenz sei einzig ein von Trauer erfülltes Wissen sowie eine Haltung des Müßigganges und des Faulenzens angemessen. Ein solcher Faulenzer werde – positiv gemeint – zum Verräter der Geschichte. Er suche nicht nach dem Heil am Ende der Zeit, sondern nach Annehmlichkeiten im Hier und Jetzt. Er wisse um die Oberflächlichkeit und Zufälligkeit des Daseins und ermüde sich nicht in nutzlosen Debatten. In »Vom Nachteil, geboren zu sein« aus dem Jahre 1973 behauptet Cioran, dass es lediglich menschliche Eitelkeit sei, wenn man die kosmische Anonymität bzw. die Sinnlosigkeit des Daseins nicht ertragen könne. Geschaffen sei der Mensch dafür, sein Alltagsleben bewältigen zu können. Doch dann kämen Philosophen und Propheten und erfänden die großen Ideale des Wahren, Guten und Schönen. Die wahre Einsicht in die Nichtigkeit unseres Daseins sei demgegenüber ein »nächtliches« Wissen. Das nächtliche Wissen gewährt wichtige Einsichten in psychosoziale Zustände und in die Bedeutung von Langsamkeit und Ruhe: »Jede Art von Hast, sogar zum Guten, offenbart irgendeine geistige Störung.«

Ciorans Philosophie zeigt einige Affinitäten zu fernöstlichen Weisheitslehren. Hätte er unter den bestehenden Weltreligionen wählen müssen, wäre für ihn am ehesten der Buddhismus in Frage gekommen. Der Buddhismus sei von allen Religionen die am wenigsten fordernde, sie gewähre die meisten Freiheiten und es sei vorauszusehen, dass in Europa zukünftig immer mehr Menschen zum Buddhismus konvertieren würden. Cioran kämpfte gegen Fanatismus und Aktionismus. Zwar sei absolute Passivität unmenschlich, aber im Müßiggang sehe er sehr wohl eine Perspektive für das Leben.

Menschen, die sich in Lebenskrisen befinden, empfahl Cioran, langsam über einen Friedhof zu gehen: »Geh zwanzig Minuten lang auf einen Friedhof und Du wirst sehen, dass Dein Kummer zwar nicht verschwunden, doch fast vergessen und überholt sein wird.« Besonders jüngere Menschen seien von Versagensängsten geplagt, denen sie oft ausgeliefert sind. In solchen kritischen Situationen könnten, so Cioran, am ehesten unkonventionelle Mittel wie ein Friedhofsbesuch helfen.

Cioran kritisierte an der modernen Gesellschaft, dass die Menschen kaum noch Zeit hätten, obwohl sie durch die Entwicklung der Technik in vielen Bereichen Zeit sparen würden. Zu viele Termine erzeugen Stress und Überforderung. Wie schaffe ich es, pünktlich im Büro zu sein, vorher meine Tochter in den Kindergarten gebracht zu haben und noch rechtzeitig vor dem Schwimmen im Supermarkt gewesen zu sein? Würde Cioran heute leben, wäre er vermutlich noch irritierter über die Zunahme der Hektik in den großen Städten. Die Leute hetzen, um noch über die Grünphase einer Ampel zu kommen oder den Bus bzw. die U-Bahn zu erwischen. Beschleunigung ist zu einer Hauptanforderung in der modernen Welt geworden. Berufstätige wie Rentner haben keine Zeit mehr und wollen an der Kasse, beim Einsteigen in den Bus stets bei den Ersten sein. Als Therapie gegen die Rastlosigkeit wurde in Ciorans letzten Lebensjahren die Musik immer wichtiger, mehr noch als die Literatur oder die Philosophie. Er verzichtete fast völlig auf das eigene Schreiben, hörte aber umso mehr klassische Musik: »Bach ist für mich ein Gott. Jemand, der Bach nicht versteht, ist verloren, es ist eigentlich etwas Unvorstellbares, obgleich es vorkommt.«

44.

»Wir müssen uns Sisyphos als einen glücklichen Menschen vorstellen.«

ALBERT CAMUS, 1913–1960

Sisyphos wurde wegen seiner Verschlagenheit – er wollte sogar den Tod überlisten – von den Göttern zu einer harten Strafe in der Unterwelt verdammt. Dort musste er einen schweren Felsblock auf den Gipfel eines Berges wälzen. Kaum oben angekommen, rollte der Block wieder herunter an den Fuß des Berges, sodass Sisyphos seine schwere Arbeit immer wieder von vorne beginnen musste. Der französisch-algerische Philosoph Albert Camus hat in seinem Werk »Der Mythos des Sisyphos« das Schicksal von Sisyphos als Sinnbild für die Situation des modernen Menschen gewählt. Wie einst Sisyphos sei auch der heutige Mensch an das Arbeitsprinzip gefesselt. Die Menschen stehen frühmorgens auf und beeilen sich, in überfüllten Verkehrsmitteln pünktlich zur Arbeit zu kommen. Doch was kommt am Ende dabei heraus? Was ist das Ziel all der Anstrengungen? Viele Menschen fragen sich, was von ihrem Leben übrig bleibt, wofür es sich zu leben lohnt. Dennoch behauptet Camus, dass Sisyphos und der Mensch der Moderne glücklich werden könnten. Die Erfahrung der Vergeblichkeit könne auch Positives bewirken. Es sei besser, sein Leben als absurd anzuerkennen, als weiter den falschen Idealen – zum Beispiel den Götzen der Konsumwelt oder politischer Ideologien – hinterherzulaufen!

Camus stammte aus einer in Algerien lebenden französischen Familie. Seine Kindheit verbrachte er unter ärmlichen Verhältnissen im Arbeiterviertel Belcourt (Algier) in einer Zweizimmerwohnung, die er mit seinem Bruder, der Mutter, seiner Großmutter und einem gelähmten Onkel teilen musste. Der Vater war im Alter von 26 Jahren in der Marne-Schlacht im Ersten Weltkrieg gefallen. Nach dem Besuch des Gymnasiums studierte er an der Universität von Algier Philosophie. Seine Diplomarbeit galt den Werken von Plotin und Augustinus, beides nordafrikanische Philosophen. 1940 verließ Camus Algier, um als Mitbegründer der Widerstandszeitung »Le Combat« der französischen Résistance beizutreten. Zunächst mit Jean-Paul Sartre befreundet, kam es im Jahr 1952 nach der Veröffentlichung von Camus' »Der Mensch in der Revolte« (1951) zum Bruch mit ihm. Sartre vermisste bei Camus philosophischen Tiefgang; Camus wiederum lehnte Sartres Bekenntnis zur Sowjetunion ab. 1947 veröffentlichte Camus den Roman »Die Pest«, der seinen Ruhm begründen sollte. Zusammen mit seinen Erzählungen, Romanen und Dramen wurde ihm für »Die Pest« am 10. Dezember 1957 der Nobelpreis für Literatur verliehen. Camus starb mit seinem Verleger Michel Gallimard am 4. Januar 1960 an den Folgen eines Autounfalls auf der Fahrt von Lourmarin nach Paris.

Im Roman »Die Pest« beschreibt Camus, wie man selbst unter den grausamen Bedingungen einer Pestepidemie zu einem sinnerfüllten Leben finden kann. Die beiden Protagonisten Rieux und Tarrou – der eine Atheist, der andere Christ – überwinden ihre ideologischen Differenzen, um gemeinsam den Kampf gegen die Krankheit anzutreten. Das Leben der Menschen sei zu gefährdet, als dass man sich wegen ideologischer Unterschiede zerstreiten sollte. Eine der schönsten Stellen im Roman schildert, wie Rieux und Tarrou im nächtlichen Mittelmeer zusammen baden: »Einige Minuten schwammen sie im gleichen Takt mit der gleichen Kraft, einsam, fern von der Welt (...).« Als die beiden nebeneinander herschwammen, fühlten sie sich nicht mehr als Vertreter unterschiedlicher Weltanschauungen, sondern vereint im gemeinsamen Kampf gegen die Epidemie.

Wie einst Sisyphos, so erscheine auch heutigen Menschen die tägliche Arbeit stumpfsinnig und bedeutungslos, wo doch am Ende sowieso Alter, Krankheit und Tod stehen. Doch laut Camus gibt es auch Gegenkräfte, die uns veranlassen, den Stein immer wieder hochzuwälzen. Gerade die Einsicht in die Endlichkeit und Vergeblichkeit könne – so absurd es sein mag – uns jeden Augenblick im Leben umso wertvoller erscheinen lassen. Genau betrachtet werten die Endlichkeit und der Tod das Leben auf. Würden wir ewig leben, welche Bedeutung hätten dann noch die einzelnen

Momente für uns? »Ohne Schatten gibt es kein Licht; man muss auch die Nacht kennenlernen.«

Camus vertrat ein »mediterranes Denken«, das sich an dem Maß und der Schönheit der Natur orientierte. Gerade im Bewusstsein des Todes gelte es, einen praktischen Optimismus zu entfalten. Man braucht keinen Luxus, sondern Gesundheit und ein Gefühl für die Schönheit der Natur. Die modernen Betonburgen hingegen stießen Camus ab. Besonders in den Neubauvierteln der algerischen Küstenstadt Oran sah er ein Sinnbild für einen verfehlten Städtebau. In einer Stadt wie Oran atme alles den Geist des Todes. Hier herrsche eine unsägliche Langeweile. Demgegenüber gelang es ihm in Gebieten mit unberührter Natur, neue Kraft zu schöpfen. In seinen Tagebüchern notierte Camus: »Dieser Duft nach Gras und der Sternenschein, nachts, an bestimmten Abenden, an denen das Herz weit wird – wie könnte ich die Welt leugnen, deren Macht und Stärke ich empfinde?«

Vor allem aus der Erinnerung an seine Kindheit und Jugend im sonnigen Algerien schöpfte Camus die Motivation, um gegen Depressionen anzukämpfen. Von der Heiterkeit der mediterranen Menschen könne man lernen, das Leben immer wieder aufs Neue zu bejahen. Das Leben müsse gelebt werden. Wer dies verstehe und annehme, habe eine Chance glücklich zu werden. Wer – wie der an einer gefährlichen Lungentuberkulose leidende Camus – täglich mit dem Tod konfrontiert ist, lernt das Leben richtig zu schätzen. Zum Beispiel die Schönheit des Lichts in Tipasa, ein für seine römischen Ruinen bekannter Ort in der Nähe Algiers, an dem Camus von Glücksgefühlen überwältigt wurde: »Im Frühling wohnen in Tipasa die Götter. Sie reden durch die Sonne und durch den Duft der Wermutsträucher (...).« So steht es in der Schrift »Hochzeit des Lichts, Heimkehr nach

Tipasa«. Auch wenn uns der Sinn für das große Ganze verschlossen bleibt, so können wir dennoch das Kostbare am Dasein genießen. Erst im Licht der Tragödie wird das Glück der Gegenwart deutlich.

Camus war der Meinung, dass die verschiedenen gesellschaftlichen Systeme nur wenig an der Absurdität des Daseins verändern könnten. Über diese Frage geriet er mit Sartre in einen Streit. Sartre warf Camus eine zu passive Haltung vor. Es sei nicht ausreichend, seine persönliche Einstellung zu ändern, sondern es komme darauf an, sich für die Unterdrückten dieser Welt einzusetzen. Camus schreibe viel über die Natur, das Glück, die Freuden des Meeres, das südliche Licht usw. und vergesse darüber, dass das Proletariat in den Städten von alledem nichts habe. Doch Camus wollte nicht glauben, dass eine gerechtere Verteilung des Eigentums die existenziellen Probleme der Menschen lösen könnte. Die politischen Programme der Sozialisten und Kommunisten, denen sich Sartre nahe fühlte, versprachen eine bessere Zukunft, wenn man zuvor entbehrungsreiche Jahre hinter sich gebracht hätte. Diesen Versprechungen wollte Camus genauso wenig glauben wie den Verheißungen eines jenseitigen Paradieses. Ihm kam es nicht auf politische, sondern auf Veränderungen des Alltags der Menschen an. Von Camus kann man lernen, den Stein weiterhin zu wälzen und sich trotzdem oder gerade deshalb immer wieder aufs Neue an den ganz einfachen Dingen des Lebens zu erfreuen.

45.

»Man kann wohl wetten,
dass der Mensch verschwinden würde
wie am Saum des Meeres ein Gesicht aus Sand.«

MICHEL FOUCAULT, 1926–1984

Am 5. Januar 1965 blickte der französische Philosoph Michel Foucault nach dem Start seines Flugzeuges über Tunis auf das Meer unter ihm und notierte auf eine Postkarte: »Man kann wohl wetten, dass der Mensch verschwinden würde wie am Saum des Meeres ein Gesicht aus Sand.« Man hätte Foucaults Notiz dahingehend missverstehen können, dass darin von der Auslöschung der Menschheit die Rede sei. Doch das meinte Foucault nicht. In »Von der Subversion des Wissens« präzisierte er: »Wenn ich sagte, dass der Mensch aufgehört hat zu existieren, so wollte ich natürlich nicht sagen, dass der Mensch als Lebewesen oder als Gesellschaftswesen vom Planeten verschwunden ist.« Foucault verstand unter dem Verschwinden des Menschen die Einsicht, dass es vergeblich ist, das Wesen des Menschen – sei es als vernunftbegabtes Lebewesen (Aristoteles) oder als zur Freiheit verurteiltes Wesen (Sartre) – definieren zu wollen. Er behauptete, dass Definitionen über den Menschen kulturabhängig seien, d.h. dass es in unterschiedlichen Kulturen sehr divergierende Vorstellungen darüber gibt, was ein guter bzw. was überhaupt der Mensch sei.

Michel Foucault wurde am 15. Oktober 1926 als Sohn des angesehenen Chirurgen Paul Foucault und dessen Frau Anne-Marie in Portiers geboren. An der Pariser *École Normale Supérieure* begann er sich, gegen den Wunsch seines Vaters, wie dieser Medizin zu studieren, immer mehr für die

Philosophie und die Psychologie zu interessieren. Vermutlich wegen seiner unterdrückten Homosexualität versuchte sich Foucault während seines Studiums das Leben zu nehmen. Nach dem Diplom in Psychopathologie arbeitete Foucault für kurze Zeit in der Stellung eines Psychologieassistenten an der philosophischen Fakultät in Lille. 1955 verließ er das ihm zu eng gewordene Frankreich, um Leiter der Frankreich-Institute in Uppsala (1955–1958), Warschau (1958–1959) und Hamburg (1959–1960) zu werden. Zwischen 1960 und 1966 arbeitete er als Privatdozent und Professor für Psychologie und Philosophie an der Universität in Clermont-Ferrand, danach lehrte er zwei Jahre als Gastprofessor an der Universität von Tunis. Nach einer Zwischentätigkeit in Vincennes wurde er im Jahre 1970 Professor für die Geschichte der Denksysteme am renommierten Pariser *Collège de France*. Foucault begann sich in seinen letzten Lebensjahren verstärkt für den japanischen Zen-Buddhismus zu interessieren und hielt sich häufig für Lehraufträge an der Universität in Berkeley, Kalifornien auf. Er starb 57-jährig im Jahre 1984 an den Folgen einer HIV-Infektion.

Foucault entwickelte die auf den ersten Blick befremdliche These, dass der Humanismus ein Mythos und entbehrlich sei. Um diese These Foucaults besser zu verstehen, muss man seine Kritik am westlichen Menschenbild heranziehen. Seiner Meinung nach ist unsere Zivilisation in Wirklichkeit gar nicht so tolerant und human, wie sie sich selbst gerne darstellt. Denn seit dem 17. und 18. Jahrhundert werden Menschen, die einer bestimmten gesellschaftlich vorgegeben Norm nicht entsprechen, ausgeschlossen und diskriminiert. Gewöhnlich werden die Begriffe »human« oder »humanistisch« positiv gebraucht. Früher gab es zum Beispiel die Folter oder schreckliche Formen der Todesstrafe, während heute ein humaner Strafvollzug propagiert wird. In seinem Werk

»Überwachen und Strafen« aus dem Jahr 1975 relativiert Foucault diese Sichtweise. Zur Zeit des Absolutismus sollten die grausamen Hinrichtungen die Macht des Herrschers demonstrieren und ein für alle abschreckendes Exempel statuieren, darüber hinaus hätten sie jedoch keine Bedeutung für das Alltagsleben gehabt. Das habe sich mit der Einführung der modernen Gefängnisstrafe gravierend verändert. Diese sei zwar nicht so spektakulär, aber nach Foucault von deutlich größeren gesellschaftlichen Auswirkungen gewesen.

Seit dem 19. Jahrhundert sei der Strafvollzug darauf aus gewesen, den Körper der Gefangenen rund um die Uhr zu überwachen. Dabei seien Disziplinartechniken geschaffen worden, die sich nach und nach im Namen von Effizienz und Produktivität über die gesamte moderne Gesellschaft ausgebreitet hätten. In den Fabriken, Hospitälern und Schulen sei der menschliche Körper diszipliniert und kontrolliert worden. Auffällige Menschen wurden entweder für ihr Fehlverhalten sanktioniert oder einer entsprechenden Therapie unterzogen. Die moderne »humane Macht« wirkt nach Foucault auf zwei Ebenen: einerseits als Disziplinarmacht direkt auf den Körper (still sitzen können, Arbeitsrhythmen beherrschen), andererseits als Bio-Macht im Namen der Gesundheit auf die Menschen. Unter »Bio-Macht« versteht Foucault unter anderem staatliche Maßnahmen wie die Ausarbeitung und Überprüfung von körperlichen und geistigen Standards in allen Entwicklungsstadien des Menschen, gesundheitliche Überwachung wie zum Beispiel das Rauchverbot. Bio-Macht und Disziplinarmacht führen zur modernen »Normalisierungsgesellschaft« als einer großen Institution zur Hilfe und Therapierung von Menschen. Man könne diese Entwicklung als »human« bezeichnen, müsse es aber nicht.

Foucault interessierte sich für Menschen, die aus der »Normalität« herausfallen: Homosexuelle, Wahnsinnige, Straftäter, Obdachlose. Anhand ihres Beispiels wollte er aufzeigen, wie schnell auf Menschen der Verdacht fallen kann, nicht zur »Gesellschaft« dazuzugehören. Zwei wichtige Thesen hat Foucault zu entwickeln versucht. Erstens, dass der Umgang mit Themen und Menschen, die in einer Gesellschaft ausgegrenzt werden – z.B. der Wahnsinn, die Sexualität –, etwas Wesentliches über diese Gesellschaft selbst aussagt. Zweitens weist Foucault darauf hin, dass gesellschaftliche Praktiken wie die Gefängnisstrafe oder der Umgang mit der Sexualität, die von den meisten Menschen als »natürlich«, »normal« oder »selbstverständlich« eingeschätzt werden, lediglich die Folgen einer ganz bestimmten historischen Praxis sind und deshalb auch wieder verändert werden können. In einer scheinbar festgefügten Welt von Institutionen und Normen wollte Foucault – wie es im vierten Band der kürzlich herausgegebenen »Dits et Ecrits« heißt – zeigen, »welche Freiheit wir noch haben, und wie viel Wandel immer noch möglich ist«.

Als Antwort auf die Strategien der Macht entwickelte Foucault eine Ethik der »Sorge um sich«, in der es darum geht, ein reflektiertes Verhältnis zu sich und zu seiner Umwelt zu entwickeln. Sein Leben zu verändern ist für Foucault der spannendste und wichtigste Aspekt des Lebens. Für Foucault sitzt nämlich das Übel in der Beständigkeit, in dem Wunsch, immer gleich bleiben zu wollen und an Gewohnheiten festzuhalten. Gegen ein Verharren im Identischen hob er die befreiende Wirkung der Veränderung hervor: »Nur wenn man seine Seinsart ändert, hat man Zugang zur Wahrheit.« Das Wort »Transformation« ist einer seiner Zentralbegriffe. Foucault spricht von der Transformation von Ordnungen ebenso wie von der Veränderung von Überzeugungen und Regelsystemen. Wer demgegenüber zu viel Angst vor dem Wandel hat, mache sich zum Gefangenen seiner Gewohnheiten.

Nach Foucault können wir konkrete Verbesserungsvorschläge machen, ohne sie vorschnell als human herauszustellen. Ist es zum Beispiel human, Schulnoten zu geben, oder ist es humaner, das Notensystem und mit ihm das Sitzenbleiben abzuschaffen? Darauf lässt sich mit Bezug auf die menschliche Natur nur sehr schwer eine Antwort finden, denn: Man weiß nicht, was der Mensch ist. Heutzutage arbeiten Sozialarbeiter, Psychologen, Therapeuten, Ärzte und Lehrer ständig daran, die Menschen zu verbessern. Dabei werden Standards entwickelt, in denen sie oder ihre Fähigkeiten in gut und weniger gut eingeteilt werden. Kaum einer kritisiert diese Standards, obwohl auf ihrer Grundlage wichtige Entscheidungen über die Zukunft der Menschen getroffen werden. Für Foucault gibt es weder eine feststehende menschliche Natur noch eine feststehende Realität. Wer Foucault gelesen hat, wird in Bezug auf die Frage, was »normal« oder »anormal« ist, die Welt mit anderen Augen sehen. Was heute als wahr gilt, ist morgen vielleicht schon überholt und verschwindet »wie am Saum des Meeres ein Gesicht aus Sand«.

46.

»Das Alltagsleben bildet die geheime Hefe der Geschichte.«

ÁGNES HELLER, GEBOREN 1929

Für die ungarische Philosophin Ágnes Heller ist das Alltagsleben der Menschen der zuverlässigste Ausgangspunkt für die Philosophie: »Das Alltagsleben bildet die geheime Hefe der Geschichte«, wie es in ihrem Hauptwerk »Das Alltagsleben« aus dem Jahre 1970 heißt. Im Alltagsleben forme sich der Mensch und werde zu dem, was er ist: »Im Alltagsleben objektiviert sich der einzelne Mensch in zahlreichen Formen. Er formt seine Welt, seine unmittelbare Umgebung und formt somit sich selbst.« Es mache wenig Sinn, eine politische Revolution mit Menschen durchzuführen, die nichts an ihrem Alltagsleben verändern wollten. Eine Revolution, in der nur die Führungskräfte ausgewechselt werden, während im normalen Leben noch die gleichen alten Machtstrukturen existierten, sei nutzlos. Heller legte den Schwerpunkt ihrer Philosophie nicht auf die Makro- sondern auf die Mikrostrukturen des Zusammenlebens und versuchte, Kriterien für ein gelingendes individuelles Alltagsleben zu finden.

Als Jüdin hat Ágnes Heller in ihrer Kindheit und Jugend in Ungarn schlimme Erfahrungen durchgemacht. Ähnlich wie für Anne Frank in Holland bestand auch für Ágnes Heller jederzeit die Gefahr, von marodierenden Pfeilkreuzlern, der ungarischen Version der Nationalsozialisten, aufgegriffen und ins Konzentrationslager gebracht zu werden. Mehrere Male war sie schon abgeführt worden und konnte sich nur aufgrund ihres starken Überlebenswillens und glücklicher Umstände retten. Zweimal war sie in einer Kolonne von Gefangenen gewesen, die am Ufer der Donau erschossen werden sollten. Doch in letzter Sekunde wurde das Unternehmen aus unklaren Gründen abgebrochen. Während ihr Vater Pal Heller in Auschwitz ermordet wurde, überlebte sie mit ihrer Mutter in unbeschreiblichem Elend im internationalen Ghetto von Budapest. Nach dem Krieg besuchte sie in der ungarischen Hauptstadt das jüdische Gymnasium und studierte nach ihrem Abitur an der Universität in Budapest zunächst Physik und Chemie.

Zunächst war Heller Marxistin, doch die Beendigung des Prager Frühlings 1968 durch sowjetische Panzertruppen führte bei ihr dazu, den Marxismus in dieser Form vollständig abzulehnen. Aus Ungarn emigriert, verließ Heller 1985 Australien, um an der *New School for Social Research* den Hannah-Arendt-Lehrstuhl zu übernehmen. Neben zahlreichen Veröffentlichungen, unter anderem zur modernen Biopolitik, hat Heller eine Trilogie zur Moralphilosophie mit den Titeln »General Ethics« (»Allgemeine Ethik«, 1989), »A Philosophy of Morals« (»Eine Philosophie der Moral«, 1990) und »An Ethics of Personality« (»Eine Ethik der Persönlichkeit«, 1996) vorgelegt. Seit ihrer Emeritierung pendelt sie jeweils halbjährlich zwischen Budapest und New York. Heller erhielt 1981 den Lessing-Preis der Stadt Hamburg, 1995 den Hannah-Arendt-Preis der Stadt Bremen und 2006 den Sonning-Kulturpreis als höchste Kulturauszeichnung Dänemarks.

Nach Heller gehen alle großen Leistungen der Kultur aus den Bedürfnissen und Konflikten des täglichen Lebens hervor. Zur Frage der Grenze zwischen dem Alltäglichen und dem Nichtalltäglichen differenziert sie zwischen zwei verschiedenen Verhaltensweisen. Zum Alltagsleben gehören Tätigkeiten wie Essen zubereiten, einkaufen gehen, Kinder erziehen usw. Alle diese Praktiken erfordern Aufmerksamkeit, doch nicht jenes Maß an Konzentration, wie wir sie bei der Beschäftigung mit der Kunst, Philosophie und Wissenschaft benötigen. Hier muss man sich ohne Ablenkung ganz auf eine Sache konzentrieren. Um den Unterschied an einem einfachen Beispiel zu erläutern: Wenn ich morgens frühstücke und Zeitung lese und dabei klassische Musik im Radio höre, bewege ich mich im Alltagsleben, wenn ich mich aber am Abend im Konzert auf eine Mozartsonate konzentriere, stehe ich außerhalb des Alltagslebens. In der Kunst, Religion, den Wissenschaften und der Philosophie versuche die Menschheit, die Welt zu verstehen und ein Weltbild aufzubauen. Deswegen nennt Heller diese Bereiche auch »Objektivationen für sich«; die Menschen hätten sie geschaffen, um sich ein adäquates Weltbild bzw. eine Weltanschauung zu ermöglichen.

Unbestreitbar lässt sich auch und besonders im Alltagsleben Sinn finden. Doch die Interpretationen über die Stellung des Menschen im Universum, Vergewisserungen über Begriffe wie Freiheit, Liebe, Menschheit finden sich nicht im Alltagsleben, sondern in den Objektivationen. Nach Heller soll es ein Wechselspiel zwischen dem Alltag und den erwähnten Sphären geben: »Damit ist zugleich ausgedrückt, dass das Alltagsleben und die nichtalltäglichen Tätigkeiten und Denkformen nicht durch eine chinesische Mauer voneinander geschieden sind.« Sich ausschließlich künstlerisch und kreativ zu betätigen sei ebenso einseitig, wie sich nur im Umfeld des Alltäglichen zu bewegen. Heller geht es um eine fruchtbare Synthese zwischen dem Alltagsleben und den Bereichen von Politik, Kunst, Wissenschaft und Gesellschaft. Wer eine der beiden Seiten vernachlässigt, sei nur ein halber Mensch. An ihrem Lehrer Georg Lukács kritisierte sie, dass er die Welt selektiv aus der Perspektive eines Wissenschaftlers bzw. Intellektuellen wahrgenommen hätte. Selbst enge persönliche Freundschaften und Liebesbeziehungen hätte er seinen philosophischen bzw. ideologischen Interessen untergeordnet. Umgekehrt gibt es Menschen, die nichts von Literatur, Kunst, Politik usw. wissen möchten. Dadurch berauben sie sich selbst jedoch der Chance, sich mit wichtigen Menschheitsfragen auseinanderzusetzen.

Heller geht davon aus, dass der zeitweise »Aufenthalt« in den Objektivationen für das Individuum eine Bereicherung darstellt. Es hat gelernt, seine partikularen Bedürfnisse für eine Weile zurückzustellen und sich mit den großen Fragen der Menschheit zu beschäftigen. Der Mensch kehrt dann gewissermaßen gestärkt und geläutert in sein Alltagsleben zurück, um dort an einer weiteren Humanisierung seines Alltags- und Lebensstils zu arbeiten: »Die gattungsmäßigen Objektivationen für sich gehen stets vom Alltag aus und münden stets in den Alltag ein.« Im letzten Teil ihrer Moraltrilogie beschäftigt sich Heller mit der Frage nach einer modernen Ethik der Persönlichkeit. Dabei kommt sie zu dem Schluss, dass es ohne die Bindung an eine höhere Instanz, sei dies nun ein göttliches Gesetz (Religion), die moralische Freiheit (Kant) oder das Mitleid (Schopenhauer), keine Ethik geben kann. Nur der Mensch, der sich an ein höheres Wertesystem binde, könne ein besserer Mensch werden.

Vereinfacht kann man Hellers Theorie des Alltagslebens so zusammenfassen, dass der Einzelne sein Alltagsleben individuell gestalten sollte, jedoch nicht ausschließlich nach dem Lustprinzip, sondern reflektiert und in Bezug auf die Werte und die großen Menschheitsfragen. Heller fordert die Menschen dazu auf, in ihrem Wirkungskreis (Alltagsleben und Institutionen) damit zu beginnen, ihr Leben zu ändern, um so neue Entwicklungen zu bewirken und eventuell für andere ein Beispiel zu werden. Veränderte Einstellungen und Lebensentwürfe bei einzelnen Menschen, Gruppen oder Gemeinschaften können gesamtgesellschaftlichen Einfluss bekommen. Philosophen, die behaupten, dass unter den Bedingungen des Kapitalismus nur ein entfremdetes Leben möglich ist, verkennen nach Heller die grundsätzliche Pluralität des Alltagslebens. Nach Heller gilt es zu erkennen, dass es im Alltagsleben eines jeden Menschen Liebe, Geborgenheit und Sehnsucht geben kann.

47.

»Vernunft ist etwas, um es plakativ zu sagen, das in der Sprache sitzt.«

JÜRGEN HABERMAS, GEBOREN 1929

Jürgen Habermas ist der bekannteste deutsche zeitgenössische Philosoph. Berühmt wurde er durch seine diskurstheoretische Begründung gesellschaftlicher und rechtlicher Normen. Für Habermas ist die Sprache bzw. das Gespräch das wichtigste Mittel, um zu vernünftigen Lösungen zu kommen: »Vernunft ist etwas, um es plakativ zu sagen, das in der Sprache sitzt«, wie er schon im Jahre 1978 in einem Interviewband »Gespräche mit Herbert Marcuse« formulierte. Das, was vernünftig und richtig ist, steht nicht von vornherein fest, sondern entwickelt sich im Austausch der Argumente. Nach dem 11. September 2001 wurde er gefragt, ob sich angesichts dieses Gewaltexzesses seine Philosophie des verständigungsorientierten Handelns überhaupt noch halten ließe. Bei der Beantwortung dieser Frage nutzte Habermas die Gelegenheit, darauf hinzuweisen, dass gerade das Aufkommen des Terrorismus seine Forderung bestätigt, rechtzeitig mit anderen Kulturen ins Gespräch zu kommen. Es sei besser, miteinander zu sprechen, als sich unverstanden und voller Hass zu fühlen. Habermas selbst entspricht auf das Beste seiner Forderung nach kommunikativer Vernunft, indem er auf Vortragsreisen rund um die Welt immer wieder die Gelegenheit wahrnimmt, mit anderen Menschen zu diskutieren.

Jürgen Habermas wurde am 18. Juni 1929 in Düsseldorf geboren. Sein Abitur machte er in Gummersbach, danach studierte er in Göttingen, Zürich und Bonn Philosophie,

Geschichte, Psychologie, Deutsche Literatur und Ökonomie. Die Vielseitigkeit seiner Interessen schlug sich in seinem späteren Hauptwerk »Theorie des kommunikativen Handelns« (1981) nieder, das eine große Synthese von Philosophie und Gesellschaftstheorie darstellt. 1954 wurde Habermas in Bonn mit einer Arbeit über Schelling, einem Philosophen des deutschen Idealismus, promoviert. Schelling rückte die menschliche Vernunft fast in den Rang einer Religion. Demgegenüber versucht Habermas den Überschwang des deutschen Idealismus zu mäßigen und den Glauben an die Vernunft irdischer zu fassen. Seine Philosophie nimmt ihren Ausgangspunkt in den Alltagserfahrungen der Menschen – ihrer »Lebenswelt«, wie Habermas sagt. Gewöhnlich verläuft das Miteinander im Alltagsleben problemlos. Doch was passiert, wenn es Meinungsverschiedenheiten, Missverständnisse oder Konflikte gibt? Dann werden die Überlegungen von Habermas wichtig, wie man durch ein Gespräch den Konflikt beilegen und wieder einen allgemeinen Konsens herstellen kann.

1961 habilitierte sich Habermas mit der Schrift »Strukturwandel der Öffentlichkeit«, anschließend trat er eine Professur für Philosophie an der Universität Heidelberg an, wo er bis 1964 lehrte. Von 1964 bis 1971 war Habermas Professor für Philosophie und Soziologie an der Goethe-Universität in Frankfurt am Main. Während der 68er-Zeit vermisste er bei den revoltierenden Studenten einen wirklichen Willen zum Gespräch. Habermas kritisierte ihren blinden Aktionismus und die Verklärung sozialistischer Revolutionen, wie sie etwa in den Ho-Chi-Minh-Rufen zum Ausdruck kam. 1971 wechselte Habermas nach Starnberg, wo er gemeinsam mit Carl Friedrich von Weizsäcker das Max-Planck-Institut zur Erforschung der Lebensbedingungen der wissenschaftlich-technischen Welt leitete. 1983 kehrte er bis zu seiner Emeritierung im Jahre 1994 als Professor für Soziologie und Philosophie und Leiter des Instituts für Sozialforschung nach Frankfurt zurück. Unter seinen zahlreichen Auszeichnungen – Geschwister-Scholl-Preis, Karl-Jaspers-Preis, Theodor-Heuss-Preis, Friedenspreis des deutschen Buchhandels – erhielt er für sein Lebenswerk auch den Kyoto-Preis als eine der weltweit höchsten Auszeichnungen für Kultur und Wissenschaft.

Habermas ist ein Philosoph, der sich aktiv in die politische Diskussion miteinmischt, was ihm auch viel Kritik einbrachte. Einmal äußerte er, dass er sein halbes Leben damit zu tun hat, Kritik einzustecken und zu widerlegen. An der Bedeutung seines Lebenswerkes zweifelt indes niemand mehr. Ein häufiger Einwand gegen seine Diskursethik lautet, dass ein Konsens über eine Frage noch lange nichts über dessen Wahrheitsgehalt aussage. Es sei denkbar, dass sich Menschen auf etwas einigten, was jedem »normalen« Verständnis von Moral widerspricht. Um diesen Einwand zu entkräften, hat Habermas bestimmte Bedingungen festgelegt, die eine »ideale Sprechsituation« kennzeichnen sollen. Das heißt, Habermas' Ansatz einer Diskursethik versucht die Maßstäbe, Regeln, Voraussetzungen für das »vernünftige und gewaltfreie« Gespräch herauszuarbeiten. In einem solchen idealen Diskurs herrsche zum Beispiel keine Manipulation und kein Druck, sondern nur »der zwanglose Zwang des besseren Arguments«, wie Habermas formuliert.

Nach Habermas sollen wir den Anderen nicht von oben herab, sondern als ebenbürtig betrachten. Folgerichtig heißt eine seiner Hauptschriften: »Die Einbeziehung des Andern«. Obwohl er sich selbst als religiös »unmusikalisch« bezeichnet, hat er im Jahr 2004 das Gespräch mit dem damaligen Kardinal Joseph Ratzinger und heutigem Papst Benedikt

XVI. gesucht. Habermas weist darauf hin, wie wichtig es sei, in einer Welt, in der fast nur noch die Wissenschaften zählen, wieder auf die Weisheit der Religionen und ihre Argumente zu hören. Im Konsens mit dem Papst zeigt sich Habermas skeptisch in Bezug auf einige Möglichkeiten der Gentechnik, wie dem vielleicht bald möglichen Klonen von Menschen. Sein Argument lautet, dass ein geklonter oder gentechnisch manipulierter Mensch in seiner Natur von anderen Menschen festgelegt werde. Dadurch sei der Gleichheitsgrundsatz verletzt, denn ein solcher fremdbestimmter Eingriff in meine Erbsubstanz legt mich auf ein außerhalb von mir geschriebenes Programm fest. An diesem Beispiel kann man gut sehen, wie wichtig für Habermas die Gleichberechtigung und der Dialog unter den Menschen sind. Vernunft ist nicht etwas, was ein Einzelner festlegen kann, ohne den anderen zu befragen. Wie schon Kant stellt auch Habermas heraus, wie wichtig eine gut funktionierende Öffentlichkeit nach wie vor ist.

Habermas befürchtet, dass in der modernen Zivilisation die Sachzwänge immer mächtiger werden. Zwar gebe es in unserer unmittelbaren Lebenswelt noch Inseln der »symbolischen Interaktion«, das heißt Kommunikationsformen, in denen einem der andere noch etwas bedeutet und man auf einer menschlichen Ebene noch aneinander interessiert ist. Doch im Laufe der Geschichte haben sich andere Systemlogiken herausgebildet. In bürokratischen und ökonomischen Systemen muss der Einzelne funktionieren, was ein persönliches Interesse und Einvernehmen eher ausschließt. Habermas lehnt diese moderne Entwicklung nicht grundsätzlich ab. Zum Problem werde diese Tendenz erst, wenn abstrakte Systemlogiken die zwischenmenschlichen Beziehungen in ihrer Substanz aushöhlen und zerstören. Dies käme einer »Kolonialisierung der Lebenswelt durch das

System« gleich. In aller Kürze besagt Habermas' These der inneren Kolonialisierung, dass Wirtschaft und Staat »immer komplexer werden und immer tiefer in die symbolische Reproduktion der Lebenswelt eindringen«.

Habermas fordert zum Beispiel, dass die Erziehung in der Familie oder der pädagogische Prozess des Unterrichtens nicht durch Rechtsnormen völlig überformt werden, sodass in der Schule oder der Familie zwischenmenschliche Beziehungen im eigentlichen Sinn nicht mehr möglich sind. Pädagogik und familiäre Erziehungen basieren wesentlich darauf, dass man sich gegenseitig etwas bedeutet und nicht als bloße Funktionsträger betrachtet. Die Überformung der Lebenswelt durch anonyme Mächte sei jedoch nur eine Tendenz – wenn auch eine mächtige – in der heutigen Zeit. Man könne dem Prozess der Verdinglichung der Lebensbeziehungen Einhalt gebieten und weitere Auswüchse verhindern. Für den Einzelnen kann das zum Beispiel bedeuten, Face-to-face-Beziehungen den Vorrang zu geben. Mit Habermas denken, heißt den Blick für die Nahtstelle zwischen System und Lebenswelt zu schärfen. Was kann bzw. was muss zwischenmenschlich geregelt werden, und in welchem Bereich greifen rechtliche oder monetäre Mechanismen besser. So kann z.B. gefragt werden, ob die zunehmende Kodifizierung und Bürokratisierung im Bildungssystem wesentlichen und wichtigen pädagogischen Gesichtspunkten entgegensteht.

In der modernen Zivilgesellschaft erweist sich Habermas' kommunikativer Ansatz als wichtiger Weg zur Lösung von Konflikten. Es ist besser, einmal mehr miteinander zu reden, als Hass und Gewalt das Feld zu überlassen. Im Sinne Habermas' werden heute in den sozialen Brennpunkten einer Stadt Streetworker eingesetzt, die sich die Sorgen der Jugendlichen anhören. In den Schulen werden Mediatoren ausgebildet. Oft sind es Schüler selbst, die sich der Aufgabe verschreiben, in Konfliktfällen zwischen Schülern untereinander oder zwischen Schülern und Lehrern zu vermitteln. Als es in Osteuropa zur politischen Wende kam, sorgten sogenannte »runde Tische«, an denen alle relevanten gesellschaftlichen Gruppen saßen, für einen friedlichen Übergang von totalitären zu demokratischen Strukturen. In den Verwaltungen, Betrieben und Behörden ist es heute Konsens, Konflikte unter den Mitarbeitern möglichst durch Gespräche und nicht durch einseitige Maßnahmen beizulegen.

48.

»Die Realität selbst ist heute hyperrealistisch.«

JEAN BAUDRILLARD, 1929–2007

In der Welt der Medien und des Reality-TV geraten Wirklichkeit und Schein, Realität und Fiktion immer mehr durcheinander. Shows, in denen sich die Menschen vor Kameras radikal die Meinung sagen, häufig beleidigend niedermachen oder zusammenkommen, um sich wieder zu versöhnen, erzielen hohe Einschaltquoten. Sind die dabei entstehenden Gefühle echt oder nur für die Medien in Szene gesetzt? Der französische Soziologe Jean Beaudrillard hat die moderne Welt »hyperreal« genannt, weil die Realität von den Medien (Radio, Fernsehen, Internet usw.) und Zeichensystemen (Werbung, Logos, Hinweisschilder) schon so überformt ist, dass wir kaum noch erkennen, was echt und was Fiktion ist. Sein Satz »Die Realität selbst ist heute hyperrealistisch« will darauf hinweisen, dass wir in der Politik, der Gesellschaft und unserem eigenen Leben immer weniger in der Lage sind, zwischen Wirklichkeit und Inszenierung zu unterscheiden.

Nach seinem Germanistikstudium arbeitete der in Reims geborene Baudrillard zunächst als Deutschlehrer an einer Mittelschule. Nebenbei übersetzte er Gedichte von Bertolt Brecht und Stücke von Peter Weiss ins Französische. 1968 schlug er an der Universität von Nanterre (Paris), wo der »Mai 68« seinen Ausgangspunkt nahm, eine akademische Laufbahn ein. Nach der Tätigkeit als Assistent bei dem marxistischen Philosophen Henri Lefèbvre trat Baudrillard 1968 den Lehrstuhl für Soziologie an. In den 70er-Jahren hielt er sich für längere Zeit im Ausland, u. a. als Gastprofessor in Lateinamerika, auf. 1976 erschien sein Hauptwerk »Der symbolische Tausch und der Tod«, woraus das Zitat stammt. In seinem Werk legt Baudrillard dar, dass die Sprache in der modernen Welt immer beliebiger, ausdrucksloser und künstlicher wird. Diesen Ansatz arbeitete er in der Folge in mehreren Publikationen wie »Kool Killer oder Der Aufstand der Zeichen« oder »Videowelt und fraktales Subjekt« und »Die Illusion und die Virtualität« heraus.

Baudrillard hat den Begriff der »Simulation« (vom lateinischen »simulatio«, Verstellung, Heuchelei, Täuschung; »similis« bedeutet ähnlich, gleichartig, gleich) in die Philosophie eingeführt. Baudrillard will damit das Verschwinden der Realität in der modernen Welt bezeichnen. Heute treten technische oder Zeichenwelten an die Stelle der Realität. Im Allgemeinen denken wir, dass Zeichen einen Inhalt haben und Kunstwerke sich auf Probleme im realen Leben beziehen. Nach Baudrillard haben sich jedoch die Zeichen mittlerweile schon so weit verselbstständigt, dass sie sich nicht mehr auf reale Phänomene, sondern nur noch auf sich selbst beziehen. In dem Werk »Das Jahr 2000 findet nicht statt« heißt es: »Gerade durch Nachrichten und Information drohen Ereignisse und Geschichte zu verschwinden. Gerade durchs HI-FI droht die Musik zu verschwinden. Gerade durch das ausgeklügelte Experiment droht der Wissenschaft ihr Gegenstand zu verschwinden. Gerade durch die Pornographie droht die Sexualität zu verschwinden. Überall gibt es den Effekt von perfekter Wiedergabe und absoluter Nähe des Realen: denselben Simulationseffekt.«

In dem Aufsatz »Videowelt und fraktales Subjekt« beschreibt Baudrillard, dass sich die Menschen heute weitgehend unkritisch gegenüber den neuen Technologien und Videowelten verhalten: »Und unser Verlangen gilt gerade diesen neuen kinetischen, numerischen, fraktalen, künstlichen, synthetischen Bildern (...) Jedenfalls suchen wir in diesen Bildern nicht mehr den imaginären Reichtum, sondern den Taumel ihrer Oberflächlichkeit.« Wer sich jedoch zu weit in die künstlichen Welten hineinbegebe, der verliere schnell den Bezug zur Realität: »Heute leben wir im Imaginären des Bildschirms, des Interface (...) Wozu sollte man noch miteinander reden, wenn es so einfach ist, zu kommunizieren?« Das System durch Reformen menschlicher zu gestalten sei kaum noch möglich, weil niemand mehr genau wüsste, was das Wort menschlich eigentlich heiße. Terrorismus sei das einzige, worauf die überhitzten Medien noch reagierten. Er fasziniere die Leute und erhöhe die Einschaltquoten. Unsere Kultur sei in vielen Teilen obszön geworden. Sie sei im Zustand des Ausuferns und Wucherns: Wuchern der Körper (Phänomen der Fettleibigkeit), Wuchern der Informationen, Wuchern der Archive, Wuchern der Umweltverschmutzung.

Baudrillard ist ein Philosoph, der den Finger in einige Wunden der westlichen Zivilisation legt. Wenn die freie Entfaltung des Individuums an erster Stelle steht, dann kann man noch nicht wissen, zu welcher Qualität von Freiheit sich der Einzelne in der Gesellschaft entwickele. Die Geschichte des 20. Jahrhunderts habe zur Genüge gezeigt, dass sich die Kräfte des Bösen genauso schnell »befreien« können wie die des Guten. Für das 21. Jahrhundert erwartete Baudrillard derart schlimme Katastrophen, dass man Diktatoren wie Stalin und Hitler im Rückblick eher als harmlos einstufen könnte. Baudrillard ist erprobt im Voraussehen schlimmer Ereignisse. So hat er schon in den 70er-Jahren vom bevorstehenden Zusammenbruch der Twin Towers in New York gesprochen, weil sie in ihrer Verdopplung auf besondere Art und Weise die Hybris des Westens symbolisierten. Auch seiner Freiheit und der Selbstbestimmung sei der westliche Mensch in seinem tiefsten Innern schon längst überdrüssig geworden. Früher habe es die Einteilungen zwischen Herren und Sklaven, Aristokraten und Leibeigenen, Kapitalisten und Lohnabhängigen gegeben. In ihnen sei wenigstens klar gewesen, wer Herr und wer Knecht sei. In der heutigen Welt seien jedoch – so Baudrillards Sicht – die Herren verschwunden und nur noch die Knechte geblieben. Unsere moderne Dienstleistungsgesellschaft sei eine Gesellschaft von Leibeigenen, »die zum Knecht ihrer eigenen Verwendung geworden sind, die sich ihren eigenen Funktionen und Leistungen unterworfen haben – vollkommen emanzipiert, vollkommen servil.«

In »Die fatalen Strategien« kritisierte Baudrillard die heute oft zu hörende Empfehlung, dass man sich so verhalten solle, wie man eben sei. Nichts sei jedoch so langweilig, wie mit sich identisch bzw. authentisch zu sein. Das habe sogar ein Dandy wie der berühmte Beau Brummel gewusst, der, um Entscheidungen zu treffen, lieber seinen Diener fragte: »Angesichts einer wunderschönen Seenlandschaft wandte er sich an seinen Diener und fragte: ›Which lake do I prefer?‹ (Welchen See bevorzuge ich?)« Weil sie sich selbst und ihr vorprogrammiertes Leben leid seien, suchten immer mehr Menschen in Extremsportarten die Konfrontation mit dem Schicksal. Baudrillard spielt auf die zunehmende Zahl von Weltumseglern, einsamen Kletterern, waghalsigen Höhlenforschern, Teilnehmern an Wargames mitten im Dschungel an. Man klettert, segelt, hangelt, um im Wagnis etwas von sich selbst zu finden. Heute sei es fast schon ein Privileg, ein Schicksal zu haben, da überall Programme darauf warteten, realisiert zu werden. Als Beispiel dafür lasse sich die Gentechnik anführen, mittels derer man in Zukunft womöglich Designer-Menschen herstellen kann.

Bis hierhin könnte man schließen, dass es sich bei Baudrillard um einen scharfen Kritiker der westlichen Kultur handelt. Doch das Eigentümliche an Baudrillards Stil ist, dass er sich bei seiner Beschreibung der modernen Welt einer eindeutigen Kritik enthält. Man weiß nie genau, ob er die von ihm analysierten Entwicklungen begrüßt oder kritisiert. Seine diesbezügliche Zurückhaltung begründet Baudrillard damit, dass Kritik heute sinnlos geworden sei, da es geradezu das Merkmal der modernen Welt sei, dass jeder das sagen kann, was er will, ohne dass das Gesagte irgendwelche Konsequenzen hätte. In den westlichen Ländern dominierten nach Baudrillard sinnentleerte »Codes« (Simulationen), die die inhaltliche Sprache abgelöst hätten. Er sieht einen »Aufstand der Zeichen« und eine – durch terroristische Aktionen geförderte – »Implosion« des Systems voraus. Politik im herkömmlichen Sinn existiert für Baudrillard nicht mehr, da alle politischen Energien mittlerweile im anonymen System integriert würden. Das habe die Studentenrevolte der 68er in Frankreich und überall auf der Welt deutlich gezeigt, da durch sie der Kapitalismus nur noch stärker geworden sei: »Wir sind alle Wege (...) gegangen. Heute ist alles befreit, das Spiel ist gespielt, und wir stehen gemeinsam vor der entscheidenden Frage: WAS TUN NACH DER

ORGIE?«, heißt es in der Schrift »Transparenz des Bösen«.

Von Baudrillard kann man lernen, wie schwierig es ist, neue Entwicklungen und Techniken philosophisch einzuschätzen. Sie radikal zu kritisieren – wie die früheren Maschinenstürmer –, erscheint nicht zeitgemäß, sondern eher antiquiert. Ihren Einfluss zu ignorieren, ist ebenso verfehlt. Baudrillard hat eine unvoreingenommene, interessiert beobachtende wie auch etwas distanzierte Position eingenommen. Besonders in seinem Buch »Amerika« kommt seine ambivalente Haltung der Moderne gegenüber zum Ausdruck. Er schildert eine Reise im klimatisierten Auto durch die Wüste Arizonas: »Ich habe das siderische Amerika gesucht, das der leeren und absoluten Freiheit der Freeways, nie das des Sozialen und das der Kultur – immer nur der Wüstengeschwindigkeiten, der Motels und mineralischen Oberflächen. (...)« Amerika ist das Land der technischen Machbarkeit, das unter dem Diktat der Bildschirme, des Aussehens und der Werbung steht. Baudrillard interpretiert Amerika als eine gigantische Filmvorfuhrung, in dem die Protagonisten einer beliebigen Fernsehshow nicht weniger real – vielleicht sogar realer – als die eigenen Nachbarn sind. Und dennoch laufen seine Beschreibungen darauf hinaus, dass in Amerika aus der Verbindung von Technik, den Naturlandschaften und einem bestimmten »way of life« ein für Europäer nur schwer zu verstehendes positives Lebensgefühl entsteht: »Das Paradies. Santa Barbara ist ein Paradies, Disneyland ist ein Paradies. Die Vereinigten Staaten sind ein Paradies. Das Paradies ist, was es ist, düster zu Zeiten, monoton und oberflächlich. Aber es bleibt das Paradies. Es gibt kein anderes.«

49.

»Il n'y a pas de hors texte« –
»Es gibt kein außerhalb des Textes.«

JACQUES DERRIDA, 1930–2004

Mit Äußerungen wie z.B., dass die Wahrnehmung nicht existiert, dass der Eigenname nicht eigen ist, dass das Selbstbewusstsein ein wahnsinniges Umherirren sei und dass am Anfang das Telefon war, provozierte der französische Philosoph Jacques Derrida viele seiner Philosophiekollegen. Derridas Intention war es jedoch sicher nicht, sich über seine Kollegen lustig zu machen oder nur ihre Aufmerksamkeit zu erregen – er war eher ein zurückhaltender Mensch –, sondern er wollte darauf hinweisen, dass es bei der Erkenntnis keinen absoluten Ausgangspunkt gibt. Es gibt im Denken bzw. bei der Interpretation keinen zwingenden Grund, an einer ganz bestimmten Stelle anzufangen. So hätte man zum Beispiel dieses Kapitel über Derridas Satz aus seiner Schrift »Grammatologie« – »Es gibt kein außerhalb des Textes« – auch ganz anders beginnen können, zum Beispiel, indem man auf Derridas algerische Herkunft eingegangen wäre, sie mit dem seines Landsmanns Camus verglichen hätte, auf ein eventuelles Telefonat zwischen beiden aufmerksam gemacht hätte usw. Derridas Satz »Es gibt kein außerhalb des Textes« will darauf hinweisen, dass es nichts außerhalb eines Kontextes gibt.

Derrida setzt sich dafür ein, bei der Interpretation eines Textes weitestmögliche Zusammenhänge zu berücksichtigen. Manchmal sei es nur ein Detail, das in Interpretationen plötzlich und unerwartet zu großer Wichtigkeit kommt. Derrida fasst den Begriff Text sehr weit. Die Welt, die Realität, die Geschichte, Institutionen, politische Situationen, Körper, Tänze usw., alles ließe sich wie ein Text lesen. Derrida wollte darauf hinweisen, dass es beim Denken keinen Fixpunkt gibt, dass sich Gedanken ebenso wie geschriebene Texte überlagern und ihr Sinn nie ganz eindeutig zu erfassen sei, sondern lediglich eine – wie Derrida sagt – Spur bzw. unendliche Reihe von Spuren hinterlasse. Es gebe bei Interpretationen keine Eindeutigkeit, sondern umgekehrt liege gerade in der Mehrdeutigkeit der eigentliche Textursprung verborgen. Für Derrida hinterlässt jede Äußerung und jeder Text eine Kette von Verweisen und Deutungen, er entspricht, wie schon der lateinische Name »texere« (weben) sagt, einem unklar strukturierten »Gewebe« von Quer- und Sinnbezügen.

Derrida wurde in El-Biar, einem Vorort von Algier, als Sohn jüdischer Eltern geboren. Als Kind litt er unter antisemitischen Übergriffen von Gleichaltrigen. Es waren wohl diese Erfahrungen, die Derrida später zu einem entschiedenen Gegner von jeder Form des Rassismus werden ließen. In einer Art Autobiografie mit dem Titel »Circonfession« (einer Wortkombination aus »confession« (Bekenntnis) und »circoncision« (Beschneidung)) reflektierte Derrida Aspekte seiner Kindheit, indem er auch Bezüge zu dem ebenfalls in Nordafrika geborenen antiken Philosophen und Kirchenvater Aurelius Augustinus herstellte. Nach 1950 begann er in Paris ein Studium, das von nicht bestandenen Prüfungen und schweren psychischen Problemen bis hin zum Auftreten von Nervenzusammenbrüchen überschattet war. Erst im Alter von 50 Jahren wurde Derrida aufgrund seines bis dahin veröffentlichten Werkes zum Doktor der Philosophie promoviert und bald darauf habilitiert. 1968 gehörte er zur Richtlinienkommission, die die Struktur einer Reformuniversität in Vincennes organisieren sollte. 1975 war er Mitbegründer der Gruppe GREPH (*Groupe de Recherche sur l'Enseignement de la Philosophie*, Arbeitsgruppe zum Philosophieunterricht), die die Pläne der französischen Regierung zur Kürzung des Philosophieunterrichts stoppen wollte. 1983 beteiligte sich Derrida an der Organisation der Ausstellung »Kunst gegen Apartheid« und an den Initiativen zur Schaffung einer kulturellen Stiftung gegen Apartheid und des Schriftstellerkomitees »Für Nelson Mandela«. Derrida, der einen Lehrstuhl an der *University of California* in Irvine hatte, genoss vor allem in Amerika – trotz Anfeindungen einiger analytischen Philosophen – großes Ansehen. Nach dem Irak-Krieg setzte er sich an der Seite von Jürgen Habermas gegen den Unilateralismus der USA und für ein starkes Europa ein. Derrida starb im Oktober 2004 an den Folgen eines langjährigen Krebsleidens.

Wenn es keinen zugrundeliegenden Kern oder Sinn eines Textes gibt, sondern sich die Zeichen in einem unendlichen Verweisungszusammenhang befinden, dann kann man prinzipiell jede beliebige Textstelle als wichtig betrachten. Derridas Aufsätze stecken voller Überraschungen. So stellte er plötzlich einen völlig unwichtig wirkenden Satz, den man unter den Fragmenten Nietzsches gefunden hatte – »Ich habe meinen Schirm vergessen« –, in den Mittelpunkt seiner Aufmerksamkeit. Was kann der Satz bedeuten? Warum hat ihn Nietzsche niedergeschrieben? Wir wissen es nicht! Der Satz könnte nach Derrida vieles bedeuten: Vielleicht ist er nur ein Zitat, vielleicht hat ihn Nietzsche auch nur irgendwo gehört. Vielleicht hatte Nietzsche für sich selbst über irgendeinen Geheimcode verfügt, im Rahmen dessen der Satz einen ganz bestimmten Sinn hatte. Wir wissen es nicht und werden es auch nie in Erfahrung bringen können. Trotzdem können wir »Ich habe meinen Schirm vergessen« sofort verstehen, obwohl wir nicht wissen, was Nietzsche damit sagen wollte. Nach Derrida ist das nur ein Beispiel dafür, wie unsere Sprache insgesamt funktioniert.

Die Sprache wird gesprochen und verstanden, obwohl wir den genauen Sinn und die Herkunft der Wörter oder Sätze überhaupt nicht kennen. Wir wissen nie genau, über was wir eigentlich reden, und trotzdem funktioniert die sprachliche Verständigung. Man kann sich nie 100 Prozent sicher sein, was jemand genau meint; man kann sich noch nicht einmal ganz sicher sein, was man selbst mit seinen Sätzen zum Ausdruck bringt. Wenn sie einmal ausgesprochen sind, entfalten sie ein Eigenleben. Wie man einem einzigen Wort durch geistreiche und geschickte Interpretationen neue Sinndimensionen verleihen kann, demonstriert Derrida in seiner Schrift »Das andere Kap« anhand eines Textes des Schriftstellers Paul Valéry. Zunächst sei das Wort »Kap« als »Kopf«, »Haupt«, »Ziel« oder auch »Landspitze« zu verstehen, doch dann bringt Derrida das Wort »Kap« mit Begriffen wie »Kapitän«, »Kapitel« als Teil eines Textes, »Kapital« im ökonomischen Sinne und »Kapitale« als Zentrum der kulturellen Identität Europas in Verbindung. Solche gewagten Interpretationen Derridas und die teilweise sehr schwer zu verstehenden Texte einiger anderer Philosophen der Postmoderne haben so irritiert, dass Derrida bald zu einem der umstrittensten Denker wurde.

Vor allem der belgische Physiker und Wissenschaftsjournalist Alan Sokal hat sich am Denkstil von Derrida und der von ihm vertretenen Philosophie der Postmoderne gestört. Der streitsüchtige Physiker versuchte, die postmodernen Philosophen auf eine raffinierte Art und Weise bloßzustellen, indem er in einer amerikanischen Fachzeitschrift einen Artikel mit dem Titel »Grenzüberschreitung: für eine transformative Hermeneutik der quantitativen Gravität« veröffentlichte. Der Titel bedeutet den gleichen Nonsens wie das, was im gesamten Essay steht. Sokal hatte willkürliche Zitatcollagen aus Werken der französischen Postmoderne zusammengestellt und dem zuständigen Redakteur war offensichtlich nicht aufgefallen, dass sie völlig nichtssagend waren. Damit sollte die Postmoderne als Schwindel entlarvt und bewiesen werden, wie unkritisch die französischen Theorien in Amerika aufgenommen wurden.

Ungeachtet dieses Affronts gilt Derrida heute als einer der einflussreichsten Philosophen der Gegenwart. Seine Kritik an der herkömmlichen Philosophie, dass sie nämlich zu wenig Interpretationsspielraum lässt und viel zu trennscharf zwischen Wahr und Falsch, Gut und Böse, Negativ und Positiv, Rein und Unrein, Oben und Unten usw. unterscheidet, beeinflusste eine Anzahl von Philosophinnen und Philosophen, die sich wie Julia Kristeva, Luce Irigaray und Gilles Deleuze gegen einfache Kategorisierungen zusammenschlossen. Mit Derrida kritisierten sie die Ansprüche einer Mehrheit, die »guten Willens« sei, sich gegen eine »unbelehrbare« Minderheit durchsetzen zu wollen. Derridas Philosophie enthält somit auch politische Implikationen. Derrida lehrt, dass es das Ziel der Politik sein sollte, eine gerechtere Gesellschaft zu schaffen. Dennoch ist er sich aber stets bewusst, dass es die vollkommen gerechte Gesellschaft nicht geben kann. Gerechtigkeit sei auch nicht allgemeingültig zu formulieren, sondern müsse immer wieder in konkreten Situationen neu interpretiert und entschieden werden. Eine »kommende Demokratie« ist für Derrida nur möglich, wenn sie die Freiheit des anderen, anders zu denken und zu interpretieren, respektiert. Derridas Philosophie wendet sich gegen verkrustete Denkstrukturen und Moralvorstellungen. Er regte auch feministische Diskurse wie denjenigen der amerikanischen Philosophin Judith Butler an.

50.

»So entsteht das Menschliche immer wieder als das, was wir erst noch kennenlernen müssen.«

JUDITH BUTLER, GEBOREN 1956

Die amerikanische Philosophin Judith Butler hat sich nach dem 11. September 2001 in einem politischen Essay (»Gewalt, Trauer, Politik«) mit der Frage der Trauer um Opfer von terroristischen Anschlägen auseinandergesetzt. Darin kritisiert sie einige Aspekte der amerikanischen Vergeltungspolitik unter der Präsidentschaft von George W. Bush. Es sei auffallend, dass die Amerikaner immer nur ihre eigenen Opfer beklagten, während die vielen Toten der US-Angriffe oder der ihrer Verbündeten in der öffentlichen Berichterstattung überhaupt nicht vorkämen. Zum Beispiel sei es einer Gruppe von Palästinensern verwehrt worden, in den USA eine Traueranzeige zu schalten. Das sei im Vietnamkrieg anders gewesen, als die Kriegsreporter noch Bilder von den tödlichen Wirkungen der Napalm-Bomben gezeigt hätten. Diese Berichte seien ein Hauptgrund dafür gewesen, dass sich in Amerika und überall in der Welt der Widerstand gegen den Vietnamkrieg regte. Indem nun die Presse im Irakkrieg die gegnerischen Opfer weitgehend ausblende, könne auf Seiten der Öffentlichkeit keine Empathie für die Betroffenen entstehen. Man sehe in ihnen keine Menschen mehr, sondern eben nur noch zu bekämpfende »Elemente«.

Butler vergleicht diese starre Haltung der Amerikaner mit derjenigen des antiken Protagonisten Kreon, der in dem Drama »Antigone« die Bestattung des in Ungnade gefallenen Polyneikes verhindern will. Nicht nur diese Ignoranz, sondern auch Bushs Anordnung, dass man zwei Wochen nach den Anschlägen genug getrauert habe, widerspricht nach Butler den Geboten der Menschlichkeit. Kein Politiker dürfe darüber bestimmen, wie lange man zu trauern habe. Es könne niemandem verboten werden, so lange zu trauern, wie er will.

Für Butler ist das, was man unter »human« oder »menschlich« versteht, keineswegs irgendwie vorgegeben, sondern muss immer wieder neu entdeckt bzw. erfahren werden. Unter dem von ihr vertretenen Begriff der Menschlichkeit versteht Butler nicht nur, dass man bei Wohltätigkeitsveranstaltungen eine Spende gibt oder einem in Not geratenen Menschen hilft. Will man herauskriegen, was das Menschliche ist, muss man nach Butler vielmehr bereit sein, auch einen Teil der eigenen Identität abzugeben, um sich für andere Menschen und Erfahrungen offenzuhalten. Das ist der Sinn ihres Satzes: »So entsteht das Menschliche immer wieder als das, was wir erst noch kennenlernen müssen.«

Judith Butler stammt aus einer jüdischen Familie mit ungarischen und russischen Wurzeln und beschäftigte sich schon in ihrer Jugend mit philosophischen und theologischen Schriften. In das Jahr 1974 fällt der Beginn ihres Studiums der Philosophie an der Universität von Yale, das sie von 1978–1979 an der Universität Heidelberg fortsetzte und 1982 mit einer Magisterarbeit in Yale abschloss. Zwei Jahre später wurde sie im Fach Philosophie mit einer Arbeit über den Deutschen Idealismus promoviert. Ab 1988 schrieb Butler einige einflussreiche Essays über feministische Theorie. 1990 erschien ihr bekanntestes Buch mit dem Titel »Das Unbehagen der Geschlechter«. 1993 trat Butler an der Universität Berkeley eine Professur für Rhetorik an. Im selben Jahr erschien ihr Werk »Körper von Gewicht«. Es folgten Studien zur politischen Theorie und zur Rolle der Familie und der Verwandtschaft, in denen sie sich immer wieder auch mit dem antiken Antigone-Stoff auseinandersetzte.

Bekannt wurde Butler als wichtigste Vertreterin der sogenannten »Gender-Studies«. Der Begriff »Gender« stammt aus der Sexualpsychologie und meint, dass es das biologische Geschlecht gar nicht gebe. Butler löst sich vom Konzept des biologischen Geschlechts, um die Bedeutung der individuell gefühlten Geschlechtszugehörigkeit zu betonen. Sie vertritt die provokante Meinung, dass die Einteilung der Kinder in Jungen und Mädchen willkürlich sei, ebenso könnte man die Neugeborenen auch nach ganz anderen Gesichtspunkten unterscheiden, etwa nach groß und klein, dick und dünn usw. In der Annahme eines Geschlechts liege schon eine erste willkürliche Zuweisung von Identität.

Folgerichtig formuliert sie in ihrem Hauptwerk »Das Unbehagen der Geschlechter« als Hauptthese, dass die Heterosexualität nicht »natürlich«, sondern eine soziale Zuschreibung ist. Jede Gesellschaft wende Verfahren (Institutionen, Prozeduren, Praktiken, Redetechniken) an, die dafür sorgten, dass Parameter wie die Geschlechtereinteilung in maskulin und feminin als selbstverständlich hingenommen werden müssen und andere ungesagt bleiben. Sexualität ist mithin für Butler nicht biologisch vorgegeben, sondern durch sprachliche Praktiken konstruiert. Butler kritisiert an einigen Vertreterinnen der Frauenbewegung, dass sie immer noch an der Differenz zwischen männlich und weiblich festhalten, anstatt die Sexualität wirklich pluralistisch und individuell zu verstehen.

Für Butler bedeutet das Wort »menschlich« vor allem, über den eigenen Schatten springen und sich in die Welt von anderen Menschen hineinversetzen zu können. Man dürfe andere Kulturen und Lebensweisen nicht nur aus der westlichen Sicht und auf der Grundlage okzidentaler Werte wie Rationalität, Aufklärung und Wissenschaftlichkeit beurteilen. Das unterscheidet Butler von anderen Frauenrechtlerinnen, die zum Beispiel im Kopftuchstreit die Burka als Symbol der Unterdrückung von Frauen begreifen. Im Gegensatz dazu meint Butler, dass sich auch einige Argumente für das Tragen von Kopftüchern anführen ließen. So könne das Kopftuch die Zugehörigkeit zu einer Gemeinschaft, Religion, Familie symbolisieren und damit den Frauen auch ein Gefühl der Sicherheit geben. Das Kopftuch könne seinen Trägerinnen auch eine Art Stolz verleihen. Ebenso sei es möglich, das Tragen des Kopftuchs als eine Einübung in die Tugend der Bescheidenheit zu verstehen. Jedenfalls gebe es keine notwendige Verknüpfung zwischen dem Tragen der Burka und der Einschränkung der weiblichen Handlungsfähigkeit. Butler will anderen Kulturen gegenüber ein größtmögliches Verständnis aufbringen. Von Aktivistinnen der Frauenbewegung, die auf Eigenständigkeit, Emanzipation und Aufklärung setzen, wurde sie deswegen scharf kritisiert.

Individuelle Autonomie und Emanzipation, so Butler, seien zwar wichtige Errungenschaften der westlichen Zivilisation, aber für sich allein genommen nicht das Wesentlichste unseres Daseins. Die Menschen seien schon immer in soziale Zusammenhänge gestellt und auf die Hilfe von anderen angewiesen, ohne die sie nicht leben könnten. Das gelte insbesondere für die frühe Kindheit und für das Alter, aber auch darüber hinaus seien wir auf die Hilfe der anderen Menschen angewiesen. Butlers Warnung vor der Überschätzung der Unabhängigkeit des Ichs und des Subjekts kulminiert in der Frage: »Wer bin ich ohne dich?« Wenn wir gesellschaftliche Beziehungen und Bindungen eingehen, dann bekommen wir nicht nur etwas, sondern geben auch immer etwas von uns selbst ab. Wenn wir einen lieben Menschen verloren haben, dann handelt es sich nicht nur um den Verlust desjenigen Menschen, sondern wir haben etwas von uns selbst verloren. Es ist nach Butler eine Illusion zu glauben, dass unser Ich auf der einen Seite steht und auf der anderen Seite die Objekte oder die Mitmenschen. Vielmehr seien wir von Anfang an in eine uns konstituierende Umgebung und Umwelt eingelassen. Auch sei es ein Fehler zu glauben, man könne allein aus sich selbst heraus Selbstbewusstsein entwickeln. Butler behauptet, dass wir ohne die anderen gar nicht wissen können, wer wir selbst sind. Ohne Beziehungen seien wir orientierungslos und wüssten nicht, wo wir stehen: »Wenn wir einige dieser Bindungen verlieren, durch die wir konstituiert sind, wissen wir nicht, wer wir sind oder was wir tun sollen.«

Literatur

Adorno, Theodor W.: Minima Moralia, Reflexionen aus dem beschädigten Leben; Frankfurt am Main 1981

Arendt, Hannah: Elemente und Ursprünge totaler Herrschaft; 2. Auflage München 1991

Arendt, Hannah: Vita activa oder Vom tätigen Leben; 6. Auflage München 1989

Aristoteles: Metaphysik; übersetzt von Hermann Bonitz, auf der Grundlage der Bearbeitung von Hector Carvallo und Ernesto Grassi neu herausgegeben von Ursula Wolf; Reinbek bei Hamburg 1994

Aristoteles: Nikomachische Ethik; Übersetzung und Nachwort von Franz Dirlmeier, Anmerkungen von Ernst A. Schmidt; Stuttgart 1883

Augustinus, Aurelius: Bekenntnisse; mit einer Einleitung von Kurt Flasch, übersetzt, mit Anmerkungen versehen und herausgegeben von Kurt Flasch und Burkhard Mojsisch; Stuttgart 1989

Baudrillard, Jean: Der symbolische Tausch und der Tod; München 1982

Baudrillard, Jean: Das Jahr 2000 findet nicht statt; Berlin 1990

Baudrillard, Jean: Videowelt und fraktales Subjekt; in *Ars Electronica* (Hrsg,): Philosophien der neuen Technologie; Berlin 1989

Baudrillard, Jean: Transparenz des Bösen; Berlin 1992

Beauvoir, Simone de: Das andere Geschlecht, Sitte und Sexus der Frau; Reinbek bei Hamburg 2000

Benjamin, Walter: Baudelaire; Frankfurt am Main 1974

Benjamin, Walter: Über den Begriff der Geschichte; in ders.: Illuminationen, Ausgewählte Schriften, Bd, 1; Frankfurt am Main 1974

Berkeley, George: Über die Prinzipien der menschlichen Erkenntnis; Übersetzung von Friedrich Ueberweg; Hamburg 1979

Bingen, Hildegard von: Scivias – Wisse die Wege, Eine Schau von Gott und Mensch in Schöpfung und Zeit; Freiburg im Breisgau 1992

Böhme, Gernot: Der Typ Sokrates; Frankfurt am Main 2003

Bruno, Giordano: Über die Ursache, das Prinzip und das Eine; Übersetzung und Anmerkungen von Philipp Rippel; Stuttgart 1986

Butler, Judith: Gefährdetes Leben, Politische Essays; Frankfurt am Main 2005

Camus, Albert: Der Mythos des Sisyphos; Deutsch und mit einem Nachwort von Vincent von Wroblewsky; Reinbek bei Hamburg 1999

Camus, Albert: Hochzeit des Lichts, Heimkehr nach Tipasa; München 1994

Camus, Albert: Tagebücher 1935–1951; Reinbek 1995

Cioran, É. M.: Die verfehlte Schöpfung; Frankfurt am Main 1979

Derrida, Jacques: Grammatologie; Frankfurt am Main 1983

Descartes, René: Von der Methode; ubersetzt und herausgeben von Lüder Gäbe; Hamburg 1960

Dewey, John: Erfahrung und Natur; Frankfurt am Main 1995

Dewey, John: Kunst als Erfahrung; Frankfurt am Main 1988

Epikur: Briefe, Sprüche, Werkfragmente (griechisch/deutsch); übersetzt und herausgegeben von Hans-Wolfgang Krautz; Stuttgart 1980

Epikur: Philosophie der Freude; Stuttgart 1973

Erasmus von Rotterdam: Lob der Torheit; übersetzt von Alfred Hartmann; Basel o. J.

Foucault, Michel: Die Ordnung der Dinge; Frankfurt am Main 1974

Foucault, Michel: Von der Subversion des Wissens; Frankfurt am Main 1987

Habermas, Jürgen, Bovenschen u. a.: Gespräche mit Herbert Marcuse; Frankfurt am Main 1978

Habermas, Jürgen: Theorie des kommunikativen Handelns, 2 Bände; Frankfurt am Main 1981

Hegel, Georg Wilhelm Friedrich: Vorlesungen über die Philosophie der Geschichte; in Werke, Redaktion Eva Moldenhauer und Karl Markus Michel; Frankfurt am Main 1970, Bd. 12

Heidegger, Martin: Sein und Zeit; 16. Auflage Tübingen 1986

Heidegger, Martin: Der Feldweg; in Denkerfahrungen; Frankfurt am Main 1983

Heidegger, Martin: Über den Humanismus; 9. Auflage Frankfurt am Main 1991

Heidegger, Martin: Heraklit; 3. Auflage Frankfurt am Main 1994

Heller, Ágnes: Das Alltagsleben, Versuch einer Erklärung der individuellen Reproduktion; herausgegeben von Hans Joas; 2. Auflage Frankfurt am Main 1981

Hobbes, Thomas: Vom Menschen, vom Bürger; eingeleitet und herausgegeben von G. Gawlick; Hamburg 1977

Hobbes, Thomas: Leviathan oder Stoff, Form und Gewalt eines bürgerlichen und kirchlichen Staates; herausgegeben von I. Fetscher, übersetzt von W. Euchner; Frankfurt am Main 1976

Jaspers, Karl: Was ist Philosophie; 2. Auflage München 1997

Jonas, Hans: Das Prinzip Verantwortung, Versuch einer Ethik für die technische Zivilisation; Frankfurt am Main 1979

Kant, Immanuel: Was ist Aufklärung; herausgegeben von Ehrhard Bahr; Stuttgart 1974

Kierkegaard, Søren: Die Krankheit zum Tode; aus dem Dänischen übersetzt von Uta Eichler; Stuttgart 1997

Kranz, Walther (Hg.): Die Fragmente der Vorsokratiker; Griechisch und Deutsch von Hermann Diels, 3 Bände; 12. unveränderte Auflage Dublin/Zürich 1966

La Mettrie, Julien Offray de: Der Mensch eine Maschine; aus dem Französischen übersetzt von Theodor Lücke, mit einem Nachwort von Holm Tetens; Stuttgart 2001

Leibniz, Gottfried Wilhelm: Die Theodizee (französisch/deutsch); herausgegeben und übersetzt von H. Herring; Darmstadt 1985

Leibniz, Gottfried Wilhelm: Monadologie (französisch/deutsch); herausgegeben und übersetzt von Hartmut Hecht; Stuttgart 1998

Locke, John: Versuch über den menschlichen Verstand, 2 Bände; übersetzt und eingeleitet von C. Winckler; Hamburg 1981

Marx, Karl: Thesen über Feuerbach; in *Marx, Karl, Engels, Friedrich*: Werke; Berlin 1956–1968 (MEW), Bd. 3

Mill, John Stuart: Der Utilitarismus; übersetzt von Dieter Birnbacher, Stuttgart 1976

Nietzsche, Friedrich: Also sprach Zarathustra; in Werke, Kritische Gesamtausgabe; herausgegeben von G. Colli und M. Montinari; Berlin – N.Y. 1975ff. Bd. 4

Nietzsche, Friedrich: Die fröhliche Wissenschaft; in Werke, Kritische Gesamtausgabe, herausgegeben von G. Colli und M. Montinari; Berlin – N.Y. 1975ff. Bd. 3

Platon: Sämtliche Werke in 8 Bänden; eingeleitet von Olof Gigon, übertragen von Rudolf Rufener; Zürich und München 1974

Popper, Karl R.: Objektive Erkenntnis; Hamburg 1973

Rousseau, Jean-Jacques: Vom Gesellschaftsvertrag; in Zusammenarbeit mit Eva Pietzcker neu übersetzt und herausgegeben von Hans Brockard; Stuttgart 1977

Rousseau, Jean Jacques: Abhandlung über den Ursprung und die Grundlagen der Ungleichheit unter den Menschen; Stuttgart 1998

Sartre, Jean-Paul: Ist der Existenzialismus ein Humanismus?; in ders.: Drei Essays; Frankfurt a. Main-Berlin-Wien 1977

Schopenhauer, Arthur: Die Welt als Wille und Vorstellung, 2 Bände; Zürich 1988

Seneca: Briefe an Lucilius über Ethik (lateinisch/deutsch); übersetzt und herausgegeben von Rainer Rauthe; Stuttgart 1986
Seneca: Vom glückseligen Leben und andere Schriften; Übersetzung nach Ludwig Rumpel, mit Einführung und Anmerkungen herausgegeben von Peter Jaerisch; Stuttgart 1984
Spinoza: Die Ethik, Schriften, Briefe; herausgegeben von Friedrich Bülow, übertragen von Carl Vogt; Stuttgart 1976
Taureck, Bernhard H. F.: Die Sophisten; Hamburg 1995
Thomas von Aquin: Summe gegen die Heiden, 3 Bände; herausgegeben und übersetzt von Karl Allgaier; Darmstadt 1996
Vamvacas, Constantin: Die Geburt der Philosophie; aus dem Griechischen von Mark Michalski; Düsseldorf 2006
Voltaire: Candide ou l'optimisme; Stuttgart u. a. 1993
Wittgenstein, Ludwig: Tractatus logico-philosophicus, in Werkausgabe Band 1; Frankfurt am Main 1984
Wittgenstein, Ludwig: Vermischte Bemerkungen, Eine Auswahl aus dem Nachlass; herausgegeben von Georg Henrik von Wright, unter Mitarbeit von Heikki Nyman; Frankfurt am Main 1987